CB135267

A Questão Espiritual dos Animais

2019 | A questão espiritual dos animais
Copyright ® - FE Editora Jornalística Ltda.
Todos os direitos reservados.

Editor
Conrado Santos

Capa/Ilustrações/Projeto Gráfico
Dimitrius Gutierrez (JiMy M4Rt3)

Editoração Eletrônica
Cassius Gutierrez

Revisão Textual
Gaia Revisão Textual

Fotos
Internet

Dados Internacionais para Catalogação na Publicação (cip)

Prada, Irvênia L. S.

A questão espiritual dos animais

São Paulo, 2019

330 P.; 16x23cm

COD - 133

ISBN - 978-85-86899-15-7

FE Editora Jornalística Ltda.
Av. Pedro Severino, 325 - Jabaquara
São Paulo - SP - 04310-060
(11) 5585-1977
www.folhaespirita.com.br
folhaespirita@folhaespirita.com.br

13ª EDIÇÃO

A Questão Espiritual dos Animais

Irvênia L. S. Prada

fe

A TODOS OS QUERIDOS ANIMAIS
QUE FIZERAM E FAZEM PARTE
DE NOSSAS VIDAS.

Abreviaturas das principais obras utilizadas

ESE – O evangelho segundo o Espiritismo
GE – A gênese
LE – O livro dos Espíritos
NMM – No mundo maior

SUMÁRIO

PROLEGÔMENOS

O objetivo deste texto é demonstrar que a estrutura do presente estudo a respeito dos animais espelha-se na estrutura da própria Doutrina Espírita, em seu tríplice aspecto – científico, filosófico e moral. Para iniciar, veremos como foi codificado o Espiritismo.

Estrutura e características da Doutrina Espírita

O ano de 1848 ficou marcado, na história dos Estados Unidos, pela ocorrência de diversos "fenômenos estranhos". Não por outra razão, o médium norte-americano Andrew Jackson Davis deixou registrado em seu diário: "Esta madrugada, um sopro quente passou pela minha face e ouvi uma voz dizer – irmão, um bom trabalho foi começado, olha! Surgiu uma demonstração viva da interferência dos espíritos no mundo material" (1). A data dessa madrugada referida por Davis foi a de 31 de março de 1848. Nesse momento, ele percebeu que alguma coisa nova se anunciava.

De fato, nesse mesmo ano, aconteceram as famosas ocorrências que tiveram como foco a família metodista de Mr. John D. Fox (2), que havia se mudado para uma casa em Hydesville, no estado de Nova York (Estados Unidos), que tinha fama de ser "mal-assombrada". Uma vez a família lá instalada, todos começaram a ouvir estranhas batidas nas paredes, e entre os vários filhos de Mr. Fox, Margareth e Katherine, adolescentes, puseram-se a "conversar" com a eventual causa dessas pancadas e, com o tempo, conseguiram estabelecer um código através do qual, com a participação de outros familiares e amigos, puderam receber a mensagem, exatamente em 31 de março de 1848, de que se tratava de um mascate de nome Charles Rosna que ali havia sido assassinado por questões financeiras, sendo que seu corpo e mala comercial ainda restavam no local. Quando essa notícia se espalhou, procedeu-se a uma escavação do assoalho de todos os cômodos, nada sendo encontrado. A família foi ridicularizada e sofreu perseguições, tendo de se mudar para bem longe dali. No entanto, 58 anos após esse acontecido, tendo ruído parte de uma das paredes da adega, alguns meninos que lá brincavam encontraram algo estranho que chamou a atenção da comunidade. De fato, pesquisando o local, encontraram um esqueleto de homem adulto tendo ao seu lado uma mala de mascate.

Pela primeira vez na história da humanidade, o fenômeno mediúnico pôde ser registrado como "fato" passível de ser rigorosamente analisado, o que foi amplamente divulgado pela mídia, particularmente a impressa. Assim, a data de 31 de março de 1848 ficou convencionalmente estabelecida como início do chamado "espiritualismo moderno", caracterizando essa nova fase de um espiritualismo racional, diferente das correspondentes ideias anteriores, plasmadas num halo de misticismo. Além disso, destaca-se que foi essa a data de desencarne de Allan Kardec, em 1869.

Os "fenômenos estranhos" que marcaram nos Estados Unidos o ano de 1848 não pararam por aí. Entre eles, grassou pelos salões uma brincadeira divertida (3), em que pequenas mesas rodopiavam – as "mesas girantes" –, o que acontecia apenas na presença de "certas" pessoas (que hoje entendemos serem médiuns de efeitos físicos). Dos Estados Unidos, esse evento foi para a França, contaminando, em seguida, toda a Europa.

Em Paris, o intelectual e pedagogo francês Hippolyte Léon Denizard Rivail (Allan Kardec), que havia sido discípulo do filósofo positivista Pestalozzi, em 1854, aos 50 anos, tomou conhecimento das "mesas girantes". Interessante notar que, com essa idade, Kardec já era idoso, uma vez que mesmo nas melhores regiões da Europa, a média de vida, em meados do século XIX, não passava dos 40 anos. Ele somente presenciou o fenômeno no ano seguinte, em maio de 1855, e observou, com sua mente positivista, o comportamento da mesinha (conhecida na França como *gueridon*). Deixou registrado o seguinte comentário a respeito: "ali havia um fato que necessariamente decorria de uma causa. Eu entrevia, naquelas aparentes futilidades, no passatempo que faziam daqueles fenômenos, qualquer coisa de sério, como que a revelação de uma nova lei, que tomei a mim estudar a fundo" (4).

O sr. Rivail passou a frequentar as reuniões mediúnicas que aconteciam na residência do sr. Baudin, tendo como médiuns as senhoritas Baudin, e a questionar as "inteligências" que por intermédio delas se manifestavam. Comentou a respeito:

> Foi nessas reuniões que comecei os meus estudos sérios do Espiritismo [...] Apliquei a essa nova ciência, como o fizera até então, o método experimental [...] comparava, deduzia consequências; dos efeitos, procurava remontar às causas, por dedução e pelo encadeamento dos fatos [...] percebi, naqueles fenômenos, a chave do problema tão obscuro e tão controvertido do passado e do futuro da Humanidade, a solução que eu procurava em toda a minha vida. Era, em suma, toda uma revolução nas ideias e nas crenças; fazia-se mister, portanto, andar com a maior circunspecção e não levianamente; ser positivista e não idealista, para não me deixar iludir (4).

Assim, ele chega a duas evidências:

1. *A existência de um mundo invisível aos olhos humanos, habitados pelos Espíritos desencarnados*, ao qual somente foi possível o acesso, por meio de *médiuns*, tal qual aconteceu com a descoberta do mundo invisível dos micróbios, do qual se teve conhecimento por intermédio de um instru-

mento, o microscópio. Para ele, "o simples fato da comunicação com os Espíritos, dissessem eles o que dissessem, provava a existência do mundo invisível ambiente" (4).

2. *A falibilidade dos Espíritos*, que nada mais sendo do que as almas dos homens, não possuem nem a plena sabedoria, nem a ciência integral.

Mais tarde, em *O livro dos médiuns* (5), item 299, Kardec registrou esse mesmo conceito:

> [...] Como só aos espíritos perfeitos é dado tudo conhecer, para os demais, como para nós, há mistérios que eles explicam à sua maneira, segundo as suas ideias [...] Assim, as contradições de origem espírita só têm por causa a diversidade natural das inteligências, dos conhecimentos, da capacidade de julgar e da moralidade de certos Espíritos que ainda não estão aptos a tudo conhecer e compreender.

Não por outra razão, Kardec considerou, com propriedade, o caráter progressista do Espiritismo em *A gênese* (6): "Caminhando de par com o progresso, o Espiritismo jamais será ultrapassado, porque, se novas descobertas lhe demonstrassem estar em erro acerca de um ponto qualquer, ele se modificaria nesse ponto. Se uma verdade nova se revelar, ele a aceitará".

Assim, o literato francês Hippolyte Léon Denizard Rivail, com o pseudônimo de Allan Kardec, "o mestre de Lion" – como também é referido –, criou uma nova ciência de observação dos fatos mediúnicos e de busca de suas causas e explicações. O lançamento da 1ª edição de *O livro dos Espíritos* – pedra angular dessa doutrina –, em 18 de abril de 1857, marcou convencionalmente o início de sua divulgação para o mundo. Considerando que para coisas novas devem existir termos novos, criaram-se as expressões "Espiritismo" ou "Doutrina Espírita" para designar esse novo ramo do conhecimento, e "espírita" ou "espiritista" para nomear seus adeptos.

Herculano Pires (7) assevera que, no Espiritismo, o mundo (material e espiritual) é seu objeto de estudo, a razão é o seu método, e a mediunidade é o seu laboratório. Sendo que esses dois mundos sempre existiram, assim com a mediunidade, o que de novo vem trazer o Espiritismo? Vem trazer o uso da razão, da lógica, na observação e interpretação dos fatos, o que faz toda a diferença. Saímos do plano do místico, do misterioso, do simbólico e do ritualismo do horizonte primitivo para o plano da lógica e da investigação dos fatos, para a formulação racional do princípio da imortalidade e suas consequências morais! (7)

Kardec assim se refere ao Espiritismo: "é, ao mesmo tempo, uma ciência de observação e uma doutrina filosófica. Como ciência prática, consiste nas relações que se podem estabelecer com os Espíritos; como filosofia, compreende todas as consequências morais que decorrem dessas relações" (8). E continua: "Podemos assim defini-lo: o Espiritismo é uma ciência que trata da natureza, da origem e do destino dos Espíritos, e de suas relações com o mundo corporal" (8).

Pelo exposto, entendemos que o Espiritismo tem, basicamente, *estrutura de ciência*, resultante da observação rigorosa e lógica dos fatos; contempla um *aspecto filosófico* que corresponde à reflexão que devemos fazer a respeito do significado do conhecimento adquirido, o que necessariamente desemboca em *consequências morais*, ou seja, no exercício de nosso livre-arbítrio, de nossas livres escolhas.

Assim, mediante a observação racional do fenômeno mediúnico (aspecto científico da doutrina), tomamos conhecimento da realidade do Espírito, que desencarna e reencarna com determinado plano de existência corpórea.

Refletindo sobre isso (aspecto filosófico da doutrina), chegamos à conclusão que nossas escolhas (aspecto moral da doutrina) devem sempre se fazer em favor da vida e do bem, colocando-nos naturalmente contra o aborto intencional, a eutanásia, a pena de morte, o suicídio assistido, a utilização de células-tronco embrionárias e toda forma de maldade e de violência.

A Doutrina Espírita é a única forma de ciência comprometida com a moral, enquanto bem comum, pois nem sempre, no âmbito da ciência acadêmica, as sugestões e decisões visam ao bem de todos os implicados, haja vista a banalização das práticas de aborto em todo o mundo, nas quais se acham implicados profissionais da área da saúde.

Vejamos em *O livro dos Espíritos* (9) a questão 629, em que Kardec pergunta aos Espíritos: "Que definição se pode dar à Moral?" E eles respondem: "A Moral é a regra da boa conduta e, portanto, da distinção entre o bem e o mal [...] O homem se conduz bem quando faz tudo tendo em vista o bem e para o bem de todos, porque então observa a lei de Deus". Simples assim...

Tal é o compromisso do Espiritismo com a moral, enquanto bem comum, que na *Revista Espírita* (10) de 1859 lê-se: "O objetivo da SPEE – Sociedade Parisiense de Estudos Espíritas – não é apenas a pesquisa dos princípios da Ciência Espírita. Ela vai mais longe; estuda também as suas consequências morais, pois é principalmente nestas que está a sua verdadeira utilidade". Também em *O livro dos médiuns* (5), item 303, encontramos a informação: "O objetivo da Doutrina Espírita é o aperfeiçoamento moral da humanidade".

É chegado o momento de expor a maneira como foi conduzido este estudo a respeito dos animais.

Estrutura e objetivos deste estudo

Os principais objetivos deste estudo são:

- Conhecer a verdadeira natureza dos animais, sob enfoque espírita (são seres espirituais em evolução) e acadêmico (são seres sencientes) (11) – aspecto científico desta pesquisa.
- Refletir sobre o significado desse conhecimento (não são simples máquinas automatizadas, pois sentem e sofrem física e mentalmente). Eticamente, temos o direito de dispor deles? Aspecto filosófico.
- Escolher atitudes que visem ao bem e para o bem de todos, buscando uma vivência cada vez mais harmônica entre seres humanos e animais – aspecto moral.

Afinal, muitos amigos espirituais já nos alertaram a respeito de nossa postura para com os animais. É do mentor Alexandre, em *Missionários da luz* (12), a seguinte recomendação: "A missão do superior é a de amparar o inferior e educá-lo [...] Sem amor para com os inferiores não podemos aguardar a proteção dos superiores". Também Emmanuel se manifesta em favor dos animais: "Recebei como obrigação sagrada o dever de amparar os animais [...] Estendei até eles a vossa concepção de solidariedade [...]" (13).

Assim, convidamos o prezado leitor a estudarmos juntos, a partir de agora, e sob os aspectos científico, filosófico e moral, essa instigante questão espiritual dos animais!

A título de incentivo, seguem as maravilhosas palavras do poeta Casimiro Cunha (14):

Os animais

Na casa da Natureza,
O Pai espalhou com arte
As bênçãos de luz da vida,
Que brilham em toda parte.

Essas bênçãos generosas,
Tão ricas, tão naturais,
São notas de amor divino
Na esfera dos animais.

Não te esqueças: no caminho,
Praticando o bem que adores,
Busca ver em todos eles
Os nossos irmãos menores.

A Providência dos Céus
Jamais esquece a ninguém;
Deus que é Pai dos homens sábios,
É Pai do animal também.

A única diferença,
Em nossa situação,
É que o animal não chegou
Às vitórias da Razão.

Entretanto, observamos
Em toda a sua existência
Os princípios sacrossantos
De amor e de inteligência.

Vejamos a abelha amiga
No grande armazém do mel,
A galinha afetuosa,
O esforço do cão fiel.

O boi tão útil a todos,
É bondade e temperança;
O muar de força hercúlea
Obedece a uma criança.

Ampara-os, sempre que possas,
Nas horas de tua lida.
O animal de tua casa
Tem laços com tua vida.

A lei é conjunto eterno
De deveres fraternais:
Os anjos cuidam dos homens,
Os homens, dos animais.

REFERÊNCIAS

1 Doyle AC. A história do Espiritismo. São Paulo: Pensamento; 1978. Capítulo III, O profeta da Nova Revelação; p. 59-71.

2 Doyle AC. A história do Espiritismo. São Paulo: Pensamento; 1978. Capítulo IV, O episódio de Hydesville; p. 73-92.

3 Kardec A. O Espiritismo em sua mais simples expressão e outros opúsculos de Kardec. São Paulo: EDICEL; 1977. Capítulo I, O Espiritismo em sua mais simples expressão; p. 13-22.

4 Kardec A. Obras póstumas. 22. edição. Rio de Janeiro: FEB; 1944.

5 Kardec A. O livro dos médiuns. 40a ed. Gentile S, tradutor. Araras: Editora IDE; 1996.

6 Kardec A. A gênese. 24a ed. Brasília: FEB; 1982. Capítulo I, Caráter da revelação Espírita; p. 10-43.

7 Pires HJ. O Espírito e o tempo. Introdução antropológica ao Espiritismo. 5a ed. São Paulo: EDICEL; 1987.

8 Kardec A. Iniciação Espírita. O que é o Espiritismo – Preâmbulo. São Paulo: EDICEL; 1977.

9 Kardec A. O livro dos Espíritos. 50a ed. Pires JH, tradutor. São Paulo: LAKE – Livraria Allan Kardec Editora; 1991.

10 Kardec A. Revista Espírita – Jornal de Estudos Psicológicos, 1859 maio;II(5).

11 Prada ILS. Animais: sua verdadeira natureza. Revista Internacional de Espiritismo. 2017 maio;XCII(4).

12 Xavier FC. Missionários da luz. [Ditado pelo Espírito André Luiz]. 42. ed. Brasília: FEB; 2007. Capítulo 4, Vampirismo; p. 43-55.

13 Xavier FC. Dissertações mediúnicas sobre importantes questões que preocupam a humanidade. [Ditado pelo Espírito Emmanuel]. Rio de Janeiro: FEB; 1938. Capítulo XVII, Sobre os animais; p. 93-98.

14 Xavier FC. Cartilha da natureza. Rio de Janeiro: FEB; 1944.

PREFÁCIO

Eu nasci e fui criada no interior do estado de São Paulo, em ambiente rodeado de fazendas, sítios e chácaras. Portanto, convivi muito de perto com animais durante toda a minha infância e juventude. Mas somente ao vir para a capital e ao cursar a Faculdade de Medicina Veterinária da USP me "caiu a ficha" de como os animais sofrem. Comecei a observar com surpresa que, como os seres humanos, eles têm graves doenças infecciosas, parasitoses, câncer de vários tipos, epilepsia, malformações, fraturas etc. Espírita desde o berço (graças a Deus!), comecei a me perguntar qual a razão do sofrimento dos animais, uma vez que em *O livro dos Espíritos* (1), item 602, tem-se a informação de que para eles (os animais) não existe expiação.

Fui "garimpando" nas obras da codificação espírita e em outras publicações respeitáveis, como as de André Luiz e Emmanuel, tudo o que dizia respeito a animais. Com isso, além da questão do sofrimento dos animais, outros assuntos foram surgindo e, ao longo de alguns anos, eu havia recolhido o material que agora consta neste livro.

Paralelamente, uma tarefa difícil se abriu para mim, dentro do meio acadêmico, uma vez que me tornei docente da faculdade onde estudei. Durante os 44 anos em que lá trabalhei, na graduação e na pós-graduação, fui acompanhando o extraordinário crescimento do ramo da produção animal, aquele que visa obter o máximo de rendimento econômico na exploração de tudo o que os animais possam oferecer em nosso benefício – carne, leite, couro, ovos, lã etc. Nem sempre esse contexto preserva a vida ou, pelo menos, o que hoje chamamos de "bem-estar" dos animais.

Em meados da década de 1980, eu exercia a função de presidente da Comissão de Ética da faculdade e, com os meus pares, tentei elaborar um regulamento para a utilização de animais em ensino e pesquisa.

O esboço desse regulamento vagou demoradamente pelos vários setores administrativos que deveriam aprová-lo até que na congregação, última instância dessa trajetória, alguns colegas implicaram com a expressão "sofrimento mental" que eu utilizara várias vezes no texto. Argumentavam que essa expressão não se adequava a animais...

Injuriada com essa resistência, fui à biblioteca e comecei a levantar informações sobre essa questão, do que resultou o artigo "Os animais têm alma?", que atrevidamente publiquei em uma das revistas da faculdade (2). De propósito, coloquei no artigo esse título bem instigante e, mentalmente, pedi licença a Ernesto Bozzano, pois esta é a designação de um de seus livros. Nesse artigo, digo logo no início que a palavra "alma" não está aí empregada em sentido religioso, mas se remete ao termo latino "animus", enquanto mente, psique, psiquismo. Esse artigo suscitou interesse de muitos colegas, que passaram a convidar-me para palestras sobre o tema. Portanto, minha estratégia havia dado certo!

A temática desse artigo resultou na publicação do meu pequeno livro *A alma dos animais* (3), no qual, com enfoque acadêmico, coloquei evidências de que os animais têm, sim, essa dimensão que chamamos de mente, psique ou psiquismo. Passados mais de 20 anos da publicação desse meu primeiro artigo sobre a relação cérebro-mente dos animais, em dezembro de 2009 recebi da Comissão de Bioética e do Hospital Veterinário (HOVET) da USP um convite para palestrar a respeito do que aconteceria com os animais após a sua morte, com foco na relação afetiva que haviam estabelecido com os seres humanos. Ao final da palestra, relatei o fato de que há cerca de 15 anos eu me encontrava inserida nesse movimento mundial de "ciência e espiritualidade", por intermédio das Associações Médico-Espírita (AMEs) de São Paulo, do Brasil e Internacional, colocando a indagação se não havia chegado o momento de a Medicina Veterinária integrar-se nesse contexto.

Na sequência, fui procurada por alguns alunos que se motivaram com a proposta. Fomos conversando, articulando, até que em 8 de dezembro de 2010, conseguimos finalmente dar início ao Movimento Cultural de Medicina Veterinária e Espiritualidade (MEDVESP), que, além dos encontros presenciais, conta com recursos da Internet. Esse movimento, inserido dentro do meio acadêmico, busca a vivência de uma relação cada vez mais harmônica entre seres humanos e animais. Um parêntesis: gosto de citar o 8 de dezembro por ser a data de aniversário de minha querida avó Philomena! Em dezembro de 2012, tive a grata satisfação de ser convidada pela AME-SP, através de seu presidente Dr. Mário Peres, para lá criar um núcleo ligado à questão dos animais, o que aconteceu em abril de 2013, com a estruturação do Núcleo de Medicina Veterinária e Espiritualidade (NUVET), que busca a vivência de uma relação cada vez mais harmônica entre seres humanos e animais, mas com uma atitude acrescida da visão espírita, o que alarga os horizontes de nossas atividades na proteção e defesa dos animais.

O MEDVESP e o NUVET – ressaltando que este livro, *A questão espiritual dos animais*, se encontra traduzido em três línguas: espanhol, italiano e inglês –, transformaram-se numa estrutura organizada de divulgação que tem tudo para dar certo, principalmente pela colaboração preciosa de várias pessoas idealistas. Ao longo de tantos anos, venho percebendo o aumento gradativo do número de pessoas que se sensibilizam com a sorte dos animais e fico muito feliz com isso.

Hoje agradeço a Jesus e aos bondosos amigos espirituais as oportunidades que foram se apresentando na minha vida, para o cumprimento dessa tarefa em relação aos animais, com a qual me sinto compromissada.

Aliás, é bom a gente se lembrar de que Jesus nasceu em um estábulo, cercado por animais. Será que com isso ele já estaria nos dizendo alguma coisa?

Nessas horas, lembro-me tanto de Sócrates: "Só sei que nada sei..."

REFERÊNCIAS

1 Kardec A. O livro dos Espíritos. 50a ed. Pires JH, tradutor. São Paulo: LAKE – Livraria Allan Kardec Editora; 1991.

2 Prada ILS. Os animais têm alma? Comunicações Científicas da FMVZ – USP, 1989;13(2).

3 Prada ILS. A alma dos animais. São Paulo: Editora Mantiqueira; 1997.

APRESENTAÇÃO

A primeira edição deste livro foi publicada em 1998 e, ao longo destes anos que se seguiram, ele foi traduzido para o espanhol, italiano e inglês, chegando agora à sua 12ª edição no Brasil, ampliada e revisada. Minha motivação primeira, ao estudar questões espirituais relativas a animais, foi a de buscar as razões metafísicas de seu sofrimento, e embora ainda sejam muitas as indagações a esse respeito, já temos, todos, o entendimento de que são diferentes os conceitos de *dor-expiação* e de *dor-educação*, conforme o que consta no capítulo "Animais e sofrimento".

Na composição deste livro, tratei nos primeiros capítulos de outros assuntos, pois me pareceu mais lógico começar com a seguinte reflexão: se os animais são seres inteligentes, como hoje a própria ciência admite, também neles, como em nós, essa faculdade seria atributo do Espírito? Em outras palavras, os animais têm Espírito? Melhor seria indagar: os animais são Espíritos encarnados? E a reflexão continua: havendo essa possibilidade, o Espírito (humano) seria consequência evolutiva do princípio inteligente (dos animais)? Sim, como nós, os animais são Espíritos em evolução, e aí surge outra questão que abordamos: de que maneira o Espírito dos animais interage com o seu corpo físico? Em *No mundo maior* (1), capítulos de 3 a 5, André Luiz nos dá uma pista fantástica ao afirmar: "o cérebro é o órgão sagrado de manifestação da mente, em trânsito da animalidade primitiva para a espiritualidade humana", o que me permitiu interessante confronto a respeito, com literatura da ciência acadêmica.

Outros capítulos abordam as seguintes questões: será que os animais têm alguma coisa a ver com os chamados Espíritos da natureza? E as figuras animais que são descritas fartamente na literatura espírita, qual a sua natureza? Sendo corriqueira a noção de que os animais sentem a presença de Espíritos, isso significa que eles têm mediunidade?

Em edições anteriores, reformulei o capítulo dedicado à reflexão sobre comer ou não comer carne, atualizando e acrescentado dados para uma abordagem ampla sobre aspectos éticos, nutricionais, ecológicos e doutrinários, pois faz-se urgente nossa tomada de consciência no atinente a esse assunto. Esse capítulo foi novamente revisto e atualizado para esta edição. Também acrescentei alguns comentários sobre o que se chamava há algum tempo, genericamente, de zooterapia, esclarecendo o seu conceito atual, que não se aplica a algumas práticas das quais os animais participam e que têm outra conotação.

Ao participar da reunião da AME-SP, em 3 de abril de 2013, de cuja pauta constou a criação do NUVET, comentei que uma de nossas propostas era a de proceder ao estudo de assuntos polêmicos em relação aos animais, por essa razão a Dra. Marlene Nobre solicitou que iniciássemos esses estudos pela abordagem do atendimento espiritual que alguns centros espíritas efetuavam para animais.

O texto inicial desta edição – "Prolegômenos" – tem a finalidade de mostrar ao prezado leitor o cuidado com o qual foi elaborado este estudo, que reflete em seu contexto a estrutura da própria Doutrina Espírita em seus aspectos científico, filosófico e moral. Desta edição fazem parte ainda três novos capítulos: "As emoções nos animais" – em que são analisados as sensações e os sentimentos dos animais e como se expressam organicamente –, "Eutanásia em animais. Sim ou não?" – que trata de assunto que com frequência coloca as pessoas em conflito diante de situações de muito sofrimento dos animais – e "A humanização dos animais" – visto que tenho presenciado, cada vez mais, e isso me preocupa, a maneira inadequada como muitos tutores vêm se comportando em relação aos "pets" com os quais convivem.

Nos capítulos finais, mantenho a reflexão sobre as razões de os animais existirem, pois sempre me incomodou muito o resíduo antropocêntrico de se admitir que a finalidade da vida deles se resumiria em *servir ao homem*... Termino o livro com o capítulo "Os animais, nossos companheiros", numa atitude de gratidão, que aprendi a ter para com a vida, trazendo à tona episódios de lindas vivências. Recordo com saudades os muitos amiguinhos que viveram conosco aqui em casa, crescendo com as crianças e enriquecendo a vida de todos nós.

As perguntas que todos nós sempre fazemos em relação aos animais, em absoluto, não estarão todas respondidas aqui. Restam dúvidas a serem esclarecidas e conceitos a serem firmados. Essa é a razão pela qual fiz a abordagem dos assuntos como questão, isto é, como matéria em discussão, como consta nos dicionários. Por esse motivo, tenho o hábito de indicar, sempre que possível, a fonte (obra e autor) da informação que estou transmitindo. É um recurso importante para os que desejarem consultar diretamente a informação original.

Vale a pena continuar a pesquisar, a discutir, a aprender. Somente não vale passarmos em nome da Doutrina Espírita as nossas opiniões e posturas pessoais.

Com fraterno abraço, desejo bom proveito da leitura e muita paz a todos!

Irvênia L. S. Prada

REFERÊNCIA

1 Xavier FC. No mundo maior. [Ditado pelo Espírito André Luiz]. 12a ed. Brasília: FEB; 1984.

1

Os animais têm alma?

A primeira pergunta que nos vem à cabeça, quando refletimos seriamente sobre a verdadeira natureza dos animais, é esta: *Os animais têm alma, têm Espírito?* Aliás, mais adequado seria indagarmos se os animais são Espíritos, ora encarnados (almas), pois sabemos que a realidade primeira é a espiritual, que antecede à realidade material do corpo físico. Pois bem, vamos à literatura espírita para ver o que encontramos sobre isso.

Um ponto de partida

Quando comecei a buscar informações sobre a existência de alma nos animais, nas obras da codificação, encontrei o primeiro artigo da *Revista Espírita*, de Kardec, referido com o título "As mulheres têm alma?" (1). Será que na época de Kardec ainda existia essa dúvida em relação a nós, mulheres? Pela sua informação, "[...] a coisa nem sempre foi tida como certa pois, ao que se diz, foi posta em deliberação num concílio".

Fiquei chocada, felizmente apenas por alguns instantes, até perceber, em rápida leitura, que Kardec havia utilizado esse título instigante para chamar a atenção dos leitores a respeito de como os preconceitos nos retêm na ignorância. Fiquei curiosa sobre esse concílio (da Igreja Católica). Minha filha Cristiana logo descobriu que se tratava do Concílio de Mâcon, na Gália (hoje território francês), que aconteceu no ano de 585. Constou da pauta desse concílio a questão da existência (ou não) de alma nas mulheres, e parece que, por uma diferença mínima de dois votos, os cardeais passaram a aceitar a existência de alma imortal nas mulheres! Inacreditável!

No entanto, não foram somente as mulheres que "ficaram" sem alma durante um tempo, visto que, no Brasil colonial, os escravos índios, até o século XVI, e os escravos negros, até final do século XIX, eram considerados assim. Fácil compreender as razões! Era a maneira ardilosa de a religião institucionalizada conviver e compactuar com a escravidão.

Bem, já se reconheceu que as mulheres têm alma, os escravos, felizmente, foram libertados e também têm alma, mas ainda falta resolvermos a questão da alma dos animais. Comecei a entender que considerar seres vivos como não tendo alma sempre representou mera estratégia para exercício de poder. O que não tem alma é "coisa", e coisa se usa e se descarta sem a menor preocupação ou culpa. É o que ainda a humanidade faz com os animais, para atender aos seus egocentrados interesses.

Afinal, *os animais têm alma?* Com esse título de um dos livros de imperdível leitura, do filósofo genovês e escritor espírita Ernesto Bozzano (2), vamos continuar buscando as respostas na literatura espírita.

Em *O livro dos Espíritos* (3), questão 597, lemos a pergunta que Kardec faz aos Espíritos: "Pois se os animais têm uma *inteligência* que lhes dá uma certa liberdade de ação, há neles um *princípio* independente da matéria?" Destaquei duas palavras pelo fato de que Kardec valeu-se intencionalmente delas pelo seguinte: a pergunta 27, de *O livro dos Espíritos*, e item 6, capítulo XI, de *A gênese* (4), nos esclarecem que existem apenas três elementos no universo – Deus (o criador), o princípio inteligente (afeto ao Espírito) e o princípio material (afeto à matéria). Em *O livro dos Espíritos*, pergunta 24, temos a informação de que a inteligência é atributo exclusivo do Espírito.

Acabei concluindo que existe um binômio indissolúvel entre Espírito e inteligência, de tal maneira que manifestações dos Espíritos são sempre representadas por atos de inteligência, assim como atos de inteligência procedem de Espíritos (encarnados ou desencarnados). Aliás, no início de suas observações sobre o fenômeno mediúnico, na época das *mesas girantes*, Kardec já havia asseverado que "assim como todo efeito tem uma causa, todo efeito inteligente tem uma causa inteligente".

Portanto, a pergunta de Kardec é direta e objetiva, pois percebendo que os animais têm inteligência, desejava confirmar se essa inteligência seria indicativa da existência neles do *princípio espiritual*, que é distinto do *princípio material*. Em outras palavras, além do corpo, os animais também teriam alma? A resposta dos Espíritos a essa pergunta igualmente é direta e objetiva: "Sim, e que sobrevive ao corpo".

Tenho dois casos interessantes sobre o assunto. Faz um bom tempo, estive com nosso prezado confrade Divaldo Pereira Franco, na Mansão do Caminho, em Salvador, e contei a ele que estava estudando esse assunto da questão espiritual dos animais. Muito animado com a informação, incentivou-me com palavras carinhosas e passou ao relato da seguinte experiência:

Certa feita, foi convidado a proferir uma palestra em Campo Grande-MS e lá foi recebido pela Sra. Maria Edviges, então presidente da Federação Espírita do Mato Grosso do Sul. Ao chegar à residência de sua anfitriã, acompanhado por outros confrades, teve um gesto de recuo ao se dar conta da presença de um cão de grande porte no local. Percebendo o que acontecera, as pessoas lhe disseram:

– O que foi, Divaldo?

Ele explicou sem rodeios:

– Eu me assustei com o cão, mas tudo bem agora!

Ouviu de seus acompanhantes, com surpresa:

– Que cão, Divaldo, aqui não tem cão nenhum!

Ele apontou para o chão e disse:

– Foi este pastor aqui!

Dona Maria Edviges, emocionada, foi explicando:

– Divaldo, eu tive um cão pastor, mas ele morreu já faz meses!

Uma das possibilidades é que Divaldo, pela sua aguçada mediunidade de vidência, teria captado a presença da figura espiritual do cão, ainda retida no ambiente familiar por sua ligação afetiva com Dona Maria Edviges, pois a morte não mata ninguém, muito menos o amor.

Ao compor a primeira edição deste livro, escrevi a Divaldo solicitando sua autorização para a publicação desse seu relato. Muito gentil, ele me respondeu afirmativamente, em carta de próprio punho, que tenho entre "meus guardados". Tenho pena dos mais jovens que não viveram essa época das cartas escritas à mão...

O outro caso consta do livro *Testemunhos de Chico Xavier*, de Suely Caldas Schubert (5). A autora relata que em carta escrita de "próprio punho", datada de 25 de janeiro de 1951, Chico Xavier escreve a Wantuil de Freitas, com quem se correspondia habitualmente, contando que seu cachorro Lorde, após longa enfermidade, veio a falecer, vendo então seu irmão José, já desencarnado, acolhê-lo nos braços no momento do desprendimento. Chico ainda continua seu relato dizendo que nos meses que se seguiram, quando José lhe vinha ter à presença, em Espírito, mostrava-se sempre acompanhado da figura espiritual do Lorde. Esse episódio relatarei com mais detalhes no capítulo "Os animais, nossos companheiros".

Esses dois casos, vivenciados por Divaldo e por Chico, respectivamente, testemunham e confirmam a resposta da questão 597 de *O livro dos Espíritos*: "Sim, nos animais existe um princípio espiritual ou inteligente que sobrevive à morte do corpo físico".

No livro *Lindos casos de Chico Xavier*, de Ramiro Gama (6), encontramos delicada expressão do Chico, acompanhada da figura do Lorde: "Ah!, sim, os animais também têm alma e valem pelos melhores amigos!"

Alguns atributos e características do princípio inteligente

Instinto e inteligência

Comumente, tem-se a noção que os animais agem apenas por *instinto* e os seres humanos, por *inteligência*, mas a realidade passa bem longe disso. No capítulo III, itens 11-13, de *A gênese*, lemos: "[...] O animal carniceiro é impelido pelo instinto a nutrir-se de carne; porém, as precauções que ele toma [...] sua previsão e relação a circunstâncias do momento, são atos de inteligência". É admirável que se encontre esse conceito em *A gênese* de Kardec, cuja primeira edição é de 1868, uma vez que, na ciência acadêmica, apenas a partir da década de 1960, encontramos com mais ênfase publicações indicativas de que os animais são seres inteligentes.

Em *O livro dos Espíritos*, encontra-se a intrigante questão n. 73 que Kardec formula aos Espíritos: "O instinto é independente da inteligência?" A resposta é surpreendente: "Precisamente não, porque é uma espécie de inteligência [...] é por ele que todos os seres proveem as suas necessidades". Assim, a ideia que agora se tem de instinto é a de que ele representa, metaforicamente, a gaveta do arquivo de memória dos indivíduos – sejam animais ou seres humanos – que contenha tudo o que já se aprendeu a fazer (sobreviver, reproduzir a espécie, alimentar-se, fugir de agentes aversivos etc.) e que se passa a fazer automaticamente, instintivamente.

Bastante elucidativo é o que lemos em *O livro dos Espíritos*, questão 849:

"Qual é, no homem em estado primitivo, a faculdade dominante, o instinto ou o livre-arbítrio? R. O instinto [...]". Para entendermos bem o significado dessa questão, basta recorrermos aos capítulos 3 e 4 de *No mundo maior* (7), que abordarei com mais detalhes no capítulo seguinte. André Luiz, juntamente com o mentor Calderaro, explica que nossa casa mental está arquitetada em três andares, cada um deles interagindo com uma determinada região de nosso cérebro, sendo que o primeiro andar, referido por eles como porão da nossa individualidade, contém o arquivo do nosso passado e diz respeito aos instintos e automatismos.

Portanto, devemos entender que tanto os animais como os seres humanos têm atos instintivos e atos de inteligência em seu comportamento, sendo absolutamente inadequada qualquer tentativa de separação que coloque os seres humanos de um lado, como sendo inteligentes, e os animais de outro, como sendo instintivos.

Reencarnação e evolução

Em *O livro dos Espíritos*, questão 599, encontramos: "A alma dos animais pode escolher a espécie em que prefira encarnar-se? R. Não, ela não tem o livre-arbítrio". Pelo texto do item seguinte (LE 600), ficamos informados de que existem Espíritos (humanos) incumbidos disso, ou seja, de classificar os animais após a sua morte e utilizá-los para animar outros seres na sequência do processo reencarnatório, pelo qual "seguem uma lei progressiva, como os homens" (LE 601). Os animais, como princípios espirituais em evolução, valem-se das oportunidades da reencarnação para o aprendizado das lições de nossa grande escola da vida.

Consciência

Em *Alvorada do reino* (8), de Emmanuel, lemos: "No reino animal, a consciência, à feição de crisálida, movimenta-se em todos os tons do instinto [...]". O termo "crisálida" refere-se à fase do ciclo da vida da borboleta em que a larva tece em volta de si um casulo, onde permanece por alguns dias para daí eclodir a borboleta. É, portanto, uma alusão metafórica a uma etapa de *potencialidade*.

O mentor Calderaro, em *No mundo maior* (7), capítulo 3, também usa essa expressão, ao assinalar: "A crisálida da consciência, que reside no cristal a rolar na corrente do rio, aí se acha em processo liberatório [...]". É muito interessante esse texto de André Luiz, pois se remete a uma questão ainda bastante polêmica dentro do meio espírita, em que se discute, ainda sem uma resposta definitiva, se a evolução do princípio inteligente já teria início nos minerais ou não.

Essa informação exarada por André Luiz é indicativa que sim, mas de fato o assunto merece nossa atenção continuada.

Pensamento fragmentário

Em *Mecanismos da mediunidade* (9), capítulo IV, André Luiz refere que o pensamento ainda é matéria, a matéria mental, que na angelitude se transmite em raios ultrassupercurtos, na mente humana em ondas longas, médias e curtas, e nos animais, em ondas fragmentárias. Em *Evolução em dois mundos* (10), primeira parte, capítulo X, André Luiz presta-nos importantes esclarecimentos, conforme segue:

> Aperfeiçoando as engrenagens do cérebro, o princípio inteligente sentiu a necessidade de comunicação com os semelhantes e, para isso, a linguagem surgiu entre os animais, sob o patrocínio dos Gênios Veneráveis que nos presidem a existência [...]. De início, o fonema e a mímica foram os processos indispensáveis ao intercâmbio de impressões e para o serviço de defesa como, por exemplo, o silvo de vários répteis, o coaxar dos batráquios, as manifestações sonoras das aves e o mimetismo de alguns insetos e vertebrados [...]. Contudo, à medida que se lhe acentuava a evolução, a consciência fragmentária investia-se na posse de mais amplos recursos. O lobo grita pelos companheiros [...], o gato encolerizado mostra fúria característica, miando raivosamente, o cavalo relincha expressando alegria ou contrariedade, a galinha emite interjeições adequadas para anunciar a postura, acomodar a prole, alimentar os pintinhos ou rogar socorro quando assustada, e o cão é quase humano em seus gestos de contentamento e em seus ganidos de dor.

Essas informações nos levam ao conhecimento de que os animais pensam em ideias-relâmpagos ou ideias-fragmentárias, como refere André Luiz, e, à medida que o princípio inteligente que anima cada um deles evolui e adentra o período que chamamos de humanidade, caminha para a aquisição do pensamento contínuo, conforme veremos no final do capítulo 3 deste livro.

O papel do cérebro

Nos capítulos 3 e 4 de *No mundo maior* (7), cuja primeira edição data de 1947, André Luiz expressa importante enunciado: "O cérebro é o órgão sagrado de manifestação da mente, em trânsito da animalidade primitiva para a espiritualidade humana".Conforme veremos com mais detalhes em outros capítulos, as circuitarias de neurônios, que vão se organizando, paulatinamente, em arranjos cada vez mais complexos ao longo do processo evolutivo dos seres, irão se constituir em valiosos instrumentos de manifestação da mente, nos diferentes estágios a serem percorridos pelo princípio inteligente.

Concluindo

Parecem-me válidos os seguintes conceitos que até agora foram considerados, com base na Doutrina Espírita:

- Os animais têm (são) Espíritos.
- Os animais reencarnam e evoluem.
- Os animais são seres inteligentes.
- Inteligência é atributo do Espírito.
- Instinto é uma espécie de inteligência.
- Nos animais já existe o despertar da consciência.
- Os animais pensam em ideias fragmentárias.
- Nos animais o cérebro também é o *órgão* de manifestação da *mente*.

O que diz a ciência?

Eu sempre gosto de procurar dentro da literatura acadêmica informações sobre aspectos que estudo nos conteúdos da Doutrina Espírita. Assim, o que acharemos na ciência a respeito do que acabo de expor?

A boa notícia é que temos um ponto em comum, que vai facilitar as coisas – a inteligência! É isso mesmo! Espiritismo e ciência consideram os animais como seres inteligentes. Pelo Espiritismo esse conhecimento tem mais de 150 anos, sendo que a ciência acadêmica passou a se ocupar desse conceito, com publicações importantes, a partir da década de 1960.

Os animais como seres sencientes

"Os animais são seres sencientes" – hoje nos meios científicos já se diz isso. Este é o título de um capítulo que escrevi a respeito no livro *Instrumento animal. O uso prejudicial de animais no Ensino Superior* (11), aludindo ao fato de que o termo "senciente" vem do latim *sentiens* = que sente, isto é, tem sensibilidade. Para se ter sensibilidade, é preciso se ter inteligência. Uma simples ameba "sabe" distinguir, no meio líquido em que vive, uma partícula de alimento de um agente aversivo, "sentindo" o relativo a uma ou outra situação.

Quando da chamada Revolução Científica do século XVII, em que a ciência conseguiu finalmente se libertar das amarras dos dogmas religiosos, tem-se a impressão que ficou estipulado um acordo para que a ciência focasse a matéria e observasse os fatos, cabendo à religião essa outra dimensão "impalpável" em que poderíamos colocar mente, psique, psiquismo e alma e Espírito. Isso começou a mudar na década de 1960, com a grande contribuição do conhecimento científico sobre a verdadeira natureza dos animais trazida pelo biólogo Gregory Bateson (12), ao considerar: "A mente não é uma coisa, é um processo. E esse processo mental é o processo de auto-organização; em outras palavras, o próprio processo da vida. Portanto, em todos os níveis, o processo da vida é um processo mental".

A partir dessa visão de Bateson, de considerar a mente como o processo cognitivo de manifestação da vida, pode-se admitir a existência da dimensão *mente* em todos os seres vivos, o que derruba a postura cartesiana que ela seria apanágio do ser humano. Grande conquista! Grande avanço para o conhecimento dos atributos dos animais!

Cada vez mais se encontram publicações significativas sobre a inteligência e o comportamento surpreendente dos animais. Entre elas podem ser destacados os livros *Animal Minds*, de Donald Griffin (13), *O parente mais próximo*, de Roger Fouts (14), *The Prehistory of the Mind*, de Steven Mithen (15), e *Cães sabem quando seus donos voltam para casa*, de Rupert Sheldrake (16).

Animais e consciência

Em janeiro de 1970, o cientista Gordon G. Gallup Jr. publicou na revista *Science* o artigo de impacto "Chimpanzees: Self-Recognition" (17). Ele submeteu chimpanzés aos testes de reconhecimento da própria imagem no espelho, que se usam para seres humanos, inclusive bebês, e observou que eles se mostraram aptos, ou seja, os chimpanzés foram capazes de reconhecer sua imagem no espelho, habilidade esta que é chamada de "autoconsciência".

Gallup concluiu que isso é demonstrativo de que os chimpanzés têm noção de sua identidade, pois declarou: "Sem uma identidade própria, seria impossível a alguém reconhecer-se".

Para "fechar a questão", em 7 de julho de 2012, aconteceu importante pronunciamento de 26 neurocientistas (neurocientistas cognitivos, neurofarmacologistas, neurofisiologistas, neuroanatomistas e neurocientistas da computação) de diversos países liderados pelo Dr. Philip Low, pesquisador da *Stanford University* e do *Massachusetts Institute of Technology*, dos Estados Unidos. Ao participarem, no Reino Unido (*Francis Crick Memorial Conference*), de um Simpósio sobre consciência, eles decidiram divulgar o que ficou conhecido como "A declaração de Cambridge" (18) (*The Cambridge Declaration on Consciousness*), da qual consta o texto: "Todos os mamíferos, pássaros e alguns invertebrados como os polvos, têm consciência [...] Não é mais possível dizer que não sabíamos".

Esses neurocientistas admitem que as estruturas cerebrais relacionadas à consciência em seres humanos também existem nos animais.

O cérebro triúno

O neurocientista estadunidense Paul Mac Lean tornou-se notório no final da década de 1960 pela emissão do conceito de "cérebro triúno", segundo o qual o encéfalo humano teria se formado evolutivamente em três blocos: a formação reptiliana, a formação paleomamífera e a formação neomamífera. É impressionante o pareamento desse conceito com o exposto a respeito por André Luiz em *No mundo maior* (7) (primeira edição de 1947), capítulos 3 e

4, conforme veremos mais detalhadamente ao tratarmos da interação cérebro-mente, no capítulo 4. Extenso estudo a respeito desse assunto resultou na publicação do livro *O cérebro triúno a serviço do Espírito* (19), cuja autoria tive o prazer de compartilhar com os prezados amigos Dr. Décio Iandoli Jr. e Dr. Sérgio Lopes.

Motivada com a possibilidade de estudar o cérebro dos animais comparativamente ao cérebro humano, em 1997, publiquei um pequeno livro com enfoque acadêmico, intitulado *A alma dos animais* (20), mostrando que as diferenças entre eles são de natureza quantitativa e não qualitativa. Eu costumo referir, como recurso didático, que podemos imaginar os neurônios como se fossem aqueles tijolinhos de madeira dos brinquedos infantis. Com eles podemos construir uma casinha, uma mansão ou um grande castelo. Assim também é com os neurônios, quanto mais neurônios, mais complexo é o cérebro em cada espécie animal.

Concluindo, do exposto podemos observar que Espiritismo e ciência acadêmica estão concordantes quanto à mente, inteligência, consciência e papel do cérebro nos animais.

O que ainda falta para a ciência acadêmica é o conhecimento que temos na Doutrina Espírita de que os animais são Espíritos encarnados em sucessivas etapas de seu processo evolutivo. Essa informação faz uma enorme diferença!

REFERÊNCIAS

1 Kardec A. As mulheres têm alma? Revista Espírita – Jornal de Estudos Psicológicos, 1866 jan;IX(1).

2 Bozzano E. Os animais têm alma? 8a ed. Werneck FK, tradutor. São Paulo: Lachâtre; 2014.

3 Kardec A. O livro dos Espíritos. 50a ed. Pires JH, tradutor. São Paulo: LAKE – Livraria Allan Kardec Editora; 1991.

4 Kardec A. A gênese. 12a ed. Brasília: FEB; 1977.

5 Schubert SC. Testemunhos de Chico Xavier. 3a ed. Brasília: FEB; 1998.

6 Gama R. Lindos casos de Chico Xavier. 21a ed. São Paulo: Lake; 2010.

7 Xavier FC. No mundo maior. [Ditado pelo Espírito André Luiz]. 12a ed. Brasília: FEB; 1984.

8 Xavier FC. Alvorada do Reino. [Ditado pelo Espírito Emmanuel]. São Paulo: Ideal; 1998.

9 Xavier FC, Vieira W. Mecanismos da mediunidade. [Ditado pelo Espírito André Luiz]. 4a ed. Brasília: FEB; 1973.

10 Xavier FC, Vieira W. Evolução em dois mundos. [Ditado pelo Espírito André Luiz]. 18a ed. Brasília: FEB; 1999.

11 Prada ILS. Os animais são seres sencientes. In: Tréz T, organizador. Instrumento animal. O uso prejudicial de animais no Ensino Superior. Bauru: Canal 6 Projetos Editoriais; 2008. p. 15-41.

12 Bateson G. Critérios para o pensamento do novo paradigma na ciência e na teologia. In: Capra F, Steindl-Rast D, Matus T. Pertencendo ao universo. Explorações nas fronteiras da ciência e da espiritualidade. São Paulo: Cultrix; 1991. p. 81-146.

13 Griffin DR. Animal minds. Chicago: University of Chicago Press; 1994.

14 Fouts R, Mills ST. O parente mais próximo. Rio de Janeiro: Objetiva; 1998.

15 Mithen S. The Prehistory of the Mind. The Cognitive Origin of Art and Science. London: Tames and Hudson Ltd; 1999.

16 Sheldrake R. Os cães sabem quando seus donos estão chegando. Rio de Janeiro: Objetiva; 2000.

17 Gallup GG Jr. Chimpanzees: Self-Recognition. Science. 1970 Jan;167(3914):86-87.

18 Declaração de Cambridge sobre a Consciência Animal. 2012[citado 20 dez. 2017]. Disponível em: http://www.labea.ufpr.br/portal/wp-content/uploads/2014/05/Declara%C3%A7%C3%A3o-de-Cambridge-sobre-Consci%C3%AAncia-Animal.pdf.

19 Prada ILS; Iandoli D Jr., Lopes SLS. O cérebro triúno a serviço do Espírito. São Paulo: AME-Brasil Editora; 2017.

20 Prada ILS. A alma dos animais. São Paulo: Mantiqueira; 1997.

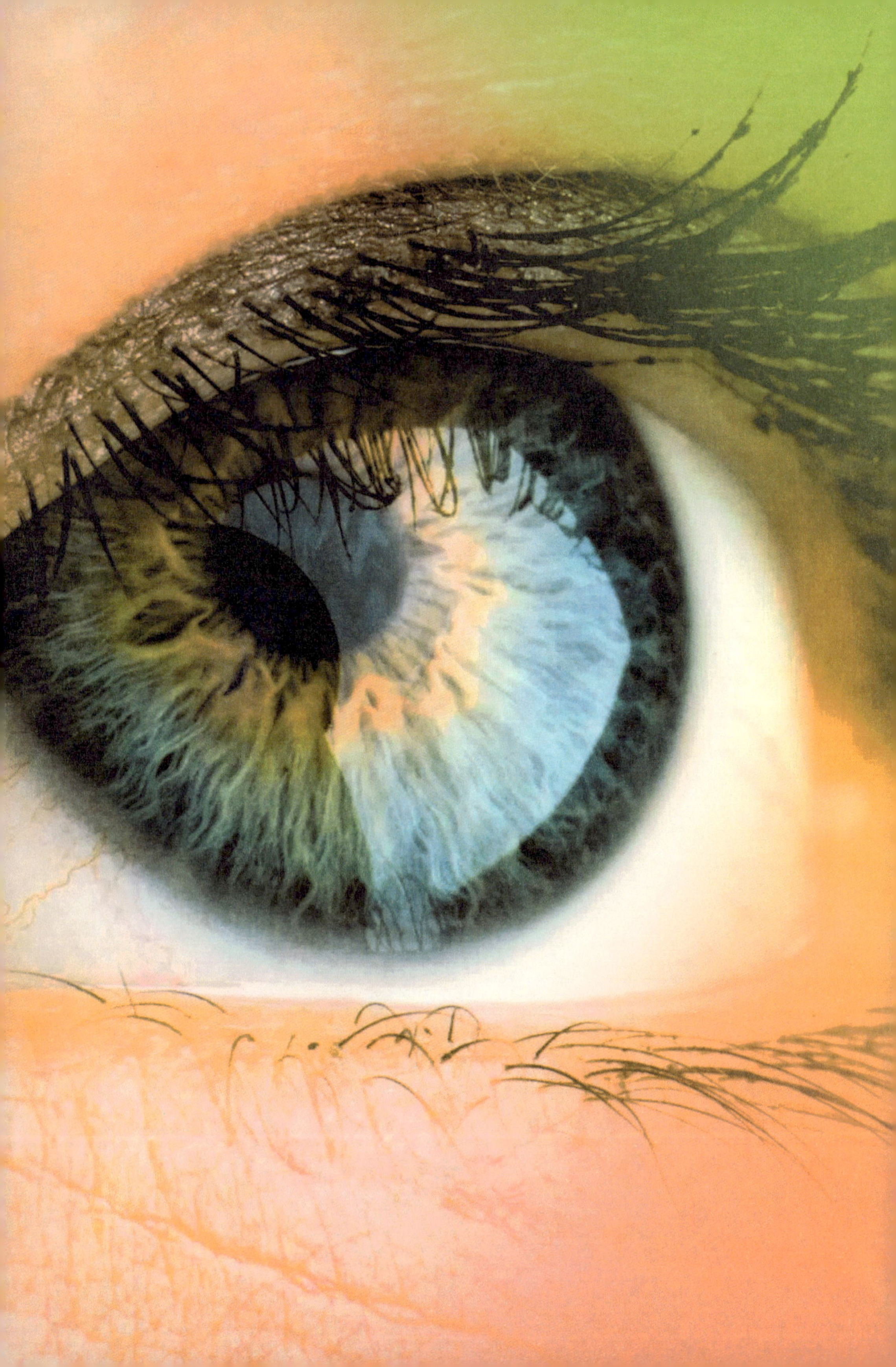

2

O Espírito (humano) evolui do princípio inteligente (dos animais)?

Kardec já mostrava preocupação quanto a esse assunto, pois em *O livro dos Espíritos* (1), item 613, considera:

> Segundo alguns, o Espírito não chega ao período humano senão depois de ter sido elaborado e individualizado nos diferentes graus dos seres inferiores da Criação. Segundo outros, o homem teria sempre pertencido à raça humana, sem passar pela fieira animal.

O codificador faz esse mesmo comentário em *A gênese* (2), capítulo XI, item 23.

É interessante o fato de Charles Darwin (1809-1882) e Allan Kardec (1804-1869) terem sido contemporâneos, sendo mais instigante ainda a observação de que a primeira edição de *O livro dos Espíritos* veio a público em 1857, contendo 501 questões, e a grande obra de Darwin, *A origem das espécies*, foi publicada em 1859.

Em 1860, dois meses após o lançamento de *A origem das espécies*, Kardec publicou a segunda edição de *O livro dos Espíritos*, com 1.019 questões, sendo a tradução dessa segunda edição a que encontramos hoje nos centros espíritas e que está disponível em livrarias. Desta segunda edição é que consta grande parte das questões evolutivas dos seres, sendo que se Darwin foi corajoso ao tratar da evolução material, que lhe trouxe tantas perseguições e problemas, o que dizer de Kardec, que, no ano de 1868, em *A gênese*, trata não apenas da gênese orgânica (capítulo X), mas também da gênese espiritual (capítulo XI).

A pergunta crucial

Em *O livro dos Espíritos*, questão 606a, Kardec apresenta aos Espíritos: "A inteligência do homem e dos animais emanam de um princípio único?

R. Sem dúvida nenhuma, mas no homem ela passou por uma elaboração que a eleva acima dos brutos"

A indagação seguinte refere-se ao mesmo assunto (LE 607): "[...] Onde cumpre o Espírito essa primeira fase? R. Numa série de existências que precedem o período que chamais de Humanidade".

E Kardec insiste (LE 607a):

> [...] a alma teria sido o princípio inteligente dos seres inferiores da criação?
> R. É nesses seres [...] que o princípio inteligente se elabora, ensaia para a vida [...] É um trabalho preparatório [...] em seguida ao qual o princípio inteligente sofre uma transformação e se torna Espírito.

Portanto, as respostas a essas três indagações de Kardec são bastante indicativas de que o Espírito (humano) de fato se desenvolve evolutivamente como sequência do princípio inteligente (dos animais). Particularmente, a informação constante em *O livro dos Espíritos*, pergunta 607, traz-nos a seguinte reflexão: a transformação do princípio inteligente em Espírito faz-se num instante, ou mediante um processo? Vamos em frente!

Como surgiu o corpo humano em nosso planeta?

Em *A gênese*, capítulo XI, lemos:

> 15. Corpos de macacos teriam sido muito adequados a servir de vestimentas aos primeiros espíritos humanos, necessariamente pouco avançados, que vieram encarnar-se na Terra [...].
> 16. Como não há transições bruscas na natureza, é provável que os primeiros homens que apareceram sobre a Terra pouco diferissem do macaco em sua forma exterior e, sem dúvida, também quanto à sua inteligência.

É admirável o que se encontra escrito em *A gênese*, cuja primeira edição data de 1868, e que encontra eco em *O livro dos Espíritos*, questão 849, em que se lê: "Qual é, no homem em estado primitivo, a faculdade dominante: o instinto ou o livre-arbítrio? R. O instinto [...]".

Metempsicose?

Tenho de voltar ao texto de *A gênese*, capítulo XI, item 15, para um comentário, pois ao admitir que Espíritos humanos teriam encarnado em corpos de macacos, não estaríamos aceitando a doutrina da Metempsicose? E o Espiritismo não aceita esse conceito, haja vista o que consta em *O livro dos Espíritos*, pergunta 612: "O Espírito que animou o corpo de um homem poderia encarnar-se num animal? R. Isto seria retrogradar, e o Espírito não retrograda. O rio não remonta à fonte".

Bem, se em *A gênese*, capítulo XI, item 15, está dito que os primeiros Espíritos humanos que vieram para a Terra encarnaram-se em corpos de macacos e em *O livro dos Espíritos*, pergunta 612, temos o esclarecimento de que "o rio não remonta à fonte", deve haver alguma explicação para que possamos chegar a um acordo quanto à questão.

De fato, ao ler as questões 607a, 609, 611 de *O livro dos Espíritos* e o item 23 do capítulo XI de *A gênese*, chega-se ao entendimento de que esses Espíritos que encarnaram em corpos de macacos encontravam-se "entrando no período de humanidade", cursando, portanto, da "animalidade anterior para a espiritualidade humana", como diria André Luiz, o que hoje se acha totalmente confirmado pelas descobertas da Antropologia, conforme veremos mais adiante.

Transformação do princípio inteligente em Espírito: instante ou processo?

O que se lê no livro *A caminho da luz* (3), capítulo II, confirma plenamente o conceito de que a evolução do Espírito, ao entrar no período de humanidade, fez-se segundo um processo:

> Os antropoides das cavernas espalharam-se, aos grupos, pela superfície do globo, ao longo dos séculos, sofrendo as influências do meio e formando os pródromos das raças

futuras. Extraordinárias experiências foram realizadas então pelos mensageiros do invisível, até fixarem no "primata" os característicos aproximados do homem futuro.

Ainda nessa obra, Emmanuel, capítulo XVII, considera:

> E como o objetivo desta palestra é o estudo dos animais, nossos irmãos inferiores, sinto-me à vontade para declarar que todos nós já nos debatemos no seu acanhado círculo evolutivo. São eles nossos parentes próximos, apesar da teimosia de quantos persistem em o não reconhecer. Considera-se, às vezes, como afronta ao gênero humano, a aceitação dessas verdades. Estendei sobre eles a vossa concepção de solidariedade e o vosso coração compreenderá, mais profundamente, os grandes segredos da evolução, entendendo os maravilhosos e doces mistérios da vida.

André Luiz, em *Evolução em dois mundos* (4), capítulo XI, deixa claro o seu entendimento a respeito do processo evolutivo do ser humano, ao referir: "Guarda a criatura humana [...] na tessitura dos próprios órgãos, a herança dos milhões de estágios, nos reinos inferiores [...]".

É importante a informação de que, em suas obras, André Luiz e Emmanuel são insistentes em afirmar que todo esse processo evolutivo que estamos estudando não se fez por obra do acaso. Pelo contrário, ele é resultado de um projeto inteligente. Emmanuel, em *A caminho da luz* (3), capítulo I, informa:

> Rezam as tradições do mundo espiritual que na direção de todos os fenômenos do nosso sistema existe uma Comunidade de Espíritos Puros e Eleitos pelo Senhor Supremo do Universo (da qual é Jesus um dos membros divinos) [...], em cujas mãos se conservam as rédeas diretoras da vida de todas as coletividades planetárias.

Concluindo

Diante da indagação inicial se o Espírito (humano) evolui do princípio inteligente (dos animais), de minha parte parece muito claro o princípio da progressão evolutiva do Espírito, desde quando criado simples e ignorante (LE 115), vivenciando as experiências da animalidade para chegar à condição humana e tendendo à angelitude.

Assim como na obra de Darwin (*A origem das espécies*) está evidente a noção de evolução orgânica do ser humano a partir de outras espécies de primatas, também nas obras de Kardec que acabamos de estudar (GE e LE) vejo bem sinalizada a concepção da gênese espiritual do ser humano, a partir de estágios anteriores. Interessantes comentários sobre o tema são encontrados em dois artigos com o mesmo título: "A alma dos animais", de Pedro Valente da Cunha (5) e de J. Martins Peralva (6), divulgados na revista *Reformador*. Peralva lembra que, pela mediunidade de Chico Xavier, Emmanuel, na obra *Alvorada do reino*, assevera: "O animal caminha para a condição de homem, tanto quanto o homem evolui no encalço do anjo".

O que diz a ciência?

Antropólogos e biólogos da atualidade admitem que o gênero humano tenha evoluído a partir de um tronco de primatas representado por algumas espécies de *Australopithecus* (*austral* = sul, *pithecus* = macaco), que teriam vivido no sul da África há 3,5 milhões de anos. O esqueleto mais completo que se tinha de um *Australopithecus*, descoberto na década de 1970, era de uma fêmea, que os antropólogos apelidaram carinhosamente de "Lucy" (Fig. 2.1).

Fig. 2.1 – "Lucy" (*Australopithecus*), idealizada mediante reconstrução em computador, com base nas características de seu esqueleto

As faixas inaugurais da razão

Até hoje os cientistas discutem as razões fundamentais que teriam levado o ser, em seu processo evolutivo desde o *Australopithecus*, que já se afastara dos outros ramos de primatas, a se levantar e assumir a postura ereta, o chamado bipedalismo.

Uma delas leva em consideração o fato de que há 4 milhões de anos (7), os símios viviam em ambiente arborícola, com farta quantidade de árvores e clima ameno. Mas uma cadeia de montanhas começou a se erguer ao longo da costa leste da África, barrando a entrada para o continente da umidade vinda do Oceano Índico. Com isso, os *Australopithecus* teriam de percorrer longas distâncias caminhando, para a procura de alimento, o que o favoreceu a assumir a postura ereta.

Curiosidades desse processo evolutivo

Em 2010, descobriu-se na Etiópia, África, o mais bem preservado fóssil de um *Australopithecus afarensis*, o do "bebê Dikika" (8) como ficou conhecido, uma menina de cerca de 3 anos que teria vivido há 3,3 milhões de anos. O bebê Dikika vem se juntar a dois espécimes de *Australopithecus* exumados antes: um adulto do sexo masculino, o AL 444-2, e uma fêmea adulta, a famosa Lucy. Nesses três espécimes, particularmente no bebê Dikika, os antropólogos encontraram pistas de serem eles criaturas que reuniam características tanto de macacos – como o rosto alongado e os ombros adaptados à escalada em árvores – quanto de seres humanos, como a acomodação da cabeça do fêmur no acetábulo e a disposição verticalizada dos raios ósseos do fêmur e da tíbia, indicativos de bipedalismo. As análises criteriosas que os antropólogos fizeram demonstraram curiosamente que o bebê Dikika, assim como os outros *Australopithecus* estudados, da cintura para cima são "macacos", enquanto da cintura para baixo apresentam características mais "humanas". Isso tem um significado extraordinário, pois evidencia o fato de que o indivíduo primeiro teve de construir as suas bases de sustentação, para depois desenvolver o seu cérebro.

Ficar de pé, assumir a postura ereta, fez toda a diferença – à medida que evoluíram de modo a suportar e mover um corpo ereto, os pés dos símios foram perdendo a capacidade de oponência dos grandes dedos, que os filhotes usam para se agarrarem às suas mães, com os quatro membros. Isso permite que a mãe se desloque sem se afastar de seu filhote. Podemos ainda hoje observar isso, por exemplo, na maneira como um bebê de macaco se agarra à sua mãe com suas mãos e pés fortes e seus dedos preensores (Fig. 2.2).

Fig. 2.2 – Macaca com o filhinho agarrado ao seu corpo com seus quatro membros, mostrando oponência do hálux em todos eles

Entretanto, acredita-se que o *Australopithecus* já havia perdido a oponência do hálux, não podendo mais um filhote se manter agarrado à sua mãe, de sorte que tinha de ser carregado em seus braços, restringindo a capacidade dela de procurar alimento.

Assim, a postura ereta pode ser vista, embora de maneira hipotética, como agente causal de vários acontecimentos, como segue (9):

- *Fortalecimento dos laços sociais* – tendo de carregar seu bebê, com isso a mãe foi obrigada a depender de seu parceiro e de outros integrantes do grupo, para cuidarem do filhote enquanto ela buscava o seu alimento, o que teria levado a um fortalecimento das inter-relações individuais e da estrutura social como um todo.

- *Fortalecimento dos laços afetivos* – o fato de a mãe e outros adultos carregarem o bebê no colo, aconchegando-o ao seu corpo e envolvendo-o com os seus braços, possibilitou um estreitamento das relações afetivas (Fig. 2.3).
- *Expansão do neurocrânio* – com o assumir da postura ereta, as inserções dos músculos cervicais, que se faziam nos ossos da porção posterior da cabeça, deslocam-se para a sua porção inferior, liberando a superfície do neurocrânio e assim permitindo a sua expansão e, consequentemente, a do cérebro. O neurocrânio corresponde à parte óssea da cabeça, que contém a cavidade craniana, onde se aloja o encéfalo, enquanto o viscerocrânio diz respeito a estruturas e órgãos da face.

Fig. 2.3 – No evoluir do processo evolutivo, o fato de a mamãe *Australopithecus* ter aconchegado seu bebê de encontro ao peito, envolvendo-o com seus braços, propiciou o despertar de uma relação afetiva mais próxima entre eles, que foi sendo elaborada com o passar dos tempos

- *Diferenciação do aparelho fonador* – os processos adaptativos das estruturas constituintes do pescoço possibilitaram, especialmente à laringe e ao aparelho hioideo (conjunto de pequenos e alongados ossos que se articulam com a base do crânio e dão sustentação à faringe, à laringe e à língua), condições necessárias para o surgimento da palavra falada. Com base na literatura espírita, temos conhecimento de que também esse aspecto da evolução não foi obra do acaso. Em *Evolução em dois mundos* (4), primeira parte, capítulo X, André Luiz assim se manifesta a respeito:

> É assim que, atingindo os alicerces da Humanidade, o corpo espiritual do homem infraprimitivo demora-se longo tempo em regiões espaciais próprias, sob a assistência dos Instrutores do Espírito, recebendo intervenções sutis nos apetrechos da fonação para que a palavra articulada pudesse assinalar novo ciclo de progresso.

- *Exposição da superfície anterior do corpo* – a superfície dorsal (posterior) do nosso tronco é protegida por uma pele mais espessa, sob a qual se encontram músculos fortes e base óssea, enquanto a superfície anterior (visceral) do tronco e do pescoço é recoberta por pele mais fina, sendo as regiões cervical e abdominal completamente desprotegidas, em sua superfície, por estruturas ósseas. Ela é a nossa superfície vulnerável, motivo pelo qual nos dobramos sobre ela, para protegê-la, quando nos sentimos ameaçados, o mesmo acontecendo em relação aos animais. Por outro lado, ela é prazerosamente exposta em situações de segurança (Fig. 2.4).

- *Transferência de funções da boca, para as mãos* – apreensão do alimento, atitudes de ataque e defesa, cuidados com a cria, transporte de filhotes e higiene corporal (gatos) são atos realizados pelos animais com a boca. Entretanto, com o assumir da postura ereta, os membros anteriores (braços) foram liberados do apoio, passando a assumir muitos desses comportamentos.

Fig. 2.4 – Tanto no abraço entre o tigre e seu amigo quanto na postura descontraída do gatinho, ao dormir, a face visceral do tronco fica exposta revelando confiança dos indivíduos, que se sentem seguros em relação à situação do momento

Nem tudo são flores

Estudos realizados (10) para avaliar o tamanho da cabeça do bebê ao nascimento, em chimpanzés (128 cc), em *Australopithecus* (estimado em 162 cc) e na nossa espécie (384 cc), confrontado com os diâmetros da pelve feminina (da mãe) mostraram que nos chimpanzés existe uma boa "folga" para que a cabeça do bebê percorra o canal do parto, espaço que não existe em relação ao ser humano atual, pois os diâmetros da cabeça do bebê humano e os da pelve da mãe são praticamente coincidentes, o que se deve às modificações da configuração dos ossos da região – ainda não totalmente adaptados à postura ereta – e, de outra parte, ao aumento progressivo do neurocrânio, que vem acontecendo evolutivamente (Fig. 2.5).

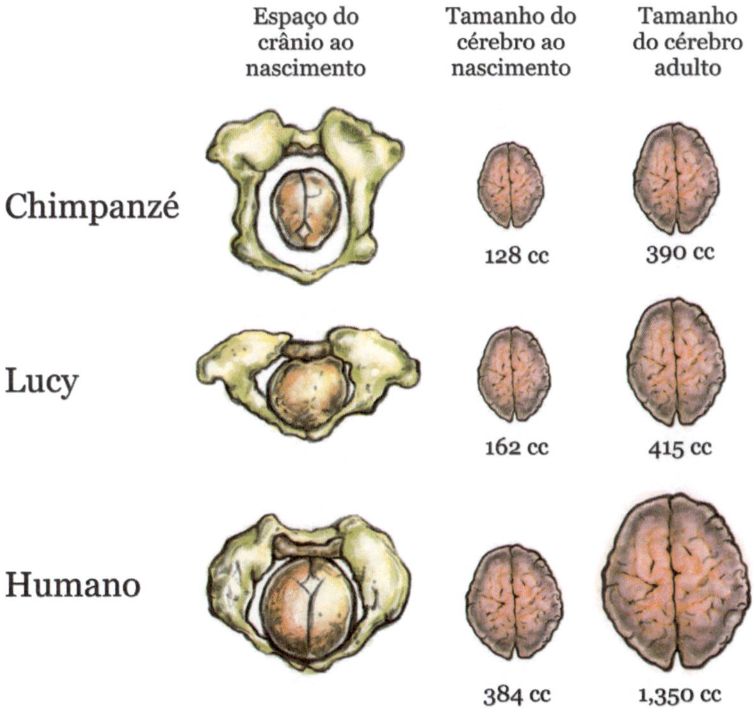

Fig. 2.5 – Estudo demonstrativo de que nos chimpanzés existe uma boa "folga" para que a cabeça do bebê percorra o canal do parto, espaço que não existe em relação ao ser humano atual, uma vez que os diâmetros da cabeça do bebê e os da pelve da mãe são coincidentes.

Quanto à Lucy (*Australopithecus*), apesar de ainda existir certa situação de "conforto" entre a cabeça do bebê o os diâmetros do canal do parto, tem-se a impressão de já haver aí certa dificuldade na expulsão do bebê, dadas as modificações anatômicas ocorridas nos ossos da pelve, motivadas pela postura ereta. O *"tornar-se humano" como processo* – esse caso que acabei de apresentar, da relação entre tamanho da cabeça do bebê ao nascimento e diâmetros da pelve – vem demonstrar que a nossa própria espécie ainda se encontra em adaptação à postura ereta. Em outras palavras, ainda estamos nos tornando "humanos", não somos o ponto final desse processo. Temos muitos outros indicativos do desenrolar desse processo, como a expansão do neurocrânio, pois pelas referências de Mac Lean (11), o complexo neural do cérebro ainda se encontra instável evolutivamente, sendo previstas mudanças particularmente em seu polo frontal, mudanças estas que são acompanhadas por progressivo encurtamento da medula espinal.

Aliás, o físico contemporâneo Amit Goswami, em seu livro *A física da alma* (12), mostra a mesma opinião a respeito, ao asseverar: "Creio que, pelo menos, mais uma evolução do ser humano seja obrigatória: – a evolução da capacidade de mapear o verdadeiro intelecto – o intelecto supramental no físico".Desde o *Australopithecus* até o surgimento da criatura reconhecida pela ciência acadêmica como "ser humano", passaram-se milênios cujo cenário foi ocupado por protoformas humanas, ou seja, hominoides já com algumas características humanas, mas ainda não totalmente "humanos".

É o caso do *Homo habilis* (Fig. 2.6), que teria vivido também no sul da África há cerca de 2 milhões de anos. Era de baixa estatura – 1,40 m –, pesava em torno de 40 kg, tinha braços longos e cabeça pequena, com o lobo frontal pouco desenvolvido, como veremos mais detalhadamente no capítulo "O pensamento dos animais".

Fig. 2.6 – Uma espécie limítrofe entre o *Australopithecus* (ainda macaco) e o gênero humano é o *Homo habilis*, que teria vivido no sul da África há cerca de 2 milhões de anos. Era de baixa estatura – 1,40 m –, pesava em torno de 40 kg, tinha braços longos e cabeça pequena, com o lobo frontal pouco desenvolvido

O biótipo do ser humano estabeleceu-se com o *Homo erectus* (homem ereto, de pé). Ele viveu na África, de 1,5 a 1 milhão de anos, chegando a 1,70 m de altura, com peso de até 70 kg. Alojava-se em cavernas, sendo o primeiro a usar e controlar o fogo. Enterrava os mortos e empreendeu migração para fora da África ("Homem de Neandertal" encontrado na Alemanha), uma vez que, em determinado momento, o nível do mar diminuiu, encurtando a distância entre a África e a Arábia, então reduzida a apenas 13 km (8). O Mar Vermelho tornou-se, nessas condições, estreito e raso o suficiente para permitir as passagens de indivíduos da África para a Ásia, Europa e Indonésia (Fig. 2.7).

Fig. 2.7 – O biótipo do ser humano de hoje estabeleceu-se com o *Homo erectus*. Sua altura já chegaria a 1,70 m, com peso de até 70 kg. Alojava-se em cavernas, sendo o primeiro a controlar o fogo

Outra espécie do gênero humano que é bastante citada na literatura é o *Homo sapiens*, que teria vivido na África há 500 mil anos e da qual faz parte o Homem de Cromagnon, o "caçador-artista". De fato, os indivíduos dessa espécie eram caçadores hábeis, assavam ou cozinhavam a carne que caçavam dos animais, vestiam-se de suas peles e construíam lanças e cabanas (Fig. 2.8).

Finalmente, surge a nossa espécie, o *Homo sapiens sapiens* (Fig. 2.9), há 70 mil anos (8), conquistando grande desenvolvimento no terreno da tecnologia, das organizações sociais, das artes e da ciência, com pleno domínio e exploração da natureza. Há 20 mil anos, uma faixa de terra emergente entre a Sibéria e o Alasca possibilitou sua migração para as Américas (8).

Fig. 2.8 – *Homo sapiens*, espécie humana que teria vivido na África há 500 mil anos e da qual faz parte o *Homem de Cromagnon*, o "caçador-artista", que deixou registradas na parede das cavernas as famosas "pinturas rupestres"

Nos últimos tempos, com os recursos de identificação do DNA dos espécimes humanos encontrados, surgiu uma nova leitura a respeito da história da humanidade em nosso planeta (13), considerando ser uma falácia conceber as diferentes espécies humanas dispostas em linha reta de descendência, como se apenas um tipo humano tivesse habitado a Terra em determinado momento. A verdade é que de 2 milhões de anos até 10 mil anos atrás, o planeta foi habitado por várias espécies ao mesmo tempo, sendo que, no mundo de 100 mil anos atrás, pelo menos seis espécies humanas teriam convivido. Interessante nessa nova abordagem é a consideração de que há 2 milhões de anos, na África Oriental, certas características humanas familiares podiam ser notadas naqueles indivíduos de aparência limítrofe entre macacos e seres humanos: mães carinhosas acariciavam seus bebês; as crianças brincavam; jovens mostravam-se com atitudes rebeldes; machos orgulhosos exibiam sua performance; velhas matriarcas sábias ditavam comportamentos etc. Portanto, esses humanos arcaicos amavam, brincavam, formavam laços de amizade e competiam tanto por *status* quanto por poder. E chimpanzés, babuínos e elefantes também faziam isso. Dessa forma, percebe-se que nada havia de especial nesses humanos primitivos, que não passavam de um animal insignificante.

O que vimos até agora, com dados atuais da ciência sobre o surgimento do ser humano no planeta, confirma plenamente o que se encontra a respeito em *A gênese* (2), em que se lê no capítulo XI:

> 15. Corpos de macacos teriam sido muito adequados a servir de vestimentas aos primeiros espíritos humanos, necessariamente pouco avançados, que vieram encarnar-se na Terra
> 16. [...] é provável que os primeiros homens que apareceram no planeta pouco diferissem do macaco em sua forma exterior e, sem dúvida, também quanto à sua inteligência.

Eu fico pensativa sobre o impacto social dessas informações constantes de *A gênese* de Kardec, cuja primeira edição data de 1868, pois se Darwin – contemporâneo de Kardec – já sofrera constrangimentos e perseguições por conta de sua teoria evolutiva focalizada apenas no aspecto orgânico dos seres, imagina dizer-se que Espíritos humanos poderiam ter se encarnado em corpos de macacos! Incrível a confiança de Kardec nos instrutores espirituais!

Fig. 2.9 – A nossa espécie, o *Homo sapiens sapiens* surgiu há cerca de 70 mil anos, conquistando grande desenvolvimento no terreno da tecnologia, das organizações sociais, das artes e da ciência, com pleno domínio e exploração da natureza

Sobre a individualização do princípio inteligente

O que irei tratar em seguida representa uma reflexão sobre o assunto, sem a pretensão de respostas prontas aos questionamentos que o tema desperta. De fato, vários são os mistérios que ainda se apresentam às nossas tentativas de conhecimento da verdadeira natureza e da história evolutiva do princípio inteligente, sendo que um deles, segundo consideram alguns, refere-se ao momento de sua individualização. O assunto é tão complexo que ouso considerar a possibilidade de o princípio inteligente ter sido criado individualizado, pois nas obras da codificação espírita jamais encontrei alguma referência de que, de início, ele comporia uma espécie de "*alma-grupo*" ou coisa semelhante. Até onde seja de meu conhecimento, esse conceito integra a estrutura do esoterismo e, talvez, de outras correntes filosóficas e religiosas, sendo então referido para o Espiritismo de maneira totalmente inadequada.

Tenho para comigo que o princípio inteligente, criado como "ser *indivisível*", atua na matéria que, em determinado momento e sob determinadas condições, passa a apresentar-se como "*corpos*" independentes e separados uns dos outros. Vejamos algumas referências:

LE 23 – "O que é o Espírito? R. O princípio inteligente do Universo".

LE 24 – "Espírito é sinônimo de Inteligência? R. A Inteligência é um atributo essencial do Espírito [...]".

LE 27 – "Haveria, assim, dois elementos gerais do Universo: a matéria e o Espírito? R. Sim, e acima de ambos Deus, o criador. Essas três coisas são o princípio de tudo o que existe, a trindade universal [...]".

LE 76 – "Como podemos definir os Espíritos? R. Podemos dizer que os Espíritos são os seres inteligentes da criação [...]".

LE 79 – "[...] Os Espíritos são individualizações do princípio inteligente, como os corpos são individualizações do princípio material [...]".

GE XI, 6 – "[...] O elemento espiritual individualizado constitui os seres chamados Espíritos, assim como o elemento material individualizado constitui os diferentes corpos da natureza, orgânicos e inorgânicos".

LE 115 – "Deus criou todos os Espíritos simples e ignorantes [...]".

LE 597 – "Pois se os animais têm uma inteligência que lhes dá uma certa liberdade de ação, há neles um princípio independente da matéria? R. Sim, e que sobrevive ao corpo".

GE XI, 15 – "[...] Corpos de macacos teriam sido muito adequados a servir de vestimentas aos primeiros Espíritos humanos, necessariamente pouco avançados, que vieram encarnar-se na Terra [...]".

GE XI, 16 – "[...] O Espírito do macaco, o qual não foi aniquilado, continuou a procriar corpos de macaco para seu uso [...] e o Espírito humano procriou corpos humanos [...]".

LE 606a – "A inteligência do homem e a dos animais emanam de um princípio único? R. Sem dúvida [...]" [dados semelhantes em LE. 607 e 607a].

LE 598 – "A alma dos animais conserva após a morte sua individualidade e a consciência de si mesmo? R. Sua individualidade, sim, mas não a consciência de si mesma [...]".

Segundo a minha leitura a respeito dessas referências constantes da literatura Espírita, a utilização dos termos *princípio inteligente* (para os animais) e *Espírito* (para os seres humanos) constitui mera convenção, atavismo da pretensão que temos em nos considerarmos "superiores", uma vez que o *Espírito*, na fase humana, representa continuidade evolutiva do *princípio inteligente* dos animais. No contexto atual da ciência, encontramos conceituação semelhante, embora referente à constituição orgânica. Conforme citei no capítulo anterior, o biólogo celular americano Bruce Lipton (14) considera que, por conta de nossa herança cultural hebraico-cristã, erroneamente nos sentimos superiores a todas as outras espécies animais.

A persistência de um mito

Portanto, não deixa de ser um mito a separação costumeira que fazemos entre seres humanos e animais, haja vista os capítulos X ("Gênese orgânica") e XI ("Gênese espiritual") de *A gênese* (2), de Kardec, bem como o fato de a Antropologia haver identificado que as diversas espécies do gênero humano resultaram da evolução de um tronco de primatas, cujo representante é o *Australopithecus* (*austral* = sul; *pithecus* = macaco), que teria vivido no Sul da África há cerca de 3,5 milhões de anos. Interessante observar que, nesses estudos, os cientistas até hoje não conseguiram definir exatamente qual das espécies limítrofes já poderia ser considerada, de fato, "humana".

Uma dessas espécies, o *Homo habilis*, em virtude de suas características anatômicas, tem sido rejeitada por boa parte de biólogos e antropólogos como pertencente ao gênero humano. Portanto, esses dados provenientes da ciência acadêmica vêm confirmar o que está escrito em *A gênese* (2), capítulo XI.15: "[...] Corpos de macacos teriam sido muito adequados a servir de vestimentas aos primeiros Espíritos humanos, necessariamente pouco avançados, que vieram encarnar-se na Terra [...]".

Uma reflexão

Há quem se alicerce na questão 79 de *O livro dos Espíritos* (1) – "[...] Os Espíritos são individualizações do princípio inteligente, como os corpos são individualizações do princípio material [...]" – para defender a ideia de que a individualização do Espírito se faria somente no nível humano. Se não sabemos, nas diversas espécies limítrofes entre macacos e seres humanos, qual delas é realmente "humana", prefiro o entendimento que a questão 6, capítulo XI, de *A gênese*, nos proporciona: "[...] O elemento espiritual individualizado constitui os seres chamados Espíritos, assim como o elemento material individualizado constitui os diferentes corpos da natureza, orgânicos e inorgânicos)", relativo ao fato de que o "elemento espiritual" (como "essência", como "natureza", e não como "ser" – veja LE 27) é que se individualiza na criação do princípio inteligente, como ser único e indivisível.

No meu entendimento, a individualização representa o processo característico da matéria, e não do Espírito. "Indivíduo" é o

> ente complexo que forma um todo com existência peculiar e distinta; ser organizado, quer vegetal, quer animal, distinto em relação à espécie a que pertence; o ser indivisível [...] Corpo organizado e vivo, dotado de certas propriedades específicas e permanentes que resultam do modo de união de suas partes (15).

Segundo posso considerar, "indivíduo" é aquela criatura (ser vivo) cujas características peculiares o distinguem de outros indivíduos, mesmo que lhe sejam semelhantes. Cada ser humano é único, cada animal é único, cada planta é única e cada célula é única. Em *Evolução em dois mundos* (4), capítulo V, André Luiz assim se refere ao tratar dos princípios inteligentes rudimentares:

> Com o transcurso dos evos, surpreendemos as células como princípios inteligentes de feição rudimentar, a serviço do princípio inteligente em estágio mais nobre nos animais superiores e nas criaturas humanas, renovando-se continuamente no corpo físico e no corpo espiritual, em modulações vibratórias diversas [...]. Temo-las [as células] por microscópicos motores elétricos, com vida própria, subordinando-se às determinações do ser que as aglutina e que lhes imprime a fixação ou a mobilidade indispensáveis às funções que devam exercer no mar interior do mundo orgânico [...].

Nessa mesma obra, capítulo II, André Luiz declara-se "estudioso da estrutura mental das células, com vistas a aprendizado superior acerca dos fluidos que nos integram o clima de manifestação, todos eles de origem mental [...].

O processo de individualização (na matéria)

Com base no vídeo *Construindo o Planeta Terra* (7), há 13,7 bilhões de anos aconteceu uma grande explosão (*big bang*) em que toda a matéria comprimida em uma cabeça de alfinete se dispersa, dando início ao (nosso) tempo. Assim, tudo o que existe no universo, inclusive o nosso corpo físico, vem dessa matéria, o que teria motivado o conhecido astrofísico Carl Sagan a declarar que "somos poeira das estrelas!" A formação da Terra aconteceu há 4 bilhões e 54 milhões de anos, sendo que há 3,9 bilhões ela sofreu intensa tempestade de meteoritos, durante 20 milhões de anos. Dessa forma chegaram ao nosso planeta cristais de sal com minúsculas gotículas de água que aos poucos foram se acumulando para formar imensas piscinas na superfície da Terra. Há 3,8 bilhões de anos aconteceu nova e violenta tempestade de meteoritos que trouxeram, além de água, minerais que transportavam carbono e aminoácidos (*moléculas pré-bióticas*) que se depositaram no fundo dos oceanos, formando uma espécie de "sopa" de substâncias químicas. Aí surgiram as primeiras formas de vida – *bactérias procariontes* (sem núcleo) –, sendo o mecanismo de formação da vida ainda totalmente desconhecido pela ciência. Conforme refere Lipton (14), "[...] durante 3 bilhões de anos, as células foram os únicos organismos vivos neste planeta [...]" e "[...] as coisas só se modificaram quando elas começaram, há 750 milhões de anos, a se unir e formar comunidades multicelulares – plantas e animais".

Assim, o que se admite hoje como muito provável é que toda a água do planeta tenha vindo de fora, com também as primeiras formas de vida.

A importância da membrana celular

Nesses dados expostos, é interessante o fato de a matéria primordial de expressão da vida em determinado momento organizar-se em "porções" individuais, cada uma delas delimitada e recoberta por uma membrana. Aí está a individualização manifesta! A existência da *membrana celular* é a constatação de que o conteúdo que ela envolve representa um *indivíduo*, separado espacialmente dos outros indivíduos e, portanto, único! Voltando a Lipton (14), ele se mostra um entusiasta com a membrana, que considera "o cérebro da célula". Chega a fazer o trocadilho "*magic mem-brain*" ao referir-se a ela, comentando o que segue:

> Os procariontes [células sem núcleo e sem mitocôndrias], que incluem as bactérias, consistem numa membrana celular envolvendo uma minúscula gota de citoplasma denso, e embora

seja uma forma primitiva de vida, tem função específica. Bactérias não vagam pelo mundo como bolas de pingue-pongue, jogadas de um lado para o outro, pois executam os mesmos processos biológicos que as células mais complexas, ou seja, ingerem, digerem, respiram, excretam, reagem a estímulos, reconhecem onde estão os alimentos e vão em direção a eles e são capazes de efetuar manobras de fuga para salvar suas vidas.

Em *Evolução em dois mundos* (4), André Luiz registra:

> Séculos de atividade silenciosa perpassam, sucessivos [...] aparecem os vírus e, com eles, o campo primacial da existência, formado por nucleoproteínas e globulinas, oferecendo clima adequado aos princípios inteligentes ou mônadas fundamentais [...]. Evidenciam-se desde então, as bactérias rudimentares [...].

Quanto à possibilidade de transmissão de informações e de experiências de um indivíduo para outro, aceito a tese dos "campos mórficos" proposta pelo biólogo inglês Rupert Sheldrake em 1981, divulgada em seu primeiro livro, *A New Science of Life* (*Uma nova ciência da vida*) (16). Segundo o cientista, os campos mórficos são estruturas que se estendem no espaço-tempo e moldam a forma e o comportamento de todos os sistemas do mundo material. Ao contrário dos campos físicos, os campos mórficos de Sheldrake não envolvem transmissão de energia, mas, sim, de informação, mediante o que ele batizou com o nome de "ressonância mórfica". Por meio dela, as informações se propagam no interior do campo mórfico, alimentando uma espécie de memória coletiva. Concluindo, é de meu entendimento que a evolução se faz mediante um longo processo no qual o princípio inteligente/Espírito, criado simples e ignorante, vai estagiando na matéria e extraindo, dessas vivências, novos aprendizados. Em *No mundo maior* (17), o mentor Calderaro assim se expressa:

> Não somos criaturas milagrosas, destinadas ao adorno de um paraíso de papelão. Somos filhos de Deus e herdeiros dos séculos, conquistando valores, de experiência em experiência, de milênio a milênio [...]. A crisálida da consciência, que reside no cristal a rolar na corrente do rio, aí se acha em processo liberatório; as árvores que por vezes se aprumam centenas de anos, a suportar os golpes do inverno e acalentadas pelas carícias da primavera, estão conquistando a memória; a fêmea do tigre, lambendo os filhinhos recém-natos, aprende rudimentos do amor; o símio, guinchando, organiza a faculdade da palavra [...]. Desde a ameba, na água tépida do mar, até o homem, vimos lutando, aprendendo e selecionando, invariavelmente.

Na realidade, segundo entendo, não são as árvores, como organismos materiais, que estão conquistando a memória... são os princípios inteligentes que nelas estagiam! Não é a fêmea do tigre, como ser animal, que se encontra aprendendo rudimentos de amor... é o princípio inteligente que nela estagia! Não é o símio, na figura de um macaco, que organiza a faculdade da palavra... é o princípio inteligente que nele estagia! Nessa caminhada evolutiva, hoje nos encontramos, como Espíritos, encarnados em corpos humanos, com a meta de atingirmos os desejados patamares da angelitude. Como se acaba de observar, o assunto é polêmico e gera entendimentos divergentes, que considero sem a menor importância. O mérito desse estudo reside na tentativa de busca do conhecimento, o que para nós, espíritas, representa uma verdadeira "condenação" (no bom sentido), haja vista o que nos esclarece a questão 780a de *O livro dos Espíritos*:

> Como o progresso intelectual pode conduzir ao progresso moral?
> R. Dando a compreensão do bem e do mal, pois então o homem pode escolher. O desenvolvimento do livre-arbítrio segue-se ao desenvolvimento da inteligência e aumenta a responsabilidade do homem pelos seus atos.

E qual seria o "bem" no conhecimento desse assunto que estamos focando? Novamente na minha leitura, seria o de se entender, de uma vez por todas, que a nossa espécie não é superior a nenhuma outra, pois fazemos parte de uma criação emanada do mesmo Pai; que os animais não existem para nos servir e atender aos desvarios do nosso livre-arbítrio; que, como nós, eles são seres espirituais em evolução. Por fim, não trazer para dentro da estrutura da Doutrina Espírita conceitos que não lhe são próprios.

REFERÊNCIAS

1 Kardec A. O livro dos Espíritos. 50a ed. Pires JH, tradutor. São Paulo: LAKE – Livraria Allan Kardec Editora; 1991.

2 Kardec A. A gênese. 24a ed. Brasília: FEB; 1982.

3 Xavier FC. A caminho da luz. História da civilização à luz do espiritismo [Ditado pelo Espírito Emmanuel]. 22a ed. Brasília: FEB; 1996.

4 Xavier FC, Vieira W. Evolução em dois mundos. [Ditado pelo Espírito André Luiz]. 18a ed. Brasília: FEB; 1999.

5 Cunha PV. A alma dos animais. Reformador, 1989 mar [citado 10 ago. 2017];107(1921):66. Disponível em: http://www.sistemas.febnet.org.br/acervo/revistas/1989/WebSearch/page.php?pagina=86.

6 Peralva JM. A alma dos animais. Reformador, 1990 jul [citado 10 ago. 2017];108(1930):214-215. Disponível em: http://www.sistemas.febnet.org.br/acervo/revistas/1990/WebSearch/page.php?pagina=214.

7 National Geographic Brasil. Construindo o Planeta Terra [vídeo]. 2011 [citado 10 ago. 2017]. Disponível em: https://www.youtube.com/watch?v=0k73kY-Gc9I.

8 Sloan CP. Bebê que viveu há 3,3 milhões de anos. 2014 [citado 10 ago. 2017]. Disponível em: http://centroespiritaleocadio.org.br/bebe-que-viveu-ha-3-3-milhoes-de-anos/.

9 Freire A. A origem da inteligência humana. 2008 [citado 10 ago. 2017]. Disponível em: http://origemdainteligencia.blogspot.com.br/.

10 Robert GT, Lovejoy CO. The obstetric pelvis of A.L. 288-1 (Lucy). Journal of Human Evolution, 1986 may;15(4):237-255. doi: https://doi.org/10.1016/S0047-2484(86)80052-5.

11 MacLean PD. The Triune Brain in Evolution. Role in Paleocerebral Functions. New York; London: Plenum Press; 1989.

12 Goswami A. A física da alma. A explicação científica para a reencarnação, a imortalidade e experiências de quase-morte. 4a. reimp. Borges M, tradutor. São Paulo: Aleph; 2006.

13 Harari YN. Sapiens – uma breve história da humanidade. 25a ed. Marcoantonio J, tradutora. Porto Alegre: L&PM; 2017.

14 Lipton BH. A biologia da crença. Ciência e espiritualidade na mesma sintonia: o poder da consciência sobre a matéria e os milagres. São Paulo: Butterfly Editora; 2007.

15 Dicionário Caudas Aulete. Rio de Janeiro. Indivíduo.

16 Sheldrake R. Uma nova ciência de vida: a hipótese da causação formativa e os problemas não resolvidos da biologia. Borges M, tradutor. São Paulo: Cultrix; 2013.

17 Xavier FC. No mundo maior. [Ditado pelo Espírito André Luiz]. 12a ed. Brasília: FEB; 1984.

Fontes das imagens

2.1 – Google imagens.

2.2 – Google imagens.

2.3 – Haaf G. A origem da humanidade. São Paulo: Círculo do Livro; 1979.

2.4 – Google imagens.

2.5 – Tague RG, Lovejoy O. The obstetric pelvis of A.L. 288-1 (Lucy). Journal of Human Evolution. 1986 May;15(4):237-255. doi: https://doi.org/10.1016/S0047-2484(86)80052-5.

2.6 – Google imagens.

2.7 – Google imagens.

2.8 – Google imagens.

2.9 – Google imagens.

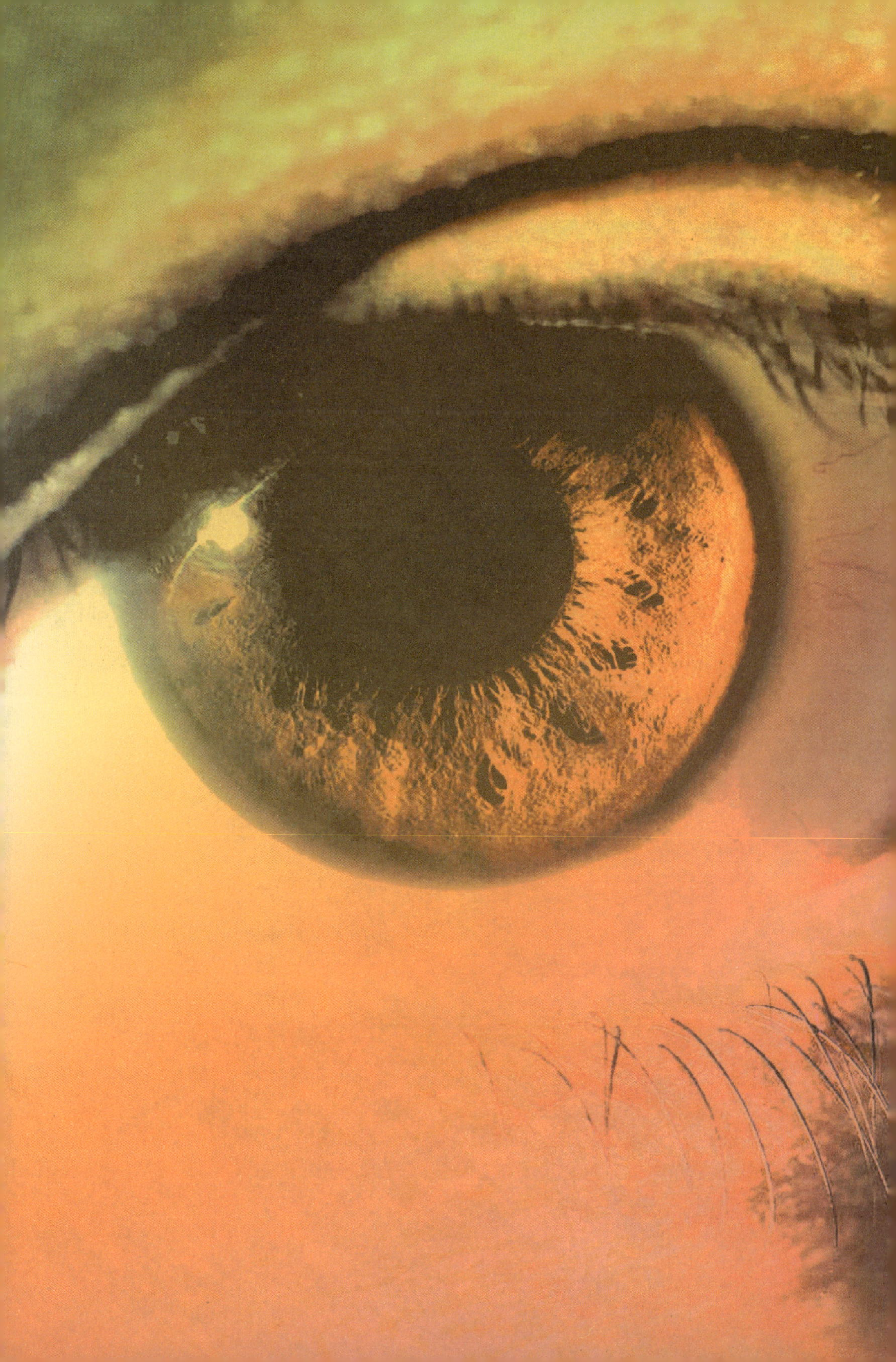

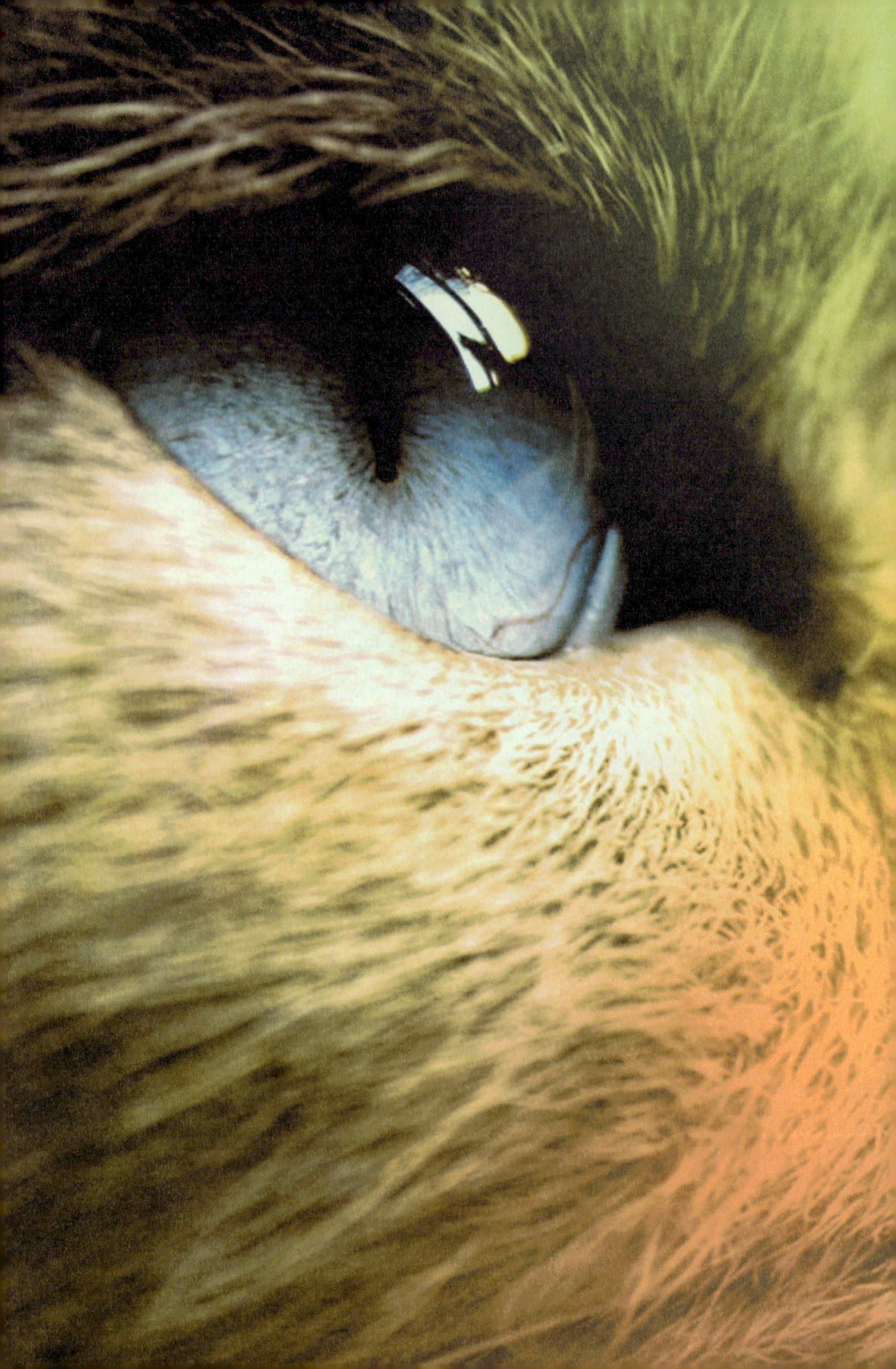

3

O PENSAMENTO DOS ANIMAIS

O papel do cérebro

"O cérebro é o órgão sagrado de manifestação da mente, em trânsito da animalidade primitiva para a espiritualidade humana" (1). Apesar de esse enunciado ter acontecido em 1947, com a primeira edição de *No mundo maior*, essa ideia hoje é perfeitamente aceitável entre os dualistas, a de que o cérebro seja o "órgão" de expressão dos conteúdos da mente. Ele foi sendo elaborado progressivamente, com o passar dos tempos, adquirindo cada vez mais a complexidade morfológica e funcional de que necessita o princípio espiritual ou Espírito que dele se serve para sua manifestação fenomênica.

"Penso logo existo." Este enunciado de René Descartes, famoso filósofo francês do século XVII, tornou a incontestável realidade do pensar quase palpável, como é a realidade do corpo físico, aliás, corroborando a postura de pensadores ainda mais antigos, como é o caso de Platão (filósofo grego do século II). Descartes realça a importância maior e a precedência do ato de pensar sobre a própria existência concreta da matéria. É a exata impressão que se tem ao contemplar a figura esculpida de "O pensador", de Rodin (escultor francês, 1840-1917), em que toda a pujança física do indivíduo se acha subjugada pela atitude de reflexão, de ensimesmamento.

A matéria como que se aquieta e aguarda, silenciosa, em atitude de respeito, o processamento das ideias! Entretanto, uma pequena, mas importantíssima parte do nosso corpo, não pode se dar ao luxo de ficar à parte do que está acontecendo no mundo das ideias: trata-se do cérebro!

A ciência de hoje já detém o conhecimento de que ele representa o elemento de ligação entre a realidade fenomênica do mundo material e a realidade abstrata[1] do pensamento, em que situamos essas "coisas" que nem sequer sabemos definir claramente e que chamamos de consciência, mente, psiquismo, razão, vontade, livre-arbítrio, emoções etc. Diga-se de passagem, essa noção é bastante antiga, pois Hipócrates (médico grego – século V a.C.), considerado o "Pai da Medicina", afirmava ser o cérebro o mensageiro da consciência. Também Descartes considerava a pineal (ou epífise, pequena glândula do cérebro) como sendo a sede da alma.

Eu fico me perguntando como eles tiveram acesso a informações tão preciosas, que a ciência ainda hoje vasculha na imensidão de seus mistérios! Só pode ser mesmo por via intuitiva! Aliás, a respeito da glândula pineal, a ciência ainda não alcançou Descartes.

O interesse atual por estudos sobre a interação cérebro-mente é tão grande que os anos 1990 foram considerados "a década do cérebro". Segundo informação da *Folha de São Paulo* (2), de 1990, o médico norte-americano Meshberger, motivado por esse tema, fez

1 Expressão utilizada apenas com a intenção de se oferecer um contraponto à realidade física da matéria, e não de caracterizar sua essência ou natureza.

comentários interessantes a respeito da obra de Michelangelo (1475-1564) "A criação de Adão", pintada em 1511, na Capela Sistina, no Vaticano (Fig. 3.1). Para ele, a figura formada pelo manto que envolve Deus e os Anjos tem a forma de um cérebro (encéfalo). De fato, a parte do cérebro correspondente ao braço direito de Deus corresponde ao lobo frontal; a extremidade oposta, ao lobo occipital e ao cerebelo; embaixo, nervos e vasos podendo ser, uma das primeiras estruturas, a representação da hipófise.

Fig. 3.1 – "A criação de Adão", pintada em 1511, na Capela Sistina, no Vaticano, por Michelangelo

À direita está representada a figura antropomórfica (*antropos*, do grego = homem) de Deus e, à esquerda, a de Adão. Assim, tem-se admitido que o braço e o dedo de Deus, esticados, sejam sugestivos de que a centelha da vida está sendo transmitida a Adão. Meshberger, entretanto, rejeita essa ideia, argumentando que Adão já está vivo e com os olhos abertos. "O que Deus está dando a ele é a inteligência", afirma o médico, para quem o artista possuía noções de anatomia do cérebro, pois a imagem formada pelo manto que envolve Deus e os anjos tem a forma de um cérebro. "Esse fato é bastante revelador de que, além de Deus e Adão, há um terceiro protagonista da cena, 'o intelecto'", concluiu Meshberger. O que temos, portanto, até aqui: de um lado, a realidade concreta do corpo físico e, dele fazendo parte, o cérebro, que representa o elemento de ligação com "o outro lado", o "mundo das ideias", relativo ao Espírito, fonte do pensamento.

Como é o cérebro?

É hora de alertarmos os leitores não afetos ao assunto de que os termos "cérebro" e "encéfalo", a rigor, não são sinônimos. O encéfalo ocupa toda a cavidade do crânio e compõe-se de três partes: cérebro, cerebelo e tronco encefálico (Fig. 3.2); este último tem continuidade com a medula espinhal, que está contida dentro do canal formado pela sequência das vértebras. Encéfalo e medula espinhal constituem, juntos, o que se chama de Sistema Nervoso Central. O cérebro, por sua vez, é formado de duas porções: diencéfalo ou conjunto dos tálamos e telencéfalo, este representado pelos dois hemisférios cerebrais.

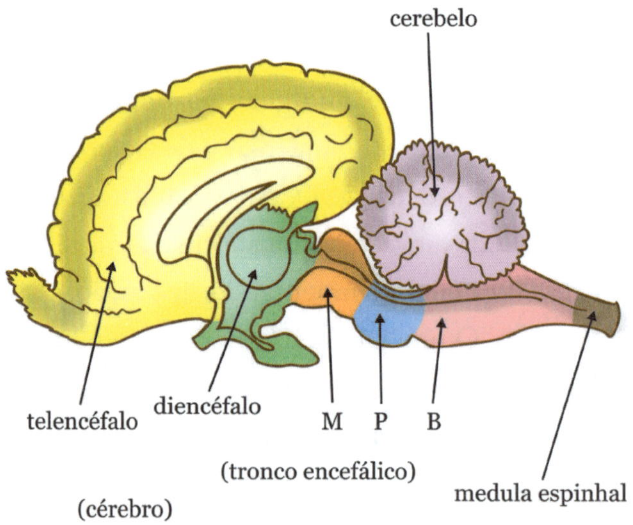

Fig. 3.2 – Esquema simplificado de encéfalo de equino (vista medial do antímero direito). Telencéfalo (hemisférios cerebrais) e diencéfalo (conjunto dos tálamos) compõem o cérebro; mesencéfalo – M, ponte – P e bulbo – B fazem parte do tronco encefálico; cérebro, cerebelo e tronco encefálico integram o encéfalo; encéfalo e medula espinal são as partes do SN Central

No cérebro são identificadas quatro regiões, os lobos frontal, parietal, occipital e temporal (Fig. 3.3).

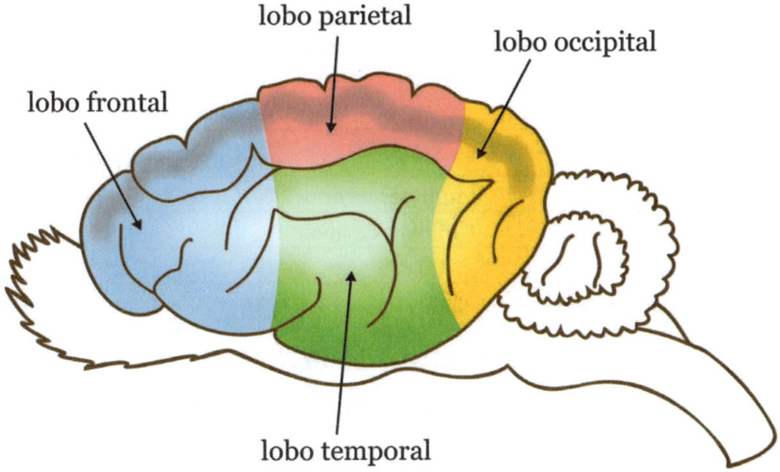

Fig. 3.3 – Esquema de encéfalo de gato, em vista lateral esquerda, identificando-se, no cérebro, os lobos frontal, parietal, occipital e temporal

Como o ser humano conquistou esse cérebro? Foi sempre assim?

Não, não foi sempre assim. Aliás, é necessário que se diga que o cérebro do ser humano de hoje, assim como todo o seu sistema nervoso, resultou de um longo processo evolutivo, a partir de um projeto básico ou modelo fundamental que é comum ao cérebro de todas as espécies que o possuem. Trato desse assunto com mais detalhes em publicação anterior (2).

Em relação ao ser humano, o material que se analisou corresponde a crânios (parte óssea da cabeça) fossilizados, pertencentes a indivíduos de várias espécies do gênero humano e que viveram neste planeta em diferentes épocas. Como o cérebro (a rigor, encéfalo) justapõe-se à superfície interna da cavidade craniana, determinados aspectos morfológicos desses crânios conservados representam, por assim dizer, o "negativo" dos correspondentes encéfalos.

Temos, a seguir, informações a respeito de algumas das espécies que dele fazem parte (4):

Espécie	Surgiu há	Capacidade craniana (cc)
Homo habilis	2 milhões de anos	645
Homo eretus	1 milhão de anos	900
Homo sapiens	500 mil anos	1.350
Homo sapiens sapiens	100 a 35 mil anos	1.500 ou +

Faça-se uma ressalva: esses dados são genéricos e controversos entre diferentes fontes. Ademais, o fato isolado de um indivíduo ter um cérebro maior ou menor que a média da sua espécie pode não ter significado em termos de sua inteligência. É bastante conhecido, no meio científico, que o cérebro de Anatole France (escritor francês, 1844-1924) pesava 1.100 gramas, portanto, a metade do cérebro (2.200 gramas) de Lord Byron (poeta romântico inglês, 1788-1824), intelectualmente menos brilhante, conforme dizem, enquanto o de Albert Einstein (físico alemão, 1879-1955, prêmio Nobel de Física de 1921) se enquadrava na normalidade.

Fato interessante é o de que muitos antropólogos não aceitam o *Homo habilis* como pertencente ao gênero humano, dada a sua restrita capacidade craniana (645 cc), que mais se aproxima do correspondente valor do *Australopitecus* (450 cc) que das outras espécies humanas. O *Australopitecus* (*austral* = sul; *pitecus* = macaco) é um macaco que teria vivido no sul da África há + 3,5 milhões de anos e do qual, a ciência admite hoje, teria sido o precursor do ser humano. Assim, ficamos surpresos em perceber que nem a própria ciência conseguiu definir com rigor, ao longo dos tempos, quando verdadeiramente começou o gênero humano.

Aliás, Kardec já estava atento a isso, pois indaga aos Espíritos em *O livro dos Espíritos* (5), item 609: "O Espírito, tendo entrado no período de humanidade, conserva os traços do que havia sido precedentemente, ou seja, do estado em que se encontrava no período que se poderia chamar anti-humano?[2]

Resposta: "Isso depende da distância que separa os dois períodos e do progresso realizado. Durante algumas gerações, ele pode conservar um reflexo mais ou menos pronunciado do estado primitivo, porque nada na natureza se faz por transição brusca [...]".

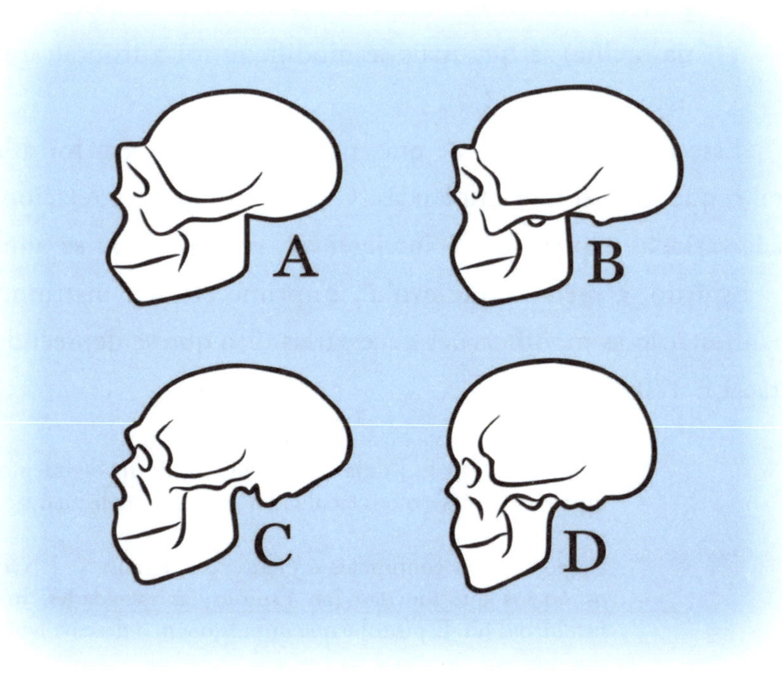

Fig. 3.4 – Representação esquemática, em vista lateral esquerda, de crânios do *Homo habilis* (A), *Homo eretus* (B), *Homo sapiens* (C) e *Homo sapiens sapiens* (D), podendo-se evidenciar a progressiva expansão do polo frontal

---

2 3 Para o meu entendimento, a melhor expressão seria "ante" = o que precede, e não "anti" = contra.

Dos dados exibidos no quadro anterior e da observação da Fig. 3.4, podemos extrair duas conclusões importantes:

1. O crânio (parte óssea da cabeça) do ser humano vem aumentando progressivamente ao longo de sua história evolutiva no planeta, sinalizando que o tamanho do cérebro também está aumentando, em concordância com o tamanho da cavidade craniana que o contém.
2. Considerando-se, no crânio, a porção correspondente ao encéfalo – o neurocrânio[3] –, podemos observar que das suas quatro partes (Fig. 3.3) – frontal (região da testa), parietal (do alto), occipital (da nuca) e temporal (acima da orelha), a que mais se modificou foi a frontal, que se expandiu (Fig. 3.4).

Esse fato é sugestivo de que, no cérebro, também foi o lobo frontal o que mais sofreu mudanças. O lobo frontal está relacionado às mais variadas expressões da inteligência, por isso é de se admitir que o Espírito, à medida que evolui, imprime em seu instrumento de manifestação as modificações necessárias. É o que se depreende da questão LE 370 (5):

> Pode-se induzir [...] uma relação entre o desenvolvimento dos órgãos cerebrais e o das faculdades morais e intelectuais?
>
> Resposta: Não confundais o efeito com a causa [...] Não são os órgãos que lhe dão [ao Espírito] as faculdades, mas as faculdades [do Espírito] é que impulsionam o desenvolvimento dos órgãos.

3 Em contrapartida, a parte óssea da cabeça que corresponde à face é chamada de viscerocrânio.

O encéfalo – análise ontogenética

A palavra "ontogenética" vem de *óntos*, do grego = ser; *génesis*, do grego = origem, criação, geração, formação, desenvolvimento. Vejamos, portanto, na Fig. 3.5, a seguir, quais aspectos mostra o encéfalo humano durante seu desenvolvimento embrionário[4] e fetal[5] até a sua forma definitiva.

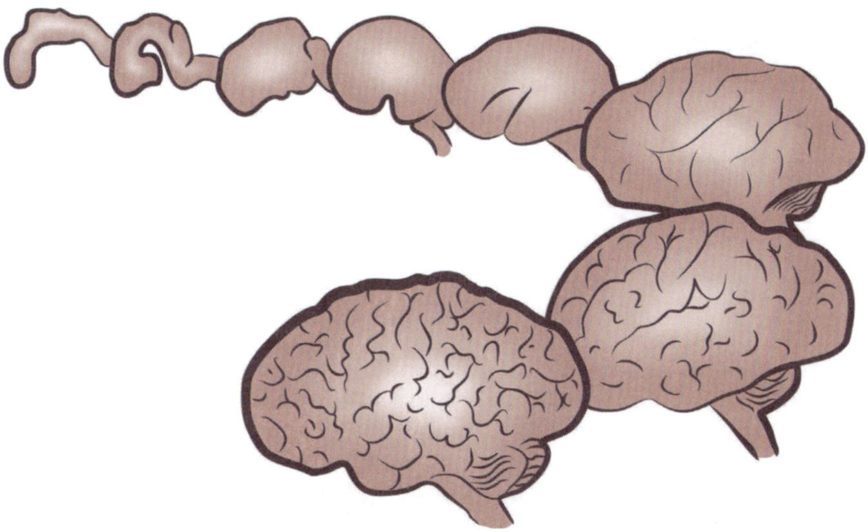

Fig. 3.5 – Esquema simplificado do encéfalo humano em seu desenvolvimento ontogenético, observando-se, na sequência, etapas desde um mês de vida intrauterina até o nascimento aos nove meses

É interessante notar que as fases iniciais são bem diferentes das fases finais. Por exemplo, o aparecimento dos relevos ou giros do córtex cerebral (girencefalia) acontece apenas nos últimos meses de vida intrauterina. Até então, constata-se uma superfície cerebral lisa, sem relevos ou giros (lisencefalia).

---

4 Embrião humano – até aproximadamente o 3º mês de gestação.
5 Feto humano – do 3º mês de gestação até o nascimento.

O encéfalo – análise filogenética

O termo "filogenética" vem de *Phyl* (o), de *phylon*, *phyle*, do grego = tribo, grupo de famílias da mesma raça. O vocábulo "filogênese", criado pelo naturalista alemão Ernest Haeckel, em 1866, está sendo utilizado aqui com o significado de análise comparativa (no caso do encéfalo) entre diferentes grupos ou espécies de animais.

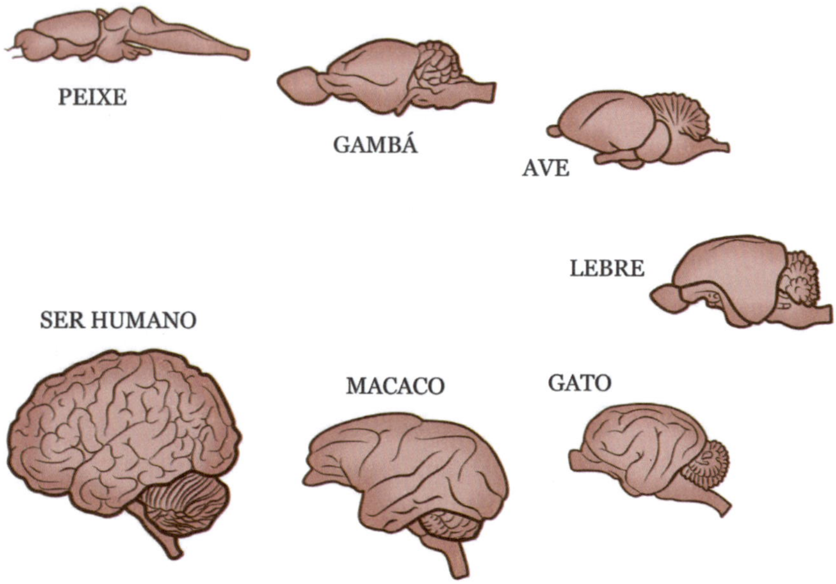

Fig. 3.6 – Desenvolvimento filogenético do encéfalo, representado em diferentes grupos de animais e no ser humano, em vista lateral esquerda

Através da Fig. 3.6, podemos observar que, no desenvolvimento do encéfalo, é possível estabelecermos um paralelo entre sua filogênese e sua ontogênese (nas espécies mais complexamente organizadas). Assim, o modelo básico é o mesmo: de simples, inicialmente, vai se tornando progressivamente mais complexo. Percebe-se, dessa forma, que as estruturas do polo frontal vão se expandindo, aumentando de tamanho e, após a ocorrência de determinadas flexões, acabam por encobrir as partes mais de trás. À medida que o encéfalo vai se desenvolvendo (filogeneticamente), o que vão aumentando são as áreas associativas ou cognitivas do córtex[6] cerebral e as estruturas a elas relacionadas.

Melhor explicando, no córtex cerebral existem regiões ou áreas relacionadas com funções sensitivas (que recebem todos os tipos de estímulos que chegam do meio exterior ou do interior do organismo), motoras (relacionadas às "ordens" para que se efetuem as correspondentes respostas a esses estímulos) e associativas ou cognitivas (que estabelecem confronto da informação trazida pelo estímulo, com outras constantes do "banco de memória").

Vejamos como isso funciona: eu vejo uma determinada pessoa. A imagem vai trazer para o meu cérebro uma série de informações (fisionomia, altura, porte físico, cor dos cabelos e dos olhos etc.) que chegam ao córtex cerebral (área visual). Daí, com a atuação da circuitaria de áreas de associação, essas informações vão sendo "processadas" e reconheço a pessoa, recordo fatos e cenas, sinto emoções etc. Decido o que fazer e, assim, com a participação das áreas motoras do cérebro, sorrio, digo alguma coisa e estendo a mão para cumprimentar. É claro que, durante o "processamento" das informações, o cérebro interage com a mente (entenda-se Espírito), conforme veremos no capítulo seguinte.

No processo filogenético de desenvolvimento do Sistema Nervoso Central, é interessante notar que as partes mais de trás (caudais) são de construção mais simples, estão ligadas a funções também mais simples e são mais antigas (mais primitivas), como é o caso da medula espinhal. Entretanto, as mais da frente (rostrais) são de estrutura mais complexa, estão associadas ao desempenho de funções mais complexas

6 Córtex (ou neocórtex) é a fina camada de substância cinzenta que reveste externamente os hemisférios cerebrais; essa camada é formada por grande concentração de corpos de neurônios, que são as células nervosas.

e são de aquisição filogenética mais recente, como é o caso da porção mais anterior dos lobos frontais que se relaciona à região da testa. Poderíamos, dessa maneira, estabelecer uma seta indicativa do sentido em que as estruturas do Sistema Nervoso Central estão se desenvolvendo.

Considerando-se esse desenvolvimento até nos animais quadrupedais, ele seria orientado de trás para a frente. Entretanto, considerando-se a tendência do grupo primata, particularmente do ser humano, à postura ereta, nesse grupo a seta seria orientada de baixo para cima. Somando-se todos os grupos animais, inclusive o ser humano, o vetor resultante seria orientado de trás para a frente e de baixo para cima, ou seja, para a frente e para o alto, como representamos na Fig. 3.7, na sequência.

Fig. 3.7 – A evolução filogenética do SN Central está sinalizada para a frente e para o alto, com evidente expansão progressiva do polo frontal do cérebro

Isso é absolutamente intrigante!

Por que o Sistema Nervoso Central (encéfalo e medula espinhal) está se expandindo na porção mais anterior (região frontal) da cabeça? Em contrapartida, está acontecendo um encurtamento da medula espinhal, o que já se percebe em alguns animais, particularmente nos primatas e, de maneira mais pronunciada, no ser humano.

Para a frente e para o alto! Mais uma vez, o Espírito imprime na matéria a marca de sua inexorável trajetória!

A ontogênese recapitula a filogênese

Esse clássico enunciado foi proferido por Haeckel (6), em publicação de 1891, em face dos inúmeros aspectos comuns observados em várias estruturas anatômicas, entre sua ontogênese e filogênese. Vamos explicar melhor isso.

Sabe-se que algumas espécies animais, como é o caso dos peixes, possuem brânquias. Se você não souber o que é brânquia, lembre-se de algum peixe que você tenha visto nadando num aquário. Aquelas fendas laterais, entre a cabeça e o resto do corpo, correspondem às brânquias. Elas se movimentam à medida que o peixe "respira", pois a água é empurrada com força para passar por elas, sendo aí então retirado o oxigênio necessário ao metabolismo do peixe.

Você sabia que os mamíferos, inclusive os seres humanos, também têm brânquias durante as primeiras fases embrionárias? Não apenas temos brânquias, quando embriões, como temos várias estruturas que são características da fase definitiva de outras espécies animais, como saco vitelino (gema do ovo), artérias branquiais, lisencefalia cerebral etc. Essas estruturas são temporárias, isto é, tendem a desaparecer durante as fases finais de nosso desenvolvimento fetal. Portanto, em nossa fase definitiva, quando já nascidos, não teremos mais nenhuma dessas estruturas, a não ser que persistam de maneira anômala, causando-nos até alguns problemas. Por exemplo, o chamado divertículo de Meckel, que por vezes se inflama e precisa ser removido cirurgicamente de nosso intestino, representa resquício dessa "gema de ovo" que tínhamos apensada ao nosso intestino primitivo, quando embriões.

Outra estrutura interessante que exemplifica o postulado de que a ontogênese recapitula a filogênese relaciona-se à presença de um pequeno músculo que existe na planta do pé de algumas espécies de macacos. Trata-se do músculo adutor do hálux (que faz a oponência do primeiro dedo), sobre o qual tem-se a seguinte citação (7): "O músculo possui, em certos antropoides, um fascículo metatarsal que parece existir também no embrião humano, e que pode ver-se como variação anatômica no homem adulto em 5% dos casos (Fig. 3.8).

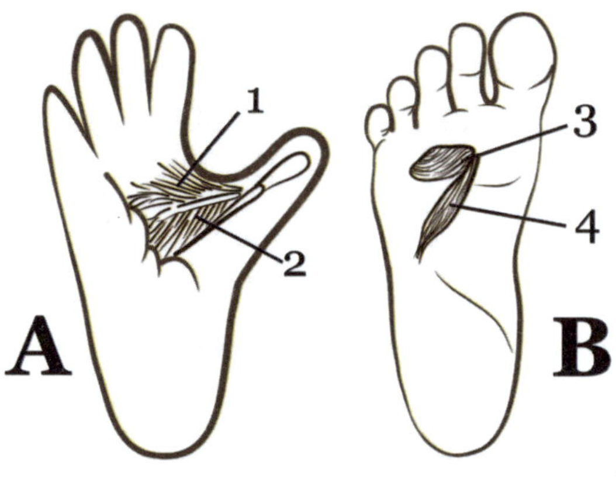

Fig. 3.8 – Representação esquemática da face plantar do pé de algumas espécies de macacos (A) e dos seres humanos (B)
Legenda: (A) São observadas as duas porções do músculo adutor do hálux (1 e 2), que promovem a oponência do primeiro dedo; (B) essas estruturas que parecem existir no embrião humano podem permanecer no adulto de maneira residual (3 e 4) surgindo como variações anatômicas em 5% dos casos.

O que se depreende de tudo isso é o seguinte: entende-se que o Espírito que já passou por várias fases, ao reencarnar e recomeçar pela célula-ovo, retoma todo o processo, "recapitulando", na sequência de seu desenvolvimento de agora (ontogenético), características de etapas evolutivas anteriores (filogenéticas). Esse postulado (biológico) de Haeckel tem embasamento no ensino de André Luiz em *No mundo maior* (1), capítulo 3. Seu mentor Calderaro assevera: "Desde a ameba, na água tépida do mar, até o homem, vimos lutando, aprendendo e selecionando invariavelmente. Para adquirir movimento e músculos, faculdades e raciocínios, experimentamos a vida e fomos por ela experimentados, milhares de anos".

O mentor continua:

> [...] o princípio espiritual, desde o obscuro momento da criação, caminha sem detença para a frente. Afastou-se do leito oceânico, atingiu a superfície das águas protetoras, moveu-se em direção à lama das margens, debateu-se no charco, chegou à terra firme, experimentou na floresta copioso material de formas representativas, ergueu-se do solo, contemplou os céus e, depois de longos milênios, durante os quais aprendeu a procriar, alimentar-se, escolher, lembrar e sentir, conquistou a inteligência [...]. Viajou do simples impulso para a irritabilidade, da irritabilidade para a sensação, da sensação para o instinto, do instinto para a razão. Nessa penosa romagem, inúmeros milênios decorrem sobre nós. Estamos, em todas as épocas, abandonando esferas inferiores, a fim de escalar as superiores.

É maravilhosa essa colocação de Calderaro, pois assim podemos entender como o Espírito, que vem de longa jornada aprendendo e conquistando, imprime na matéria a marca de seus passos. E por falar em passos, ao assumir o seu andar em postura ereta, a criança não repete atavicamente o que acontece na filogenia? É o que pretendi representar nas Figuras 3.9 e 3.10, a seguir.

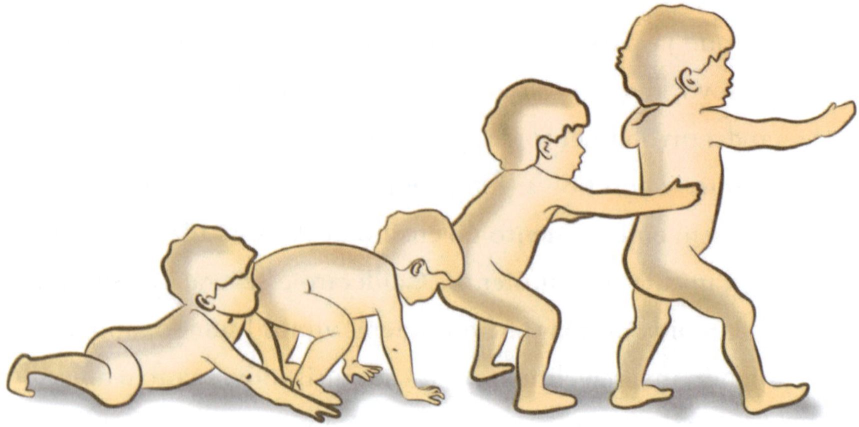

Fig. 3.9 – Fases do correspondente processo filogenético

Fig. 3.10 – Etapas representativas do processo filogenético de aquisição da postura ereta

Trouxemos essa questão de que "a ontogênese recapitula a filogênese" para este capítulo porque, certamente, em nenhum outro sistema orgânico ela se evidencia tanto como no sistema nervoso, particularmente na organização do encéfalo. De fato, em relação ao encéfalo, se observa que, conforme se apresenta no ser humano e em outros mamíferos de organização mais complexa, seus sucessivos estágios de desenvolvimento ontogenético lembram a disposição morfológica do encéfalo de diferentes espécies de organização menos complexa. A explicação desse fato é encontrada na ciência acadêmica e na literatura espírita.

A ciência admite ser o sistema nervoso (do qual faz parte o cérebro) o órgão (do grego *organon* = meio, recurso, instrumento) do comportamento. Conforme referido no início deste capítulo, o mentor Calderaro (1) assim considera: "O cérebro é o órgão sagrado de manifestação da mente, em trânsito da animalidade primitiva para a espiritualidade humana". Interessante é que ambas as fontes usam a palavra "órgão". De fato, hoje se sabe que o cérebro, melhor dizendo, o encéfalo, representa o meio, o recurso, o instrumento de que o indivíduo (entenda-se o Espírito, a mente) se serve para expressar-se fenomenicamente, isto é, no contexto material em que vive como encarnado.

Em seu livro *O mistério da mente*, Penfield (8) (discípulo e continuador da obra de Sherrington, 1859-1952, Prêmio Nobel de Fisiologia) assevera: "Se fizermos um julgamento com base no comportamento, é evidente que o homem não é o único a possuir uma mente". Portanto, temos também de ilustres homens da Ciência, como é o caso de Penfield, aval para as considerações que estamos fazendo.

Em *No mundo maior* (1), capítulo 4, Calderaro elucida André Luiz a respeito da interação cérebro-mente:

> A célula nervosa é entidade de natureza elétrica, que diariamente se nutre de combustível adequado. Existem neurônios (são as células nervosas, explico) sensitivos, motores, intermediários e reflexos. Existem os que recebem as sensações exteriores e os que recolhem as impressões da consciência. Em todo o cosmo celular agitam-se interruptores e condutores, elementos de emissão e de recepção. A mente é a orientadora desse universo microscópico, em que bilhões de corpúsculos e energias multiformes se consagram a seu serviço. Dela emanam as correntes da vontade, determinando vasta rede de estímulos, reagindo ante as exigências da paisagem externa, ou atendendo às sugestões das zonas inferiores. Colocada entre o objetivo e o subjetivo, é obrigada pela Divina Lei a aprender, verificar, escolher, repelir, aceitar, recolher, guardar, enriquecer-se, iluminar-se, progredir sempre.

Em resumo, poderíamos dizer que o sistema nervoso, tanto o do ser humano quanto o dos animais acha-se organizado morfológica e funcionalmente segundo o mesmo modelo ou projeto e tem basicamente as mesmas estruturas, que se apresentam mais ou menos desenvolvidas de acordo com as características próprias de cada espécie. Em *O cérebro e suas vertentes* (9), Sanvito afirma: "No cérebro não existe órgão que seja privativo do homem. As diferenças entre o cérebro do antropoide e do homem são, no substrato morfológico, apenas de natureza quantitativa e não qualitativa".

O sistema nervoso como um todo e, particularmente, o encéfalo atuam como "órgão" do comportamento, ou seja, é com sua mediação que o indivíduo (Espírito), seja ele animal ou ser humano, expressa-se fenomenicamente, isto é, interage com o meio externo e com o próprio meio interno de seu corpo físico. Quanto mais desenvolvido o sistema nervoso de uma determinada espécie animal, ou seja, quanto mais complexa a organização de seus elementos, particularmente das áreas associativas ou cognitivas do córtex cerebral, maior capacidade funcional terão os indivíduos dessa espécie de se expressar em comportamentos mais elaborados. Assim, os animais que têm essas áreas associativas ou cognitivas bem desenvolvidas mostram, por exemplo, grande capacidade de aprendizado. É o caso dos golfinhos e dos chimpanzés, haja vista a macaca Washoe, que aprendeu a se comunicar com as pessoas através da linguagem de sinais[7] para deficientes auditivos, que lhe foi ensinada.

Sobre essa maravilhosa experiência, em o livro *O parente mais próximo*, Roger Fouts (10) narra os 30 anos de convívio com Washoe e outros chimpanzés, aos quais foi ensinada a linguagem gestual. Fouts revela, como diz, a indiscutível realidade da inteligência desses nossos parentes mais próximos e, no lento trabalho de cada dia, o pragmatismo da ciência cedendo espaço ao sentimento. A dedicatória do livro é emocionante: "Para Washoe e todos os outros chimpanzés que não podem mais voltar para casa".

Penso que grande parte do chamado carma-coletivo da espécie humana deve-se ao sofrimento que ela vem impondo aos animais, em todos os tempos. Não é chegada a hora de olharmos para eles, senão com ternura, pelo menos com misericórdia?

Esses dados todos são indicativos, para o meu entendimento, de que, no processo encarnatório dos animais, há um paralelo entre os diferentes estágios em que se encontra o Espírito, na sua caminhada evolutiva, e os diferentes graus de complexidade de organização do sistema nervoso de seu correspondente corpo físico. Em outras palavras, um Espírito que ainda esteja nos passos iniciais dessa caminhada

7 Linguagem conhecida pelo seu acróstico Ameslan (*American sign language*).

pode se expressar, fenomenicamente, por intermédio de um sistema nervoso mais simples, ao passo que sendo mais evoluído (em inteligência), vai necessitar de um instrumento, ou seja, de um sistema nervoso mais sofisticado para que consiga expressar, através dele, toda a sua potencialidade.

Em relação ao ser humano, esse raciocínio também é válido, em se considerando a história evolutiva no planeta, desde o *Homo habilis* até o atual *Homo sapiens sapiens*. Como referiu o prof. José Alberto Neves Candeias (11), diferentemente das outras espécies humanas que o precederam, o *Homo sapiens* (moderno) sabe utilizar ferramentas de todos os tipos, com um entusiasmo particular pelo uso de ferramentaria eletrônica e nuclear, esta última para sua maior desgraça!

O pensamento dos animais

Durante muito tempo, admitiu-se que os animais não pensavam, não escolhiam de forma racional nem manifestavam qualquer forma de comportamento que não tivesse motivação puramente instintiva, como se instinto fosse uma espécie de combustível que alimentaria a "máquina" automatizada, tal como havia sido idealizada por Descartes.

Esse conceito anacrônico não cabe mais nem dentro dos cânones da ciência acadêmica, nem consta na literatura espírita. As funções chamadas cognitivas (associação de ideias, planejamento de ações futuras, crítica de situações, escolhas, elaboração de ideias, de conceitos e outras) implicam, de modo geral, uma circuitaria neural vasta, com a participação de uma série de estruturas encefálicas, particularmente envolvendo áreas neocorticais associativas nobres, como é o caso da área pré-frontal, que constitui a porção mais anterior dos lobos frontais. Ora, os animais, particularmente os mamíferos, são possuidores dessa região em seus cérebros, haja vista a obra de Fuster (12), que evidencia a extensão variável dessa área em diversas espécies animais. Muitas outras publicações que estão sendo citadas mostram que os animais têm funções cognitivas, nas quais se inclui o ato de pensar.

Na literatura espírita, é notável a consideração a respeito formulada por André Luiz em *Mecanismos da mediunidade* (13), capítulo IV. Para o autor, os animais emitem o seu pensamento em ondas ou ideias fragmentárias. No capítulo XVIII do livro *Evolução em dois mundos* (14), encontra-se interessante pergunta, como segue:

> Dentre todos os animais superiores, abaixo do homem, qual é o detentor de mais dilatadas ideias-fragmentos?
> R. O assunto demanda longo estudo técnico a esfera da evolução, porque há ideias-fragmentos de determinado sentido mais avançadas em certos animais que em outros. Ainda assim, nomearemos o cão e o macaco, o gato e o elefante, o muar e o cavalo como elementos de vossa experiência usual mais amplamente dotados de riqueza mental, como introdução ao pensamento contínuo.

André Luiz refere-se apenas "aos animais de vossa experiência usual", pois em visão mais ampla, com certeza, os golfinhos também poderiam ser incluídos nessa relação, dada a maneira sofisticada como se relacionam com os seres humanos, demonstrando alto nível de inteligência, além de outros atributos cognitivos.

Nessa mesma obra, capítulo X, André Luiz faz importante comentário sobre o processo mediante o qual as ideias fragmentárias acabam por adquirir a característica de pensamento contínuo. Assim, refere:

> Com o exercício incessante e fácil da palavra, a energia mental do homem primitivo encontra insopitável desenvolvimento, por adquirir gradativamente a mobilidade e a elasticidade imprescindíveis à expansão do pensamento que, então paulatinamente, se dilata [...]. Pela compreensão progressiva entre as criaturas, por intermédio da palavra que assegura o pronto intercâmbio, fundamenta-se no cérebro o pensamento contínuo e, por semelhante maravilha da alma, as ideias-relâmpagos ou as ideias-fragmentárias da crisálida de consciência, no reino animal, se transformam em conceitos e inquirições [...].

REFERÊNCIAS

1 Xavier FC. No mundo maior. [Ditado pelo Espírito André Luiz]. 12a ed. Brasília: FEB; 1984.

2 Csillag C. Michelangelo pintou cérebro na “Criação”. Folha de São Paulo. 1990 nov [citado 10 ago. 2017];Ciência:G6. Disponível em: http://acervo.folha.uol.com.br/fsp/1990/11/02/8/.

3 Prada ILS. Neuroanatomia funcional em Medicina Veterinária. Com correlações clínicas. Jaboticabal: Editora Terra Molhada; 2014. Capítulo II, Filogenia do Sistema Nervoso (SN); p. 27-48.

4 Rodrigues SA. Destruição e equilíbrio. O homem e o ambiente no espaço e no tempo. São Paulo: Atual Editora; 1989. Capítulo V, Da pedra lascada à energia nuclear: o impacto do homem sobre o meio ambiente; p. 52-90.

5 Kardec A. O livro dos Espíritos. 50a ed. Pires JH, tradutor. São Paulo: LAKE – Livraria Allan Kardec Editora; 1991.

6 Haeckel EH. Morfologia geral dos organismos. 1866.

7 Vasconcellos HA. O arco transverso do pé humano: anatomofisiologia e contribuição da cabeça transversa (caput transversum) do músculo adutor do hálux (m. adductor hallucis) [Dissertação]. Rio de Janeiro: Universidade Federal do Rio de Janeiro, Faculdade de Medicina; 1987.

8 Penfield W. O mistério da mente. Um estudo crítico sobre a consciência e o cérebro humano. São Paulo: Edusp; 1985.

9 Sanvito WL. O cérebro e suas vertentes. São Paulo: Panamed Editorial Ltda.; 1982.

10 Fouts R, Mills ST. O parente mais próximo. Rio de Janeiro: Objetiva; 1998.

11 Candeias JAN. Para que o homem precisa de um cérebro tão grande? Jornal da USP. 1993.

12 Fuster JM. The prefrontal cortex: anatomy, physiology and neuropsychology of the frontal lobe. New York: Raven Press; 1980.

13 Xavier FC, Vieira W. Mecanismos da mediunidade. [Ditado pelo Espírito André Luiz]. 4a ed. Brasília: FEB; 1973.

14 Xavier FC, Vieira W. Evolução em dois mundos. [Ditado pelo Espírito André Luiz]. 18a ed. Brasília: FEB; 1999.

Fontes das imagens

3.1 – Google imagens.

3.2 – A autora (2017).

3.3 – A autora (2017), modificada de Barone R. Anatomie comparée dês mammifères domestiques. Paris: Vigot Freres, Editeurs; 2004.

3.4 – A autora (2017).

3.5 – A autora (2017).

3.6 – A autora (2017).

3.7 – Desenhada pelo médico-veterinário Gabriel de Santis Feltran (2017).

3.8 – A autora (2017).

3.9 – A autora (2017), com base em Haaf G. A origem da humanidade. São Paulo: Círculo do Livro; 1979.

3.10 – A autora (2017).

4

A INTERAÇÃO CÉREBRO-MENTE

Arquitetura da casa mental

Aqui surge uma questão, remanescente do capítulo anterior: como se efetua a relação entre o Espírito (ou princípio inteligente), ainda nas primeiras fases de seu processo evolutivo, com os corpos em que estejam encarnados quando esses corpos não apresentam um sistema nervoso organizado com encéfalo, cérebro etc.? Vamos recorrer novamente a Calderaro, mentor de André Luiz, em suas vivências relatadas em *No mundo maior* (1), capítulo 4, em que lemos:

> Voltamos aos ascendentes em evolução. O princípio espiritual acolheu-se no seio tépido das águas, através dos organismos celulares, que se mantinham e se multiplicavam por cissiparidade. Em milhares de anos, fez longa viagem na esponja, passando a dominar células autônomas, impondo-lhes o espírito de obediência e de coletividade, na organização primordial dos músculos. Experimentou longo tempo, antes de ensaiar os alicerces do aparelho nervoso na medusa, no verme,

> no batráquio, arrastando-se para emergir do fundo do escuro e lodoso das águas, de modo a encetar as experiências primeiras, ao sol meridiano. Quantos séculos consumiu, revestindo formas monstruosas, aprimorando-se aqui e ali, ajudado pela interferência indireta das Inteligências superiores? Impossível responder por enquanto.

Esse texto de Calderaro encontra respaldo no que a ciência hoje admite. Não se fala, no meio científico, em princípio espiritual, e sim em vida, e a ideia é realmente essa, de que as primeiras manifestações de vida, no planeta, surgiram nos "mares mornos", expressando-se no protoplasma, uma estrutura gelatinosa formada de matéria orgânica.

André Luiz, em *Evolução em dois mundos* (2), capítulo III, assim se expressa a respeito: "Dessa geleia cósmica, verte o princípio inteligente, em suas primeiras manifestações [...]". Huxley[1] já afirmava: "O protoplasma é a base física da vida". Na organização celular (eucariontes), o protoplasma representa o conjunto do núcleo e do citoplasma, revestido externamente e contido pela membrana celular. Ainda em *Evolução em dois mundos* (2), André Luiz informa, no capítulo V:

> Com o transcurso dos evos, surpreendemos as células como princípios inteligentes de feição rudimentar, a serviço do princípio inteligente em estágio mais nobre nos animais superiores e nas criaturas humanas, renovando-se continuamente, no corpo físico e no corpo espiritual, em modulações vibratórias diversas, conforme a situação da inteligência que as senhoreia, depois do berço ou depois do túmulo.

---

1 Pode tratar-se de Thomas Henry Huxley (1825-1895), fisiólogo e naturalista inglês, ou de um de seus famosos netos: Julian Huxley (1887-1975), biólogo e educador; Aldous Huxley (1894-1963), romancista e ensaísta; ou Aldrew Fielding Huxley, fisiólogo inglês, nascido em 1917 e Prêmio Nobel de Fisiologia e Medicina em 1963.

Assim, questiono: o que o protoplasma tem a ver com o sistema nervoso? Tem tudo a ver, porque a maneira como o protoplasma funciona para a manifestação da vida é a mesma maneira como o sistema nervoso funciona para a expressão do comportamento. A base de tudo é o chamado "complexo estímulo-resposta". Imaginem uma ameba, que é um ser unicelular. Seu protoplasma, como todo protoplasma, tem uma característica fundamental e importantíssima, que é a da irritabilidade ou excitabilidade, ou seja, de ser sensível a estímulos. Na presença de uma partícula de alimento, por exemplo, a ameba, percebendo-lhe a presença (estímulo), emite pseudópodos (resposta) de maneira a incorporar o alimento (Fig. 5.4). Em seres pluricelulares simples, como é o caso de celenterados, a exemplo da água-viva, encontra-se diferenciação celular, ou seja, células diferenciadas morfologicamente para atenderem a funções específicas. Assim, na água-viva e em outros organismos do mesmo grupo, há a presença de células nervosas e neurônios, bem como existe sua diferenciação em neurônios sensitivos, motores e de associação.

Dessa forma, o processo vai se desenvolvendo de tal maneira que esse denominador comum, o tal "complexo estímulo-resposta", permanece constituindo a base de organização morfofuncional do sistema nervoso em todas as espécies, inclusive no ser humano. A recepção, condução e o processamento dos estímulos relacionados à dor, temperatura, ao tato, à pressão, visão, audição, olfação, gustação etc. e à condução da "ordem" para a execução das correspondentes respostas são feitos por estruturas do sistema nervoso. Para Dethier e Stellar (3), "a análise dos comportamentos característicos de uma determinada espécie animal nada mais é do que a própria análise das potencialidades de seu sistema nervoso".

Robert Foley (4) afirma que "O *Homo sapiens sapiens* é apenas mais uma espécie animal única. Nada há nele de tão singular – como afirma a Antropologia – que não possa ser analisado biologicamente como qualquer outra espécie". E conclui:

> [...] ou o homem não foi feito especialmente à imagem e semelhança de Deus ou os outros animais (e toda a matéria viva) também o foram. Ao contrário de uma espécie singular e superior, o homem é na verdade apenas mais uma espécie [...]. Ou seja, Charles Darwin continua imbatível.

Na evolução filogenética do sistema nervoso existe um modelo básico, primário (alicerçado no complexo estímulo-resposta), ao qual vão sendo "acrescentadas" novas estruturas à medida que vão surgindo organismos de constituição mais complexa.

Conforme refere Carl Sagan (5), o principal expoente contemporâneo do estudo desse aspecto é Paul MacLean (6), que aborda em seu trabalho diferentes espécies animais, desde lagartos até macacos, além do ser humano. A partir de experiências como as realizadas com macacos-de-cheiro, MacLean concebeu um interessante modelo da estrutura e da evolução cerebral, que ele próprio chama de cérebro triúno (Fig. 4.1). Ele elucida:

> Somos obrigados a nos olhar e a olhar o mundo através dos olhos de três mentalidades bastante diferentes, duas das quais carecem do poder da fala [...]. O cérebro humano compreende três computadores biológicos interligados [...]. Cada cérebro corresponde a uma etapa evolutiva diferenciada e fundamental. Os três cérebros são sabidamente distintos, em termos neuroanatômicos e funcionais [...].

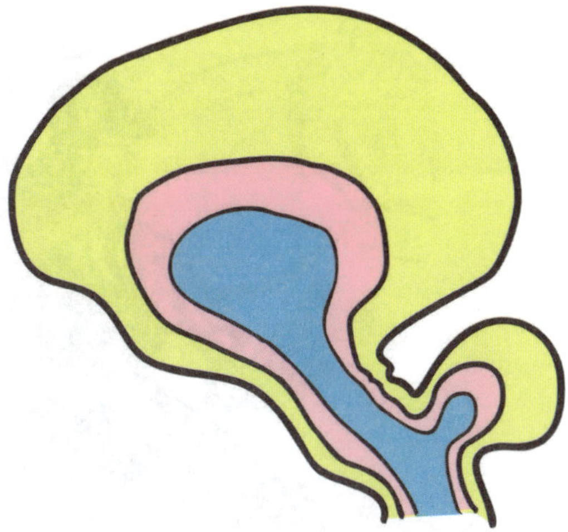

Fig. 4.1 – Esquema representativo da composição do cérebro triúno, na concepção de Paul MacLean, que contempla o complexo reptiliano ou cérebro arcaico (em azul), o sistema límbico (em vermelho) e a formação neomamífera, correspondente ao neocórtex (em amarelo)

Na parte mais arcaica, que chamou de complexo reptiliano, situa-se o mecanismo neural básico para a reprodução e a autopreservação, regulação cardiovascular e respiratória, comportamento agressivo, demarcação territorial etc. Até nos peixes, anfíbios e répteis, é praticamente esse o encéfalo existente. Comenta Carl Sagan (5): "É surpreendente quanto de nosso comportamento real pode ser descrito em termos reptilianos. Falamos comumente de assassinato a sangue-frio. O conselho dado por Maquiavel em *O príncipe* era deliberadamente assumir a fera".

O autor refere-se ao "desligamento" dos centros comandantes do comportamento, que lidam apenas com esse "cérebro arcaico".

É impressionante a quantidade de mitos e lendas sobre dragões e serpentes, enfim, sobre répteis, encontrados em todas as culturas. Isso seria uma metáfora da atuação do complexo reptiliano de nosso cérebro? A figura de São Jorge matando o dragão, exibida no livro de Sagan, parece representar o esforço do neocórtex para conter a "fera", ou seja, os impulsos ditos "instintivos" (Fig. 4.2).

Fig. 4.2 – São Jorge matando o dragão

No quadro "A tentação por uma serpente-homem e a expulsão do Éden", de Michelangelo, pintado no teto da Capela Sistina, no Vaticano, igualmente exibido no livro de Carl Sagan, é bastante sugestivo da influência do complexo reptiliano (serpente) que se projeta, literalmente, de baixo para cima (Fig. 4.3). Na organização do cérebro triúno, o complexo reptiliano envia projeções que ascendem ao córtex cerebral.

Fig. 4.3 – Detalhe da pintura de Michelangelo na Capela Sistina, no Vaticano

A segunda parte do encéfalo, para MacLean (6), seria o sistema límbico, conjunto de estruturas relacionadas à expressão de comportamentos acompanhados de emoção – emoção primária, básica, dos comportamentos de autopreservação e de perpetuação da espécie, representada por raiva, medo, prazer etc. O sistema límbico circunda o complexo reptiliano e se evidência bem em todos os mamíferos.

Finalmente, envolvendo as duas primeiras partes, surge o neocórtex, complexo de diferentes funções que se torna progressivamente mais desenvolvido nos mamíferos mais evoluídos.

Segundo William H. Calvin (7), o neocórtex[2], intimamente relacionado à inteligência, apresenta a extensão em área correspondente a quatro folhas de papel ofício no ser humano, a uma dessas folhas no chimpanzé, a um envelope de carta nos pequenos macacos e a um selo de carta no rato. No neocórtex distinguem-se regiões ou áreas, chamadas lobos, que, como vimos, são os seguintes (Fig. 3.3): frontal – ligado à deliberação e regulação de ações e comportamentos; parietal – relacionado a intercâmbio de informações com o restante do corpo; temporal – ligado à noção espacial e a algumas funções associativas complexas, como memória; occipital – relacionado à visão.

Para Carl Sagan (5), ainda mais evidente que a eventual relação que se tente estabelecer entre o cérebro triúno de MacLean (6) e a divisão freudiana do psiquismo humano em id, ego e superego, é a divisão da mente em inconsciente, subconsciente e consciente. Maior harmonia – continua Sagan (5) – é alcançada na metáfora do psiquismo humano contida no diálogo platônico "Fedro". Sócrates compara a alma humana a uma carroça puxada por dois cavalos – um negro e um branco – que seguem direções diferentes, fracamente comandados pelo cocheiro. A carroça corresponderia ao chassi neural (representado pela medula espinhal); os dois cavalos, ao complexo reptiliano e ao sistema límbico; o cocheiro, ao neocórtex.

A maneira como MacLean (6) concebe o cérebro triúno é absolutamente compatível com a teoria estabelecida pelo naturalista alemão Ernest Haeckel (8), conhecida como "lei biogenética fundamental" ou "teoria da recapitulação" (publicadas em 1899), segundo a qual "a ontogenia recapitula a filogenia", mais precisamente, seres mais complexamente organizados, em fases embrionárias e fetais exibem características de espécies menos complexamente organizadas, em fase adulta.

2 Usualmente, quando alguém fala em córtex, na realidade, está se referindo ao neocórtex, que reveste externamente os dois hemisférios cerebrais.

Em se tratando do cérebro, um novo aspecto deve ser considerado. De fato, durante o desenvolvimento embrionário e fetal de nosso encéfalo, cumprimos sucessivas fases que caracterizam espécies mais primitivas, mostrando-se o "complexo reptiliano" como um verdadeiro arquivo vivo de todo esse processo. Uma das estruturas características desse "resumo evolutivo" é a *formação reticular* do *tronco encefálico* – essa estrutura em rede, adquirida pelos celenterados (como medusas e anêmonas do mar) se mantém na organização estrutural do SN Central dos mamíferos, inclusive dos primatas, que contemplam também os seres humanos. Nesses grupos, além de outras funções, a *formação reticular* emite um componente de fibras nervosas (sistema ativador reticular ascendente – SARA) endereçadas difusamente ao *córtex cerebral* (com relê no *tálamo*), com a finalidade de estimulá-lo a se colocar em alerta (Fig. 4.4). Como o *córtex cerebral* é uma estrutura evolutivamente recente e gasta muita energia, se mantém em "stand-by". Metaforicamente, a *formação reticular* cumpre o papel de uma "avó" que vai despertar o neto, quando necessário, para o cumprimento das obrigações que lhe são próprias.

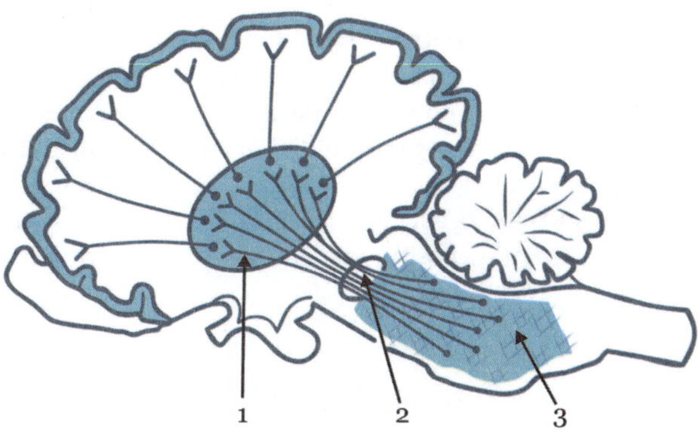

Fig. 4.4 – Esquema representativo da disposição das fibras nervosas integrantes do sistema ativador reticular ascendente (SARA) (2) que, partindo da formação reticular do tronco encefálico (3) dirigem-se ao tálamo (1) e daí ao córtex cerebral, de maneira difusa, estimulando-o a colocar-se em alerta

Comentei, anteriormente, que na evolução filogenética do sistema nervoso existe um modelo básico, ao qual vão sendo acrescentadas novas "camadas". O nosso encéfalo, isto é, o encéfalo do *Homo sapiens sapiens* atual, tem, segundo a interpretação de MacLean (6), três camadas, ou melhor, uma massa central, que é o complexo reptiliano, acrescido de duas camadas, quais sejam, o sistema límbico e o neocórtex.

É maravilhosa a associação que podemos efetuar desses conhecimentos que a ciência nos traz com conteúdos de obras da Doutrina Espírita. É impressionante a óbvia ligação entre as informações exaradas por MacLean (6) e a estruturação de nossa casa mental referida pelo mentor Calderaro no livro *No mundo maior* (1), capítulo 3, lembrando que a primeira edição dessa obra foi em 1947. Diz ele, resumidamente:

> No Sistema Nervoso, temos o cérebro inicial, repositório dos movimentos instintivos e sede das atividades subconscientes; figuramo-lo por porão da nossa individualidade, onde arquivamos os menores fatos da vida; aí moram hábito e automatismo. Na região do córtex motor, temos o cérebro desenvolvido consubstanciando as energias motoras de que se serve a nossa mente para as manifestações imprescindíveis no atual momento evolutivo do nosso modo de ser; aí localizamos o domínio das conquistas atuais, onde residem esforço e vontade. Nos planos dos lobos frontais, jazem materiais de ordem sublime que conquistaremos gradualmente, no esforço de ascensão, representando a parte mais nobre de nosso organismo divino em evolução; aí demoram o ideal e a meta superior a ser alcançada. Distribuímos, desse modo, nos três andares, o subconsciente, o consciente e o superconsciente. Como vemos, possuímos, em nós mesmos, o passado, o presente e o futuro.

Tentei representar essas informações transmitidas de Calderaro para André Luiz na Fig. 4.5. Ele também considerou, com antecedência de mais de vinte anos em relação a MacLean (6), o encéfalo humano construído evolutivamente em três partes, cada uma delas interagindo com um dos três andares de nossa casa mental. Nessa apreciação, André Luiz coloca em um só bloco o complexo reptiliano e o sistema límbico, desdobrando a atuação do neocórtex em dois níveis: a região do córtex motor e a dos lobos frontais. Para o meu entendimento, a colocação de André Luiz é, do ponto de vista funcional, mais adequada na interação com os três níveis considerados para a casa mental.

André Luiz e Calderaro que me perdoem o atrevimento, mas poderíamos considerar no bloco relativo ao córtex motor todas as áreas sensoriais do córtex cerebral, para as quais se endereçam todos os estímulos sensitivos captados pelo corpo, como os de dor, temperatura, tato, pressão, visuais, auditivos etc., pois são eles que, após o processamento, irão provocar as respostas bioquímicas e comportamentais que serão efetuadas pelos efetores (músculo ou glândula), com a participação das áreas motoras do córtex cerebral, entre as quais se destaca a chamada área motora piramidal ou voluntária, pois interage com os comandos da vontade do indivíduo, seja animal ou do ser humano.

Ao focalizar diretamente o córtex motor, André Luiz foi direto ao assunto, considerando, no complexo "estímulo-resposta", o componente final, a resposta, que é elicitada, realmente, pelo córtex motor. Entretanto, como esse conteúdo é muito técnico, julgo que o fato de considerarmos o passo anterior do processo, isto é, a necessidade da atuação das áreas sensoriais, facilita o nosso entendimento.

Voltando à associação do complexo reptiliano e do sistema límbico em um mesmo bloco, isso é coerente, visto que o sistema límbico vai trabalhar com a expressão de comportamentos acompanhados de emoções (primárias), e esses comportamentos são particularmente ligados a funções básicas, isto é, sexuais e reprodutivas (perpetuação da espécie) e de autopreservação (marcação de território, ataque-defesa, funções alimentares etc.).

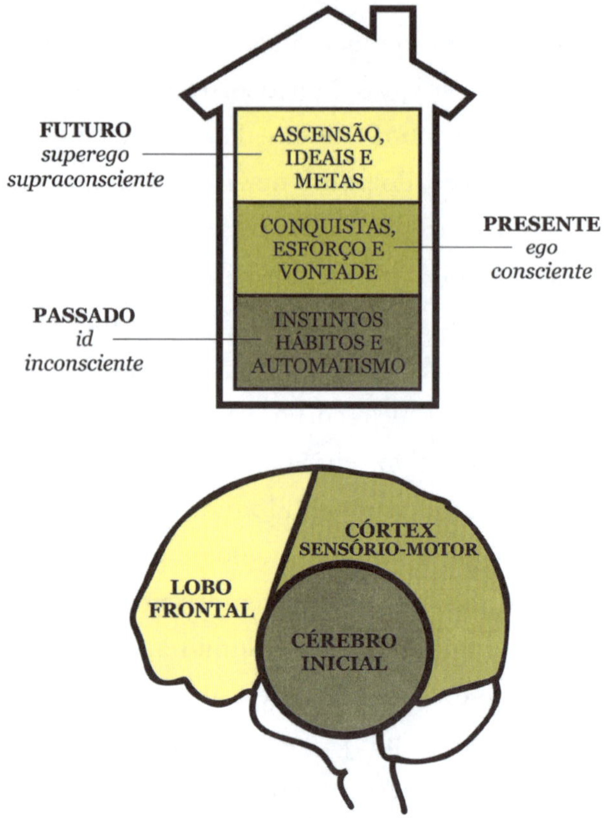

Fig. 4.5 – Representação esquemática da arquitetura de nossa casa mental e sua correlação com a estrutura do cérebro

Por sua vez, o lobo frontal, particularmente a sua porção mais anterior, possui um neocórtex de aquisição filogenética recentíssima, a área pré-frontal. Ela é considerada a base funcional das chamadas funções psíquicas superiores, tais como capacidade de julgamento, crítica de situações, estratégias de comportamentos, livre-arbítrio, capacidade de aprendizado e de associação de ideias, ideação futura, planejamento etc. Enfim, as nossas mais nobres funções mentais são manifestadas fenomenicamente através da atuação das áreas pré-frontais (direita e esquerda).

Assim, tudo o que aprendemos em nossas vivências milenares, desde quando princípio inteligente – protoplasma –, transformamos em hábitos e automatismos e rotulamos com essa palavra enigmática "instinto". É o porão de nossa individualidade, como refere André Luiz. Esse princípio interage, organicamente, com o nosso cérebro inicial e corresponde ao complexo reptiliano mais sistema límbico, de MacLean (6).

Nessa dimensão estão os nossos arquivos, os registros do passado, que correspondem ao id das instâncias de nossa personalidade e ao nosso inconsciente. Atuando no momento presente estão as áreas sensoriais e motoras do córtex: os estímulos chegam e são processados, e as ordens são emitidas. Esforço e vontade marcam as conquistas do ego; é a dimensão do nosso consciente.

No entanto, quando estamos projetando coisas para o futuro, traçando ideais e metas, a atuação é do superego, na dimensão do supraconsciente. A porção do nosso cérebro atuante é o lobo frontal, particularmente a área pré-frontal (9).

E nos animais, como isso acontece?

O esquema é idêntico, o que varia é a proporção entre as partes. Em todos os mamíferos, a organização do cérebro do ser humano é a mesma do cérebro dos animais. Nestes, o cérebro inicial tem uma representação avantajada, o córtex sensorial e motor também, mas a área pré-frontal é menos desenvolvida e varia de dimensão nas diversas espécies animais. Nos primatas e golfinhos, ela se mostra bem desenvolvida.

Este é um bom momento para voltarmos à Fig. 3.4 e verificarmos novamente que, no próprio crânio, é a parte frontal que mais vem se desenvolvendo desde o *Homo habilis* até o *Homo sapiens sapiens*, aspecto esse compatível com a expansão progressiva do lobo frontal do cérebro. De projeção acanhada em alguns animais, ela vem evoluindo, *pari passu*, com as conquistas da mente. No capítulo 4 de *No mundo maior* (1), lê-se:

> Todo o campo nervoso da criatura constitui a representação das potências perispiríticas, vagarosamente conquistadas pelo ser, através de milênios e milênios [...]. O cérebro real é aparelho dos mais complexos, em que o nosso eu reflete a vida. Através dele, sentimos os fenômenos exteriores segundo a nossa capacidade receptiva, que é determinada pela experiência; por isto, varia ele de criatura a criatura, em virtude da multiplicidade das posições na escala evolutiva.

Com isso, podemos entender mais claramente por que as conquistas são individuais e intransferíveis! Em *No mundo maior* (1), capítulo 4, o mentor Calderaro assim se expressa a respeito: "Nem os símios ou os antropoides, a caminho de sua ligação com o gênero humano, apresentam cérebros absolutamente iguais entre si. Cada individualidade revela-o consoante o progresso realizado". Aliás, diga-se de passagem, este é mais um dos conceitos os quais tomo por base para não aceitar a ideia de que os animais teriam apenas uma alma-grupo, conforme expus com mais detalhes no capítulo 2 deste livro.

Conforme referi, sinto como um dos grandes enigmas da criação o surgimento da individualidade, parecendo-me bastante lógica a noção de que isso aconteceu, no plano material, com o aparecimento desse "algo" que delimitou e conteve, dentro de seus limites, um tanto de protoplasma. Na célula, esse "algo" é a membrana externa, que reveste o citoplasma. Assim, aceito plenamente a ideia de que a célula seja um indivíduo no qual estagia o correspondente princípio inteligente rudimentar. Essa é a leitura que pessoalmente faço do que consta, a respeito, no texto inicial do capítulo V de *Evolução em dois mundos* (2).

Por falar em individualidade, ficaram famosos alguns chimpanzés, como Washoe (que já referi), Lucy, Lana e outros, estudados pelo casal de psicólogos Beatrice e Robert Gardner, da Universidade de Nevada, dos Estados Unidos, pela maneira singular de seu comportamento, demonstrando inteligência e sentimentos. Esses animais foram ensinados a se comunicar com humanos e entre si por linguagem gestual. Carl Sagan (5) faz interessante comentário a respeito deles: "Se os chimpanzés têm consciência, se têm capacidade de abstração, não devem eles ter acesso àquilo que se convencionou chamar até agora de direitos humanos? Que inteligência terá de atingir até que seu assassínio seja considerado crime?"

Como estamos ainda longe, enquanto humanidade, de uma atitude ética desejável em relação a toda a criação! Quando abdicaremos desse absurdo paradigma antropocêntrico, que prioriza em tudo apenas o bem-estar do ser humano, para adotarmos o paradigma ecocêntrico ou biocêntrico, que inspira respeito pela vida e pelo sofrimento dos outros seres? Tomara que não demore!

No capítulo 3 de *No mundo maior* (1), Calderaro ensina:

> Não somos criaturas milagrosas, destinadas ao adorno de um paraíso de papelão. Somos filhos de Deus e herdeiros dos séculos, conquistando valores, de experiência em experiência, de milênio a milênio. A crisálida de consciência, que reside no cristal a rolar na corrente do rio, aí se acha em processo liberatório; as árvores que por vezes se aprumam centenas de anos, a suportar os golpes de inverno e acalentadas pelas carícias da Primavera, estão conquistando a memória; a fêmea do tigre lambendo os filhinhos recém-natos, aprende rudimentos do amor; o símio, guinchando, organiza as faculdades da palavra.

Assim se estrutura a casa mental, de experiência em experiência, interagindo com a matéria e orientando a organização morfofuncional do cérebro. Não estaria Jesus se referindo à casa mental ao discorrer sobre a edificação de nossa casa sobre a rocha ou sobre a areia? Vamos rever a passagem de Mateus 7:24-27:

> 24 Todo aquele, pois, que ouve estas minhas palavras e as pratica, será comparado a um homem prudente, que edificou a sua casa sobre a rocha;
> 25 E caiu a chuva, transbordaram os rios, sopraram os ventos e deram com ímpeto contra aquela casa, que não caiu, porque fora edificada sobre a rocha;
> 27 E todo aquele que ouve estas minhas palavras e não as pratica, será comparado a um homem insensato, que edificou a sua casa sobre a areia;
> 27 E caiu a chuva, transbordaram os rios, sopraram os ventos e deram com ímpeto contra aquela casa, e ela desabou, sendo grande a sua ruína.

A figura da "casa desabar" é registrada na ocorrência dos processos obsessivos graves, principalmente na subjugação, quando a vontade do obsediado é dominada pelo Espírito obsessor, sendo rebaixada. O indivíduo como que se recolhe ao seu porão, perde a capacidade de comandar sua própria vida, como refere Calderaro (1), capítulo 4, ao examinar a situação de um caso (Pedro e Camilo) em que obsessor e obsediado se acham unidos em processo simbiótico do ódio e da vingança:

> Espiritualmente, rolaram do terceiro andar, onde situamos as concepções superiores, e entregando-se ao relaxamento da vontade, deixaram de acolher-se no segundo andar, sede do esforço próprio, perdendo valiosa oportunidade de reerguer-se; caíram, destarte, na esfera dos impulsos instintivos, onde se arquivam todas as experiências da animalidade anterior.

E complementa: “Outra seria a situação de ambos se houvessem esquecido a queda, reerguendo-se pelo trabalho construtivo e pelo entendimento fraternal, no santuário do perdão legítimo”. Isso me faz lembrar a figura zooantropomórfica de Nabucodonosor, rei babilônico, pintada por William Blake (Fig. 4.6), artista inglês (1757-1827), que retrata características de “animalidade anterior” no Espírito humano que vivencia processos obsessivos de subjugação.

Fig. 4.6 – “Nabucodonosor”

O relato bíblico do livro de Daniel (4:33) a respeito da loucura de Nabucodonosor parece expressar bem a situação do Espírito que rolou as escadas de sua casa mental, retomando a vivência de seus estágios primitivos, de sua “animalidade anterior”: “Foi expulso entre os homens e passou a comer erva como os bois, o seu corpo foi molhado pelo orvalho do céu, até que lhe cresceram os cabelos como as penas da águia e as suas unhas como as das aves.”

Em outra parte, a passagem bíblica de Daniel (6:22), que é lançado à cova dos leões, por ter o hábito da oração, mostra outra realidade: "O meu Deus enviou o seu anjo e fechou a boca aos leões, para que não me fizessem dano, porque foi achada em mim inocência diante dele". A figura de "Daniel na Cova dos Leões" (Fig. 4.7) sugere a ideia de domínio do Espírito humano sobre as características da natureza primitiva representada pelas (próprias) feras do porão da sua individualidade.

Fig. 4.7 – Figura de Daniel, que foi (simbolicamente) jogado à cova dos leões

Daniel, entregue sempre a orações, certamente vivia sintonizado no terceiro andar de sua casa mental, tendo consequentemente serenado as suas "feras", entenda-se, os seus impulsos instintivos, primários. Em relação aos animais, surge um conceito importante: quando nos referimos a estágios animais, condições de animalidade etc., em absoluto isso não deve significar maldade, violência, coisa ruim, mas, sim, fases primitivas, fases iniciais da evolução do ser.

Pensamento e linguagem

Ao tratar da "matéria mental", no capítulo IV de *Mecanismos da mediunidade* (10), André Luiz discorre a respeito do "pensamento das criaturas", informando que

> do Princípio Elementar fluem incessantemente no campo cósmico as energias profundas que produzem eletricidade e magnetismo. É assim que a mente dos homens, indiretamente controlada pelo comando superior, interfere no acervo de recursos na direção do plano angélico, e a mente embrionária dos animais, influenciada pela direção humana, hierarquiza-se em serviço nas regiões inferiores da Terra, no rumo das conquistas da Humanidade.

O autor comenta a respeito da maneira como o pensamento ou fluxo energético do campo espiritual, de cada um dos seres criados, manifesta-se através de diversos tipos de onda:

- *Raios superultracurtos*, em que se exprimem as legiões angélicas. Penso que um exemplo de emissão desse tipo de ondas seja a participação de Cipriana, a quem André Luiz e Calderaro solicitam ajuda para um caso grave de processo obsessivo (entre Pedro e Camilo), segundo relato que consta do livro *No mundo maior* (1), capítulos 3-5.
- *Ondas curtas, médias e longas*, em que se exterioriza a mente humana. Na vivência do cotidiano, emitimos ondas longas, e em momentos de reflexão, de felicidade e fraternidade, emitimos ondas médias.

- *Ondas fragmentárias* "dos animais, cuja vida psíquica, ainda em germe, somente arroja de si determinados pensamentos ou raios descontínuos".

Dada a imensa variedade de formas animais, devemos examinar com cuidado a informação de André Luiz relativa ao fato de que o pensamento dos animais se expressa em ondas fragmentárias e que esse pensamento é descontínuo. Declaro, de minha parte, uma grande dificuldade em entender o que realmente seja pensamento descontínuo. Não posso aceitar a concepção de algumas pessoas de que animais que indubitavelmente demonstram inteligência aguçada, como cães, cavalos, macacos, golfinhos etc., tenham simplesmente um ou outro *flash* de pensamento, com períodos intermitentes de dormência mental.

A melhor ideia que posso fazer sobre esse pensamento descontínuo está relacionada a certas limitações do animal, por vezes, em estabelecer relação entre passado e futuro e, consequentemente, entre causa e efeito. Talvez isso explique por que eles não sejam dotados, como o ser humano, do chamado senso moral, isto é, da responsabilidade de conduzir seus atos, sabendo-lhes as consequências. O assunto não é nada simples, pois existem milhares de formas animais, e cada espécie, e até cada indivíduo alcança o patamar que conquistou. Pelas pesquisas que vêm sendo desenvolvidas, não há como negar que golfinhos e chimpanzés têm um nível de inteligência bastante considerável, derrubando antigos mitos, como o relativo à citação de John Locke (filósofo inglês – 1630-1704) de que "as feras não têm capacidade de abstração" (5).

Experiências como a efetuada pelo biólogo americano Roger Fouts (11), ensinando a linguagem gestual de deficientes auditivos para Washoe (Fig. 4.8) e outros chimpanzés, derrubam a presunçosa supremacia do ser humano sobre as demais criaturas. Não apenas os chimpanzés aprenderam a linguagem como aprenderam também a se comunicar com os serres humanos e outros chimpanzés. Afirma Fouts: "Do ponto de vista científico, o que a pesquisa revelou de mais importante foi o fato de que a habilidade de aprender e de transmitir informações não é exclusividade dos seres humanos".

Fig. 4.8 – O biólogo Roger Fouts e um dos chimpanzés do seu grupo conversando através da linguagem dos sinais

De fato, na sua relação com os filhotes e outros membros do grupo, Washoe ensinou a eles a linguagem humana aprendida. Outro aspecto impressionante demonstrado na pesquisa é o de que os chimpanzés conseguem expressar, por essa linguagem, conteúdos da chamada "realidade abstrata", como a noção de passado e de futuro, de morte, além de emoções variadas. Aos cinco anos, Washoe empregava 132 sinais com exatidão e desenvoltura e criava as suas próprias combinações de frases que ainda não tinha aprendido, o que levou ao desespero linguistas famosos que atribuíam essa capacidade apenas aos humanos. É claro que o objetivo de Fouts não era provar que os chimpanzés tinham a mesma capacidade linguística dos seres humanos, mas, sim, demonstrar que eles tinham essa capacidade. E isso foi sobejamente comprovado!

Retomando a questão do pensamento fragmentário, as evidências que hoje temos a respeito de chimpanzés como Washoe deixam-me bastante reflexiva. Assim, não sei se um pensamento fragmentário "daria conta" de expressar a riqueza do conteúdo mental desses animais. Informação muito interessante a esse respeito, que já registrei no capítulo 1 deste livro, é encontrada no livro *Evolução em dois mundos* (2), capítulo X, em que se lê:

> Aperfeiçoando as engrenagens do cérebro, o princípio inteligente sentiu a necessidade de comunicação com os semelhantes e, para isso, a linguagem surgiu entre os animais, sob o patrocínio dos Gênios Veneráveis que nos presidem a existência [...]. De início, o fonema e a mímica foram os processos indispensáveis ao intercâmbio [...] como o silvo de vários répteis, o coaxar dos batráquios, as manifestações sonoras das aves e o mimetismo de alguns insetos e vertebrados [...].

Na sequência, André Luiz refere-se aos mecanismos que possibilitaram ao homem primitivo a aquisição do pensamento contínuo:

> [...] o corpo espiritual do homem infraprimitivo demora-se longo tempo em regiões espaciais próprias, sob a assistência dos Instrutores do Espírito, recebendo intervenções sutis nos petrechos da fonação para que a palavra articulada pudesse assinalar novo ciclo de progresso [...]. Aprende então o homem, com o amparo dos Sábios Tutores que o inspiram, a constituição mecânica das palavras, provindo da mente a força com que aciona os implementos da voz [...]. Pela compreensão progressiva entre as criaturas, por intermédio da palavra [...] fundamenta-se no cérebro o pensamento contínuo [...].

Vamos trazer para esta reflexão outras informações constantes de obras da codificação, que julgo relacionadas ao assunto. Assim temos em *A gênese* (12), capítulo XI, item 16: "[...] é provável que os primeiros homens que apareceram sobre a Terra pouco diferissem do macaco em sua forma exterior e, sem dúvida, também quanto à sua inteligência". Segundo *O livro dos Espíritos* (13), questão 607a: "[...] Nesses seres [os animais] [...] que o Princípio Inteligente se elabora, ensaia para a vida [...]. É um trabalho preparatório [...] em seguida ao qual o Princípio Inteligente sofre uma transformação e se torna Espírito".

Com base nessas informações, surge o entendimento de que existe todo um processo, com sucessivas fases, na caminhada evolutiva, desde os primatas não humanos em que encarnaram os primeiros Espíritos candidatos "ao período que chamais de humanidade" (expressão que se encontra em obras da codificação Espírita), até os seres humanos propriamente ditos. Portanto, é lícito considerar que a passagem do estado de pensamento fragmentário para o de pensamento contínuo igualmente tenha acontecido gradativamente.

REFERÊNCIAS

1 Xavier FC. No mundo maior. [Ditado pelo Espírito André Luiz]. 12a ed. Brasília: FEB; 1984.

2 Xavier FC, Vieira W. Evolução em dois mundos. [Ditado pelo Espírito André Luiz]. 18a ed. Brasília: FEB; 1999.

3 Dethier VG, Stellar E. Comportamento animal. São Paulo: Edgard Blucher; 1973.

4 Foley R. Apenas mais uma espécie única: padrões da ecologia evolutiva humana. São Paulo: Edusp; 1993.

5 Sagan C. Os dragões do Éden. São Paulo: Círculo do Livro; Livraria Francisco Alves Editora S.A.; 1977.

6 MacLean PD. The Triune Brain in Evolution. Role in Paleocerebral Functions. New York; London: Plenum Press; 1989.

7 Calvin WH. The emergence of intelligence. Scientific American. 1994 Oct;271(4):100-107.

8 Haeckel EH. Morfologia geral dos organismos. 1866.

9 Prada, ILS; Iandoli, D Jr.; Lopes, SLS. O cérebro triúno a serviço do Espírito. São Paulo: AME-Brasil Editora; 2017.

10 Xavier FC, Vieira W. Mecanismos da mediunidade. [Ditado pelo Espírito André Luiz]. 4a ed. Brasília: FEB; 1973.

11 Fouts R, Mills ST. O parente mais próximo. Rio de Janeiro: Objetiva; 1998.

12 Kardec A. A gênese. 24a ed. Rio de Janeiro: FEB; 1982.

13 Kardec A. O livro dos Espíritos. 50a ed. Pires JH, tradutor. São Paulo: LAKE – Livraria Allan Kardec Editora; 1991.

Fontes das imagens

Fig. 4.1 – A autora (2017).

Fig. 4.2 – Google imagens.

Fig. 4.3 – Google imagens.

Fig. 4.4 – Prada ILS. Neuroanatomia funcional em Medicina Veterinária. Com correlações clínicas. Jaboticabal: Editora Terra Molhada; 2014. Fig. X.4.

Fig. 4.5 – A autora (1998), com base em *No mundo maior* (1).

Fig. 4.6 – Google imagens.

Fig. 4.7 – Google imagens.

Fig. 4.8 – Google imagens.

5

As Emoções nos Animais

Iniciarei esse assunto trazendo ao prezado leitor uma questão epistemológica, ou seja, filosófica, mais precisamente, de crítica do conhecimento. Protágoras de Abdera, antigo filósofo grego (480 a.C.-415 a.C.), chamado "o sofista", tornou-se célebre ao cunhar a frase "O homem é a medida de todas as coisas, das coisas que são, enquanto são, das coisas que não são, enquanto não são" (1). No contexto da matéria orgânica, isso é fácil de se entender, pois todas as informações que chegam ao nosso cérebro e à nossa mente são captadas pelos nossos órgãos dos sentidos, pelos nossos receptores sensoriais. Portanto, ao serem captados pelos nossos receptores neurais, essas informações são formatadas na linguagem humana. Foi assim que o homem primitivo começou a perceber identidade de forma entre o seu corpo e o dos animais, constituindo-se, assim, os primórdios do chamado antropomorfismo, tão bem representado nas figuras zooantropomórficas encontradas em algumas culturas, como no Egito antigo (Fig. 5.1).

Fig. 5.1 – Representações zooantromomórficas do Egito antigo, nas quais se acham configurados, simultaneamente, elementos humanos e animais

Da figura de *observador*, esse homem primitivo assume aos poucos a figura de *pensador*, surgindo os primórdios do animismo (radical latino *animus* = *mente, psiquismo* ou *alma* ou *espírito*). Nessa vertente do animismo surgiram historicamente algumas coisas muito interessantes, como a analogia que o ser humano conseguiu fazer entre o que acontece com a terra, da qual nasce a planta, e a mulher, da qual nasce o filho. Dessa forma, passou a chamar de "*terra-mãe*" esse *elemento gerador* da natureza e, ao *elemento fecundador*, de "*céu-pai*", ao entender que assim como o homem fecunda a mulher pelo sêmen, o céu fecunda a terra através da chuva.

Os animais têm sentimentos e emoções? Se sim, eles são semelhantes aos dos seres humanos?

Sendo o ser humano a "medida de todas as coisas", particularmente cientistas caem no exagero de questionarem, com frequência, se os animais têm sentimentos e emoções ou ainda, se os têm, se seriam semelhantes aos dos seres humanos.

Fig. 5.2 – Semelhança de expressões faciais na vivência de emoções em seres humanos e animais nos levam a refletir se, entre eles, elas têm o mesmo significado

Fig. 5.3 – Cenas de vivência familiar entre macacos pais e filhos sugestivas de que os sentimentos e as emoções que hoje vivenciamos como seres humanos foram elaborados evolutivamente nos animais

Como refere o pesquisador Klaus Wilhelm (2),

> Quem gosta de bicho não duvida que seus companheiros de estimação sentem simpatia, indignação, ou gratidão; cientistas, porém, fazem distinção entre respostas estereotipadas (com padrão fixo, repetitivo) a estímulos e a interpretação das próprias emoções.

Penso que o raciocínio deva se fazer no sentido inverso. Seria mais apropriado, portanto, perguntarmos como estão, em nós, os sentimentos e as emoções que foram elaborados neles (Fig. 5.3)!

Afinal, há de se perguntar: como o ser humano surgiu aqui neste planeta? A não ser que tivesse havido algum milagre, que se desconhece, tudo indica, segundo estudos em Antropologia, referidos no Capítulo 2, que as diferentes espécies do gênero humano resultaram do *Australopithecus* (*austral* = sul; *pithecus* = macaco), ramo de primatas, ainda macacos, que teriam vivido no Sul da África há cerca de 3,5 milhões de anos. Não se sabe, entre as espécies limítrofes, qual delas pode realmente ser considerada “humana”. Em outras palavras, o ser humano de hoje resulta de um longo processo evolutivo em que sensações, sentimentos e emoções foram paulatinamente trabalhados pela natureza. O biólogo celular americano Bruce Lipton (3) assim se expressa a respeito da pretensa superioridade do ser humano:

> Historicamente, nossas crenças judaico-cristãs nos levaram a acreditar que nós somos seres inteligentes e criados por meio de um processo diferente e totalmente distinto daqueles utilizados para plantas e animais. Isso nos faz sentir superiores em relação a todas as formas de vida menos inteligentes [...]. Mas esse conceito está totalmente fora da realidade [...] quando analisamos nosso corpo sob a perspectiva celular [...] não nos vemos como uma entidade única, e sim como uma comunidade de 50 milhões de células [...].

O autor continua: "[...] durante 3 bilhões de anos, as células foram os únicos organismos vivos neste planeta". As modificações começaram quando elas passaram, "[...] há 750 milhões de anos, a se unir e formar comunidades multicelulares – plantas e animais". Portanto, somos resultado desse processo! Moral da história: se os animais não tivessem sentimentos e emoções, nós também não teríamos, uma vez que somos seus herdeiros no processo evolutivo.

Em que nível evolutivo sensações, sentimentos e emoções começaram a surgir?

É espantoso o que a própria ciência vem descobrindo. Bruce Lipton (3) comenta:

> Mesmo células primitivas como os procariontes (células sem núcleo) [...] executam os mesmos processos biológicos que as células mais complexas. Ingerem, digerem, respiram, excretam e possuem até mesmo um "sistema neurológico". Percebem onde estão os alimentos e vão em direção a eles. Além disso, são capazes de reconhecer toxinas e predadores e utilizam manobras de fuga para salvar sua vida. Ou seja, até os procariontes possuem inteligência!

O autor registra ainda: "[...] essas células inteligentes têm vontade própria e um propósito de vida". Sobre o tema, a cientista norte-americana Candace Pert (4) dá-nos uma informação extraordinária: [...] simples criaturas unicelulares têm os mesmos substratos bioquímicos para emoções – como endorfinas e receptores opioides – que nós, seres humanos". Comenta ainda que o dr. Eric R. Kandel recebeu o Prêmio Nobel em Medicina, no ano 2000, por ter demonstrado haver memória celular ao nível dos receptores.

Com base nessas informações, podemos entender que uma simples ameba, que é um ser unicelular, é capaz de "perceber", no meio em que vive, a presença de algo que lhe sirva de alimento, em seguida emitindo pseudópodos para incorporá-lo (Fig. 5.4). Da mesma forma, é também capaz de perceber a presença de agentes aversivos, passando a executar movimentos de fuga. Observações como estas nos levam à evidência de que o "sentir" não é um canal independente do cognitivo, do inteligente, pois, para "sentir", o indivíduo precisa antes identificar o estímulo, precisa saber do que se trata. Em outras palavras, todo ser que "sente" é um ser inteligente.

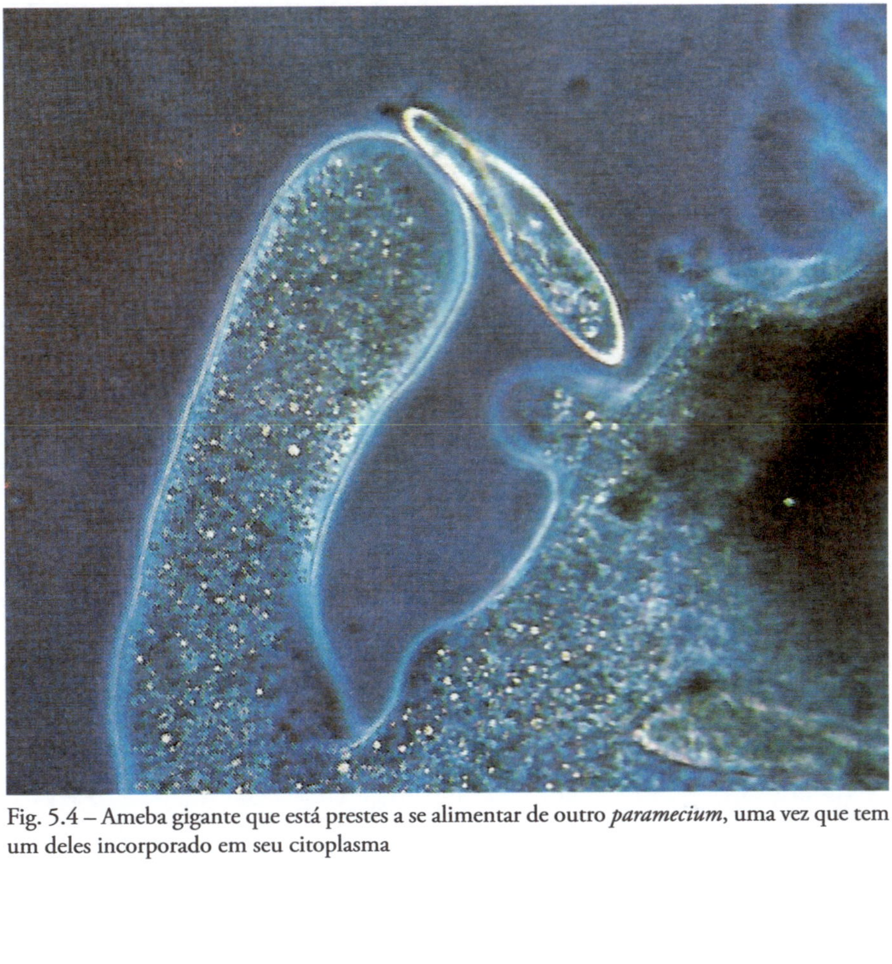

Fig. 5.4 – Ameba gigante que está prestes a se alimentar de outro *paramecium*, uma vez que tem um deles incorporado em seu citoplasma

Como, historicamente, foram consideradas as emoções nos animais

Para chegarmos ao conceito que acabamos de considerar, o de que o processo evolutivo das emoções se inicia a nível celular, a humanidade percorreu longo caminho. Vale lembrar a postura atribuída a René Descartes, importante filósofo da chamada Revolução Científica do século XVII, que criou a concepção mecanicista do universo, segundo a qual ele funcionaria como uma grande máquina, com base nas leis newtonianas. Considerou também que o corpo dos animais e o dos seres humanos é construído segundo um modelo mecanicista. Particularmente em relação aos animais, seriam máquinas automatizadas, sem sensibilidade, uma vez que essa faculdade seria inerente apenas à alma humana. Os animais, não tendo alma, não teriam sensibilidade. Assim, é atribuída a Descartes a consideração de que jamais deveríamos interpretar uivos, gemidos e lamentos dos animais como sinais de sofrimento, mas apenas como sons resultantes do automatismo da "máquina", à semelhança de como são produzidos os ruídos de uma roda de carroça em movimento.

Charles Darwin (5) foi pioneiro no estudo das emoções nos animais, visto ter afirmado que "ninguém pode negar que as reações dos bichos têm um lado emocional". Somente a partir da década de 1960 esse tema teve uma mudança significativa, e uma grande contribuição nesse sentido foi dado pelo biólogo Gregory Bateson (6), ao considerar que "o processo cognitivo de manifestação da vida é mental". Em decorrência desse enunciado, chegamos a outra evidência, a de que a matéria viva de alguma forma representa o "órgão" (meio, recurso, instrumento) de expressão da mente.

Em outras palavras, cada ser, para viver, precisa "saber" sobreviver, "saber" se alimentar, "saber" se reproduzir etc. Ao conteúdo desse "saber" é que Bateson (6) chama de "mente". A contribuição desse autor para a compreensão do assunto foi fundamental, pois abriu a visão holística de que essa dimensão abstrata que chamamos de mente não é apanágio do ser humano, e sim representa atributo de todos os seres vivos.

A partir daí, várias obras de grande interesse foram surgindo, com novo olhar em relação aos animais. O biólogo americano Roger Fouts (6) trabalhou por mais de 30 anos ensinando a linguagem dos deficientes auditivos a chimpanzés. Essa linguagem contempla mais de 150 sinais que eles aprenderam, sendo que, através deles, acabaram revelando atributos de sua mente que se julgavam serem características apenas dos seres humanos. Esse biólogo relata fatos emocionantes, como o caso de Washoe, que pariu um bebê portador de uma cardiopatia, morrendo depois de algumas horas. Ela ficou muito deprimida e brava com Fouts por ter lhe tirado o filho, embora morto. O pesquisador conseguiu localizar um bebezinho chimpanzé órfão, que ela adotou, mudando completamente seu estado emocional. Ele declara, ao final, que mais importante do que os resultados de sua pesquisa foi a relação afetiva que se estabeleceu entre seres humanos e chimpanzés.

A própria ciência vem confirmando que os animais têm emoções e são seres sencientes, com todos os atributos inerentes a essa condição. Em 2012, o médico norte-americano Philip Low, da Stanford University, EUA, durante um simpósio sobre consciência no Reino Unido, conseguiu a assinatura de 26 neurocientistas de várias partes do mundo em um documento no qual declaram admitir que os animais têm consciência – a Declaração de Cambridge (8). Estudos interessantes realizados em cães, com Ressonância Magnética

Funcional (RMF) (9) têm revelado que áreas cerebrais são marcadas ao ouvirem diferentes tipos de sons, que vão desde o barulho de uma explosão até a voz carinhosa de seu tutor (Fig. 5.5).

Os autores observaram que as áreas de percepção e de processamento da voz existem nos cães, com padrão funcional semelhante ao apresentado pelos seres humanos. Concluem que esses dados elucidam como os cães podem entrar em sintonia com os sentimentos dos seus tutores. Além de *áreas sensoriais* como a *área auditiva* (pois o cão está ouvindo a voz do tutor) e a *área visual* (o cão associa a voz com a imagem do tutor), aparecem marcadas *áreas do córtex terciário associativo*, que é o córtex da *área pré-frontal* implicado no processamento das mais elaboradas funções cognitivas. Isso significa que os cães têm, sim, interpretação cognitiva do que estão ouvindo e do que estão sentindo, o que abala a visão de alguns cientistas a respeito.

Fig. 5.5 – Cães foram treinados para se manterem com tranquilidade no tubo de RMF para a realização de estudos que demonstraram as áreas corticais do cérebro que são ativadas ao ouvirem diversos tipos de sons

Os patamares das emoções

António Damásio (10) considera as seguintes categorias de emoções:

- *Primárias* – medo, raiva, repulsa, surpresa, alegria e tristeza, que admite existirem em vários animais.
- *Sociais* – simpatia, constrangimento, vergonha, arrogância, culpa, submissão, orgulho, inveja, admiração, ciúme, gratidão, contentamento e indignação. Admite que várias dessas emoções podem ser identificadas em alguns animais, como em cães quando acabam de receber uma "bronca" de seus tutores e se mostram constrangidos, envergonhados; em gorilas, que em determinadas situações exibem arrogância, e em lobos de posição hierárquica inferior na alcateia, quando mostram atitudes de submissão e de humilhação.
- *Sentimentos* – são resultados de autorreflexão, o indivíduo "sabe" que está sentindo esses sentimentos, condição que nega para os animais.

De fato, é muito difícil identificarem-se sentimentos mais "nobres" em animais e ainda se ter certeza de que eles "sabem", "têm consciência" do que estão sentindo. Aliás, isso é também difícil em relação aos seres humanos – particularmente bebês, pois quem de nós é capaz dessa "proeza"? Conforme os estudos atuais em cães, mediante RMF, aparecem marcadas *áreas corticais terciárias associativas*, como a *área pré-frontal*, quando os animais ouvem a voz carinhosa de seu tutor, o que é altamente indicativo de que eles têm, sim, interpretação cognitiva do que estão sentindo.

O contrário, ou seja, a falta dessa informação, é que não poderia ser considerada como sugestiva de que os animais não são capazes de fruir sentimentos, pois é conceito básico em metodologia científica: "A ausência de evidência não significa evidência de ausência".

O que tem a ver o "sentir" com as emoções?

Para Vieira (11), o termo "emoção" resulta de dois radicais: *ex* = para fora, e *moção* = movimento, significando, portanto, o que se demonstra, o que se põe para fora, mediante sinais fisiológicos e comportamentais, aquilo que se está sentindo. Esse conceito tem suporte nas bases anatomofuncionais de organização do sistema nervoso, que constam de 5 etapas (Fig. 5.6):

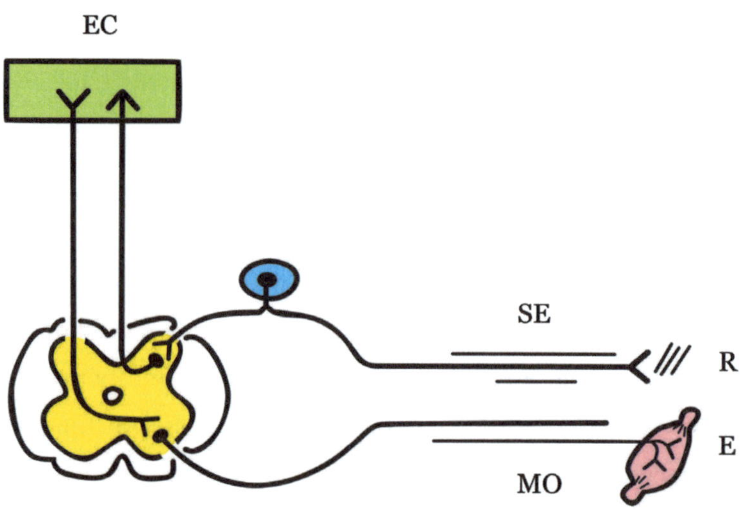

Fig. 5.6 – Esquema simplificado de um arco reflexo somático (efetor = *músculo estriado esquelético*) no qual se identificam as cinco fases do ciclo básico de funcionamento do sistema nervoso: captação de estímulos pelos receptores (R), condução sensorial (SE), processamento com implicação de estruturas cerebrais (EC), condução motora (MO) e efetuação da resposta pelo efetor (E)

- *Percepção e captação de estímulos* – efetuadas por estruturas neurais diferenciadas: *receptores gerais* (captam estímulos relacionados à dor, temperatura, ao tato, à pressão e propriocepção) e *receptores especiais* (captam estímulos relacionados ao olfato, à visão, audição e ao equilíbrio corporal).
- *Condução centrípeta dos estímulos em direção ao sistema nervoso central* – etapa que fica a cargo das vias sensoriais.
- *Processamento dos estímulos* – realizado com a implicação de áreas nobres do córtex cerebral e caracteriza a fase do "sentir".
- *Condução centrífuga da resposta gerada* – etapa que é realizada pelas vias motoras.
- *Efetuação da resposta* – efetuada pelos chamados *efetores*, representados sempre por um músculo (liso, cardíaco ou estriado esquelético) ou uma glândula.

De todas essas etapas, uma delas merece destaque: a do processamento das informações, relacionada ao "sentir", pois cada ser tem a sua maneira peculiar de processar e de sentir um determinado estímulo, haja vista o ditado popular "gato escaldado tem medo de água fria". Portanto, o "sentir" tem a ver com o arquivo de memórias de cada um, com o seu "self", com o seu "eu", com o seu psiquismo, com a sua mente. Ainda existe alguma resistência cultural em se admitir essa dimensão para os animais, resultante da falta de informações a respeito. Trato do assunto em meu livro *A alma dos animais* (12).

A vivência de emoções, o corpo e a mente

Segundo o artigo publicado em 5 de agosto de 2010 no jornal *A Folha de S. Paulo* (13), com o título "Cadela levada ao Iraque volta com estresse pós-traumático", esse animal, que participou da guerra no Iraque, voltou ao seu país com o diagnóstico de transtorno de estresse pós-traumático (TEPT), merecendo cuidados de profissionais especializados em distúrbios de comportamento em cães (Fig. 5.7). Ela apresentava um distúrbio em sua mente, apesar de não terem sido observadas alterações ou lesões em seu cérebro.

Fig. 5.7 – Cadela que foi levada a participar de guerra no Iraque

A íntima relação entre corpo e mente foi objeto de estudos da cientista americana Candace Pert (4). Podemos entender que ela focava em suas pesquisas os mecanismos de atuação dos estados da mente (como fatores epigenéticos) no corpo físico. Segundo a pesquisadora, as células do nosso corpo (e podemos dizer também dos animais) comunicam-se por substâncias químicas transmissoras, os "ligantes", que são *peptídeos, hormônios* e *neurotransmissores.* Explica que cada célula possui milhares de receptores em sua membrana, e quando acontece o encontro de um *ligante* com o respectivo *receptor*, forma-se uma "molécula da emoção". Esta "materializa" um "acorde emocional" que estabelece um vínculo entre o corpo físico e estados não físicos da consciência. Assim, o que está na mente está no corpo e vice-versa, conceito a partir do qual propõe a adoção do termo "corpomente" para identificar essa vinculação. Candace Pert (4) ainda comenta que, por isso, toda aprendizagem deve se processar como um evento emocional com todo o "corpomente". Nesse caso, a vivência de emoções prazerosas positivas irá facilitar o aprendizado com mais possibilidades de retenção de memória. Isso sinaliza que os adestramentos efetuados em animais não devam se processar mediante o antigo modelo de punição, mas de recompensa, o que é compatível com a busca de relação harmônica entre seres humanos e animais, que vários grupos ativistas vêm defendendo.

Ela ainda é autora de pesquisa realizada em cérebros de macacos (14), tendo observado que *receptores opioides* para *endorfina* (hormônio que confere a sensação de bem-estar, de felicidade) são encontrados no *córtex frontal* mais do que em qualquer outra parte do *cérebro* ou do corpo, com aumento crescente deles ao longo das *vias sensoriais* de *visão* e *audição* até o *córtex cerebral.* Como o *córtex frontal* (mais precisamente a *área pré-frontal*) é o local das escolhas e planejamentos (Fig. 5.13), que são mediados pelas moléculas do prazer – a *endorfina* e seus *receptores opioides* –, ela conclui que se escolhe com base no prazer e júbilo obtidos a partir das escolhas.

André Luiz foi pioneiro em considerar a importância das emoções, pois em *Evolução em dois mundos* (15) (1ª edição em 1958) comenta: "[...] a partícula de pensamento [...] é passiva perante o sentimento que dá lhe forma e natureza para o bem ou para o mal [...]".

A vivência de emoções e o cérebro

Outras vezes, são problemas cerebrais que determinam mudanças de comportamento nos animais. É muito conhecida, em Neurociência, a *Síndrome de Klüver e Bucy* (16), resultante de ablação experimental bilateral dos *lobos temporais* do *cérebro*, em macacos *Rhesus* (1937), pelos pesquisadores Heinrich Klüver, alemão, e Paul Clancy Bucy, americano. As estruturas lesadas foram *hipocampo*, *giro para-hipocampal* e *amígdala* (Fig. 5.13), estruturas neurais que participam do *sistema límbico*, que comentarei ainda neste capítulo. Os animais perderam a capacidade de avaliar uma situação de perigo, ficaram impossibilitados de apresentar sinais de medo ao serem confrontados com estímulos condicionados aversivos, tornaram-se dóceis e mostraram ainda perversão do apetite, agnosia visual (enxergavam, mas não atinavam com o significado das coisas, como, por exemplo, podiam pegar cobras e escorpiões sem lhes perceber o perigo), além de tendência oral (ímpeto de levar tudo à boca) e hipersexual (tornaram-se exacerbados sexualmente). Essa síndrome foi diagnosticada depois também em seres humanos.

A história da Neurociência (17) registra que um dos grandes pesquisadores em animais nessa área foi David Ferrier (1843-1928), autor da obra *The Functions of the Brain* (1876). Foi useiro e vezeiro em seccionar partes do encéfalo de primatas. Dado curioso é que sua frieza na utilização dos animais em pesquisa motivou Frances Power Cobbe (1822-1904) a denunciá-lo no Parlamento inglês e a fundar, em 1876, a Royal Society for the Prevention of Cruelty to Animals (RSP-CA). Fica aqui nossa homenagem a essa pioneira da proteção animal.

Paul MacLean (18) concebeu a arquitetura do cérebro humano e dos outros mamíferos em três blocos, sendo que o intermediário corresponde ao sistema límbico, conjunto de estruturas neurais relacionadas à expressão de comportamentos acompanhados de emoções, cujas manifestações somáticas (taquicardia, vasoconstrição periférica, midríase e outras) revelam que essas emoções são primitivas, instintivas, como o medo e as sensações primitivas do prazer associadas à satisfação dos impulsos de fome, sede e libido. Uma análise relacionando os três blocos do cérebro com sintomas mentais em homeopatia consta na publicação que efetuei a respeito (19) em parceria com minha filha Marcela, que, como eu, é médica veterinária e tem especialização na área.

O *sistema límbico* (Fig. 5.12), portanto, tem grande importância na manifestação das emoções. Entre as estruturas que o integram, vale destacar o papel de algumas delas:

- *Hipocampo* – tem uma porção conhecida como *Corno de Amon* e está relacionado com a fixação de memória recente. Em processos isquêmicos, as estruturas cerebrais centrais são as mais atingidas, sendo o caso do *hipocampo*. Em seres humanos, esse quadro é mais fácil de ser observado, sendo que nos animais o processo é o mesmo. Indivíduos idosos têm mais dificuldade em reter a memória de fatos recentes do que de fatos antigos que dependam de uma circuitaria cerebral mais ampla.

- *Núcleos septais* (*área septal*) – relacionados às sensações de prazer, como ao saciar a fome, a sede ou os impulsos sexuais.
- *Corpo amigdaloide* ou *amígdala* – tem a ver com "agressividade", ou seja, com o impulso de realização de comportamentos. Não confundir com violência. Pode haver agressividade com ou sem violência.
- *Amígdala* – portal de entrada dos estímulos que geram emoções, sendo daí transmitidos ao *hipotálamo* e ao corpo como um todo, via *medula espinal*, gerando outros estímulos que em "feedback" chegam ao *córtex cerebral*. Em lesões altas da *medula espinal*, há diminuição na intensidade do "sentir" a experiência, por falta do "feedback" corporal.
- *Hipotálamo* – principal centro comandante da função visceral e, portanto, do sistema nervoso autônomo. Tem papel preponderante nos processos de somatização.

Os mecanismos de "pôr para fora", através das emoções, o que se está sentindo

A expressão das emoções comporta, por vezes, modificações vegetativas e respostas somatomotoras estereotipadas, particularmente dos movimentos da musculatura facial (16).

Quando as sensações e os sentimentos são, digamos, "positivos" (alegria, bem-estar), as correspondentes emoções fluem predominantemente pelas vias motoras somáticas (efetor = musculatura estriada esquelética), tanto voluntárias quanto automatizadas, de maneira harmoniosa. O cientista Klaus Wilhelm (2) comenta como manadas de elefantes que se conhecem andam uma ao encontro da outra abanando suas enormes orelhas e dando voltas em torno de si, em ritual que lembra uma verdadeira reunião de família (Fig. 5.8). Acrescenta que ao longo de décadas de trabalho de campo, Joyce H. Poole, então diretora de pesquisas do Fundo Amboseli para Elefantes do Quênia, tendo presenciado encontros similares muitas e muitas vezes, assim se expressou: "elefantes ficam felizes por verem seus velhos amigos e conhecidos".

Fig. 5.8 – Elefantes trocam gestos de afetividade ao se reconhecerem

Klaus Wilhelm (2) ainda comenta que outros animais também demonstram emoções, como os chimpanzés, que quando brincam emitem sons característicos de alegria e riem (Fig. 5.9).

Fig. 5.9 – Chimpanzés em momentos de descontração

É comum a observação de que cachorros latem de maneira a convidar outros cães a participarem de brincadeiras. Pesquisadores reproduziram esses sons em canis e abrigos para animais abandonados e conseguiram provar que eles reduzem o nível de estresse dos animais (Fig. 5.10).

Fig. 5.10 – Cães durante suas brincadeiras

Há uma pesquisa em desenvolvimento na Universidade de São Paulo (USP), da bióloga Natalia de Souza Albuquerque (20), que vem demonstrando que "quando os cães, entre outras possibilidades, percebem algo negativo que afeta o próprio estado emocional deles [possivelmente também de forma negativa], eles apresentam um sinal visual, que é o ato de lamber a própria boca" (Fig. 5.11).

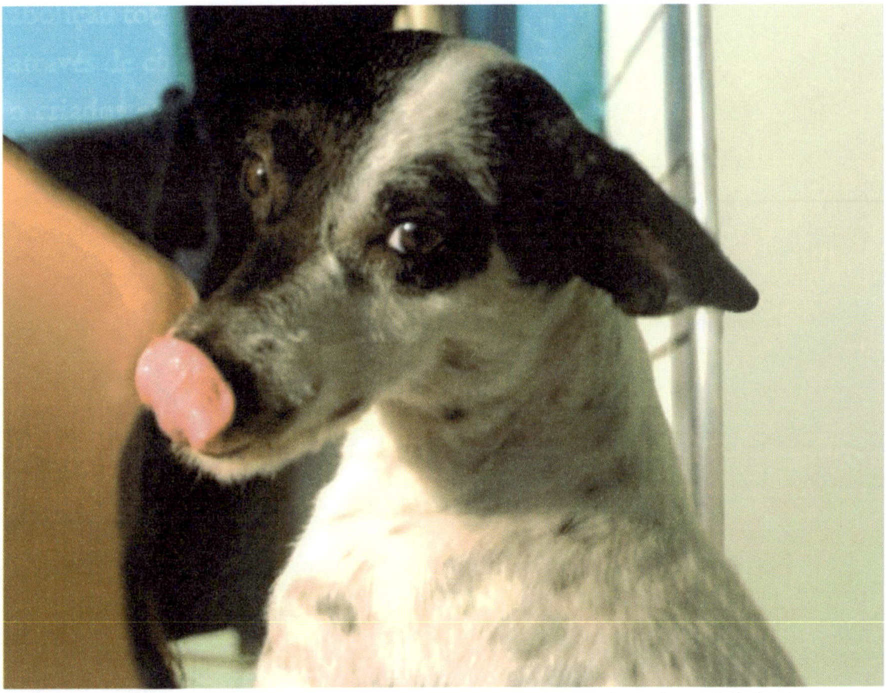

Fig. 5.11 – Cão apresentando o sinal visual do lamber a própria boca (*mouth-licking*)

A vivência de situações de descontração e de alegria aciona o chamado "Circuito de Recompensa" (Fig. 5.12), particularmente efetuado pela *via mesolímbica*. Esse circuito inicia-se no *mesencéfalo*, uma das três partes do *tronco encefálico*, especificamente na *área tegmentar ventral* e se irradia para a *amígdala* (porta de entrada dos estímulos que irão alcançar o *sistema límbico*).

Essa via também alcança o *núcleo accumbens* (também integrante do sistema límbico) e emite projeções para o *córtex pré-frontal*, região cerebral relacionada à interpretação cognitiva do que se está sentindo.

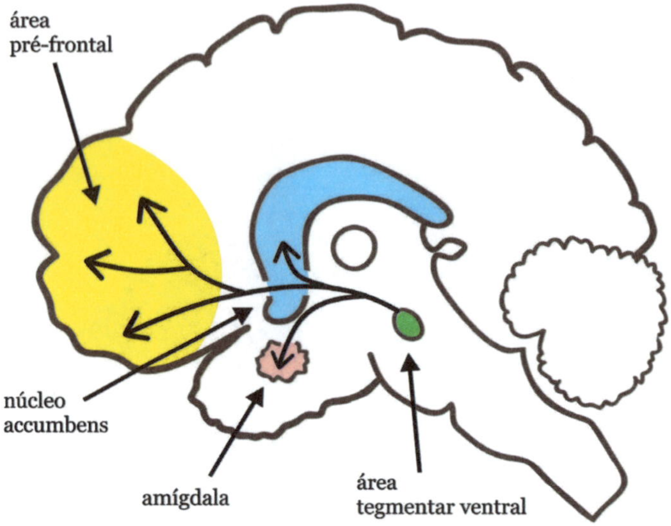

Fig. 5.12 – Esquema das estruturas neurais envolvidas na *via mesolímbica*, integrante do chamado *circuito da recompensa*

Na expressão do tipo de emoções que acabamos de estudar, há grande participação das *vias motoras somáticas* (efetor = *músculo estriado esquelético*). Essas vias partem da *área motora do córtex cerebral* (via voluntária) ou de *núcleos motores subcorticais* (via automatizada). Existe sempre participação de estruturas do *sistema límbico* (Fig. 5.13), com participação de *vias viscerais*, cujos efetores são *musculatura lisa da parede das vísceras e dos vasos sanguíneos, musculatura do coração e glândulas*. Isso é fácil de entender, pois em situações de intensa alegria, por exemplo, há ativação de músculos, inclusive da face (*vias motoras somáticas*), aceleração do ritmo cardíaco e elevação da pressão arterial (*vias motoras viscerais*).

Entretanto, as manifestações emocionais "explosivas" de prazer, medo, raiva ou mesmo vivência de sofrimento e de dor manifestam-se em turbulência, caracterizando a chamada *disfluência comportamental*. Elas ocorrem predominantemente por regência do *sistema nervoso autônomo (vias viscerais)*, induzindo o acontecimento da chamada "*somatização*", ou seja, de impressão no "*soma*" (corpo físico), de consequências dos estados emocionais da mente.

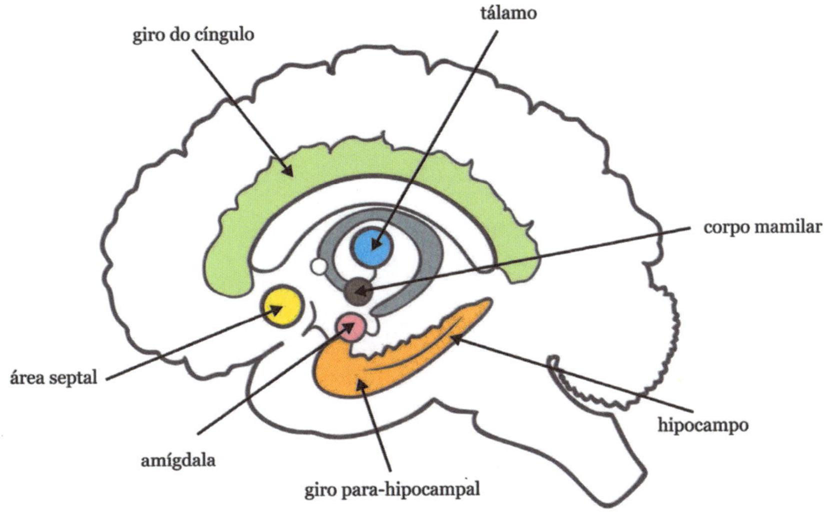

Fig. 5.13 – Conjunto de estruturas neurais situadas centralmente no *cérebro*, compondo o *sistema límbico*, e implicadas na expressão de comportamentos acompanhados de "fortes" emoções

Nesses estados de *disfluência comportamental*, ou seja, na vivência de "fortes" emoções, como em uma reação de ataque, de defesa ou de fuga, a predominância é de atuação de uma das vertentes do *sistema nervoso autônomo*, tal seja o *sistema nervoso simpático*, com liberação de *adrenalina* que, caindo na circulação sanguínea, ativa simultaneamente todos os seus efetores viscerais. Assim, estabelecem-se, ao mesmo tempo, vários sinais fisiológicos, como aceleração do ritmo cardíaco, elevação brusca da pressão arterial, vasoconstrição periférica (o indivíduo fica pálido, sendo esse sinal mais evidente nos seres humanos), vasodilatação no território muscular (vai mais sangue para os músculos, para o indivíduo poder lutar ou fugir), eriçamento dos pelos (sinal mais evidente nos animais), secreção de outro hormônio, o *cortisol*, e dilatação da pupila (*midríase*).

O conjunto desses sinais caracteriza a chamada *Síndrome de Emergência* (de Cannon). Como todos esses sinais ocorrem juntos, quando se observa um animal ou ser humano com midríase, em ambiente iluminado (a pupila tende a se dilatar na ausência de luz), isso sinaliza vivência da *Síndrome de Emergência* e, consequentemente, de estresse agudo.

Por essa razão, defendo a tese de que os animais de rodeio – cavalos, éguas e touros – mostram-se em estado de estresse agudo durante as provas a que são submetidos, uma vez que exibem midríase (e consequentemente todos os outros sinais da *Síndrome de Emergência*) no ambiente iluminado dos eventos (Fig. 5.14). Em matadouros, essa imagem de midríase se observa nos animais que se encontram na "linha de matança", como dizem, uma vez que ao perceberem que estão sendo mortos os animais que estão à sua frente, "sentem" o que lhes irá acontecer em seguida e entram em estresse agudo.

Além dessa situação de estresse agudo (em que há sofrimento mental do indivíduo), a pupila pode se dilatar em estados de intenso prazer ou alegria, como durante o intercâmbio sexual, mas em absoluto esse não é o caso dos animais na vigência das provas de rodeio, de vaquejada ou de eventos similares a que são submetidos.

Fig. 5.14 – Touros durante a realização de provas de rodeio, em que exibem *midríase*[1] (pupila dilatada) no ambiente iluminado do evento

1 Estando a pupila dilatada, a luz do *flash* da máquina fotográfica reflete-se do fundo do olho, resultando na imagem registrada. O reflexo da luz se faz pela existência, no fundo do olho dos animais, de uma camada brilhante de células, o *tapetum lucidum*. Só é possível registrar essa imagem se a pupila estiver dilatada.

Curiosidades do processo evolutivo relacionadas a emoções

Um fato de significado muito importante que aconteceu durante o processo evolutivo das espécies humanas, a partir do *Australopithecus*, foi a aquisição da postura ereta. Com isso, houve mudanças radicais na estrutura do pé. Hoje, o pé humano, no meu entender, é a característica morfológica mais "denunciadora" de que o indivíduo que o possui seja "humano", pois pé com essa configuração somente os humanos apresentam. E qual a diferença em relação aos outros primatas não humanos?

A diferença marcante é que o polegar do pé, nesses animais, tem oponência em relação aos outros dedos, o que é de extrema importância para que eles possam se agarrar nos galhos das árvores e para que o bebezinho possa agarrar-se com os quatro membros ao corpo da mãe, que assim carrega seu filhinho durante sua locomoção, o tempo todo (Fig. 2.2).

À medida que foi assumindo a postura ereta, o *Australopithecus* foi perdendo a oponência do polegar do pé, o que passou a impedir que os bebês continuassem a se agarrar ao corpo da mãe com seus quatro membros. Em razão disso, ela passou a carregar seu bebê no colo, aconchegando-o ao seu peito e envolvendo-o com os seus braços, o que promoveu o despertar de uma relação afetiva mais próxima entre eles (Fig. 2.3). O mesmo foi acontecendo com os outros membros da comunidade, que seguravam o seu bebê quando a mãe precisava se locomover, como para buscar alimento. Uma simples modificação orgânica propiciou a aproximação dos corpos e, com isso, a vivência do "cuidar" e a do "sentir".

A postura ereta também proporcionou exposição da face visceral do tronco, que por ter estrutura mais fragilizada que a face dorsal tende a ser protegida em situações de perigo. Portanto, mesmo nos animais quadrupedais, o expor a face visceral de seu corpo significa, em termos comportamentais, confiança de que se sente seguro no ambiente ou com os outros indivíduos que se acham por perto (Fig. 2.4).

"*Talvez tenha ocorrido numa noite de rara beleza,*
repleta de estrelas,
quando um astro cadente descrevia sua derradeira
trajetória através de um inebriante rastro de luz.
Um observador anônimo pode ter se emocionado com
aquele singelo
momento e tenha tentado erguer o próprio corpo com a
esperança de tocar a lua no
firmamento. O que ele não imaginava, era que aquele
inocente gesto de esperança
seria o responsável pela fantástica jornada que seus
descendentes empreenderiam
a partir de então"
(Alírio Freire).

REFERÊNCIAS

1 Pires HJ. O Espírito e o tempo. Introdução antropológica ao Espiritismo. 5a ed. São Paulo: EDICEL; 1987.

2 Wilhelm, K. Um jeito de sentir. Scientific American, 2013.

3 Lipton BH. A biologia da crença. Ciência e espiritualidade na mesma sintonia: o poder da consciência sobre a matéria e os milagres. São Paulo: Butterfly Editora; 2007.

4 Pert C, Marriott N. Conexão mente corpo espírito. São Paulo: ProLíbera Editora; 2009.

5 Darwin C. A expressão das emoções no homem e nos animais. São Paulo: Companhia das Letras; 2000.

6 Bateson G. Critérios para o pensamento do novo paradigma na ciência e na teologia. In: Capra F, Steindl-Rast D, Matus T. Pertencendo ao universo. Explorações nas fronteiras da ciência e da espiritualidade. São Paulo: Cultrix; 1991. p. 81-146.

7 Fouts R, Mills ST. O parente mais próximo. Rio de Janeiro: Objetiva; 1998.

8 Declaração de Cambridge sobre a Consciência Animal. 2012[citado 20 dez. 2017]. Disponível em: http://www.labea.ufpr.br/portal/wp-content/uploads/2014/05/Declara%C3%A7%C3%A3o-de-Cambridge-sobre-Consci%C3%AAncia-Animal.pdf.

9 Andics Andics A et al. Voice sensitive regions in the dog and human brain are revealed by comparative fMRI. Current Biology. 2014;24(5):574-8.

10 Damásio A. Em busca de Espinosa: prazer e dor na ciência dos sentimentos. São Paulo: Companhia das Letras; 2004.

11 Vieira RM. A mente humana: uma aproximação filosófica no seu conhecimento [tese]. São Paulo: Universidade Federal de São Paulo (UNIFESP); 1985.

12 Prada ILS. A alma dos animais. São Paulo: Mantiqueira; 1997.

13 Cadela levada ao Iraque volta com estresse pós-traumático. Folha de S. Paulo, 5 ago. 2010 [citado 20 dez. 2017]. Disponível em: http://www1.folha.uol.com.br/fsp/mundo/ft0508201012.htm.

14 Pert C, Mishkin M, Pert A, Lewis ME, Bragin E, Brown RM. Gradientes de receptor opioide no córtex cerebral de macaco: correspondência com hierarquias de processamento sensorial. Science. 1981; 211:1166-1169.

15 Xavier FC, Vieira W. Evolução em dois mundos. [Ditado pelo Espírito André Luiz]. 18a ed. Brasília: FEB; 1999.

16 Purves D, et al. Neurosciences. 2a ed. française, cinquième partie, De Boeck Diffusion; 2003.

17 Finger S. Minds Behind the Brain. A History of the Pionners and their Discoveries. Oxford: University Press; 2000.

18 MacLean PD. The Triune Brain in Evolution. Role in Paleocerebral Functions. New York; London: Plenum Press; 1989.

19 Prada, ILS, Prada MS. Sintomas mentais em homeopatia *versus* neurociência em Medicina Veterinária. Brazilian Journal of Veterinary Research and Animal Science. 2015; 52(1). doi: http://dx.doi.org/10.11606/issn.1678-4456.v52i1p15-23.

20 Dias V. Cães lambem a própria boca diante de emoções negativas, diz estudo. Jornal da USP, 8 dez. 2017 [citado 20 dez. 2017]. Disponível em: http://jornal.usp.br/ciencias/ciencias-biologicas/caes-lambem-a-propria-boca-diante-de-emocoes-negativas-diz-estudo/.

Fontes das imagens

Fig. 5.1 – Google imagens.

Fig. 5.2 – Google imagens.

Fig. 5.3 – Google imagens.

Fig. 5.4 – Adaptada de Thews K. Etologia. A conduta animal, um modelo para o homem? São Paulo: Círculo do Livro; s.d.

Fig. 5.5 – Andics A et al. Voice sensitive regions in the dog and human brain are revealed by comparative fMRI. Current Biology. 2014;24(5):574-8.

Fig. 5.6 – A autora (2017).

Fig. 5.7 – Cadela levada ao Iraque volta com estresse pós-traumático. Folha de S. Paulo, 5 ago. 2010 [citado 20 dez. 2017]. Disponível em: http://www1.folha.uol.com.br/fsp/mundo/ft0508201012.htm.

Fig. 5.8 – Google imagens.

Fig. 5.9 – Google imagens.

Fig. 5.10 – Google imagens.

Fig. 5.11 – Dias V. Cães lambem a própria boca diante de emoções negativas, diz estudo. Jornal da USP, 8 dez. 2017 [citado 20 dez. 2017]. Disponível em: http://jornal.usp.br/ciencias/ciencias-biologicas/caes-lambem-a-propria-boca-diante-de-emocoes-negativas-diz-estudo/.

Fig. 5.12 – A autora (2017).

Fig. 5.13 – Adaptado de Prada ILS; Iandoli D Jr., Lopes SLS. O cérebro triúno a serviço do Espírito. São Paulo: AME-Brasil Editora; 2017.

Fig. 5.14 – Google imagens.

6

ANIMAIS E SOFRIMENTO

Certa vez, ouvi de um palestrante Espírita – referindo-se à lei de causa e efeito – que a epilepsia é uma doença carmática resultante de aviltamentos sexuais no passado. Para reforçar a ideia, ainda tentou estabelecer semelhança entre os tipos de chiliques que se manifestam em ambas as situações! Esse tipo de coisa dita lá na frente, na tribuna, parece plasmar a figura de um dedo que aponta para a ferida alheia. Isso me incomodou muito na ocasião, primeiro porque estava ao meu lado um aluno jovem e muito querido que é epiléptico. Segundo, fiquei pensando que tipo de explicação, coerente com o que ele estava dizendo, poderia se dar ao caso da Nãna, uma de minhas cachorras, também epiléptica desde os primeiros meses de vida. Como a Nãna, existem muitos cães, cavalos, macacos e outros animais das mais variadas espécies que sofrem de epilepsia, que tem as mesmas características clínicas que a do ser humano, com os mesmos sintomas, como a ocorrência do ictus (crise) e similitude no traçado do eletroencefalograma.

Nesses momentos, sou tomada da consciência plena de que sabemos pouco e falamos muito. Como entender o real significado do sofrimento? Uma coisa parece ser bastante razoável: deve haver um denominador comum na justificativa da dor em todos os seres, sejam humanos, sejam animais. Todos os dias, nos deparamos com notícias sobre violências, doenças e acidentes que afetam os seres humanos, causando-lhes sofrimento. A cada episódio, repete-se a pergunta de sempre: por que sofremos?

Os animais também sofrem toda sorte de afecções. Nascem com malformações, têm câncer, cegueira, hidrocefalia, doenças cardíacas, infecciosas, epilepsia etc. Além de sofrimentos físicos, ainda vivenciam medo, insegurança, abandono, solidão e crueldades. Inevitavelmente, vem o questionamento: por que os animais sofrem? Como estamos acostumados, de forma inadequada, a justificar nossos sofrimentos atuais com erros de momentos anteriores, como entender a dor nesses seres para os quais não existe expiação? Este é um bom momento para revermos nossos conceitos a respeito do próprio sofrimento humano.

Por nossas heranças culturais e religiosas, a humanidade habituou-se a responder essa pergunta tendo por base o binômio pecado-castigo (Gn 3: 1-19). Quando a dor nos atinge, muitas vezes, somos levados atavicamente a suspeitar que tipo de faltas cometemos, que justifiquem os sofrimentos de agora. É claro que, dado o nível de consciência do ser humano, não há como fugir à responsabilidade de seus atos, mas não podemos ficar atrelados à ideia reducionista de que tudo o que sofremos é para resgatar falhas do passado. Aliás, em *O evangelho segundo o Espiritismo* (1), em "Bem-aventurados os aflitos", está a advertência: "Não se deve crer entretanto que todo sofrimento por que se passa neste mundo seja necessariamente o indício de uma determinada falta".

Herculano Pires (2), em *O mistério do ser ante a dor e a morte*, comenta:

> Por influência do antropomorfismo, desenvolveu-se no meio espírita a ideia restrita de que todo aleijão ou situação anômala é de natureza cármica. Nasce uma criança com deficiência em um braço ou uma perna e logo um sabereta espírita promove a suposta devassa de seu passado, acusando-a de crimes inverificáveis.

De fato, nem todo sofrimento deve necessariamente significar débitos do passado. Assim, quando em manhã chuvosa e fria tiramos nosso filho da cama aconchegante para levá-lo à escola, não o estamos punindo, mas, sim, oferecendo-lhe oportunidade de aprendizado e amadurecimento. Também para os animais funciona assim.

Certa feita, perguntaram a Chico Xavier o que seria desses cães adestrados para perseguir e matar, particularmente em períodos de guerra. Chico teria respondido que eles deverão ser reconduzidos ao aprendizado do amor. E todo aprendizado impõe disciplina, restrições.

Em *O livro dos Espíritos* (3), item 602, Kardec pergunta aos Espíritos: "Os animais progridem como o homem por sua própria vontade ou pela força das coisas?" Resposta: "Pela força das coisas; e é por isso que, para eles, não existe expiação".

Em *O mistério do ser ante a dor e a morte*, Herculano Pires (2) lembra Kardec: "Tudo se encadeia no Universo [...]. Sofre a pedra, sofre o vegetal, sofre o animal e sofre o homem em cada curva implacável do desenvolvimento de suas potencialidades". Nesse livro, respondendo à questão "por que sofrem os animais?", Herculano registra:

> Sofrem porque evoluem e porque toda evolução, consciente ou inconscientemente, é sempre acompanhada das dores do parto que anunciam as transações evolutivas para planos superiores [...]. A dor apresenta-se em todo o cosmos, como decorrência natural dos processos evolutivos. É uma consequência dos esforços despendidos pelas coisas e os seres, em luta com os obstáculos internos e externos com que todos nós e todas as coisas e seres se deparam nos caminhos da evolução universal.

Essa é uma lição e tanto!

Psique e princípio inteligente

Quero ilustrar essa reflexão a respeito das causas do sofrimento dos animais com a história "O mito de psique" (Fig. 6.1) – relatada por Lúcio Apuleio, expressiva figura da literatura romana do século II, em sua obra *Metamorfoses*, comentada por Vieira (4).

Resumidamente, a história conta que num país muito antigo, um rei possuía três filhas muito bonitas. Uma delas, de nome Psique, era a mais formosa, tão formosa que, diziam, poderia representar a encarnação de Afrodite, a deusa da beleza. Enciumada, Afrodite passa a nutrir por Psique grande ira. Talvez por sua beleza extrema, nenhum pretendente se atrevia a pedir a mão de Psique em casamento. Preocupado, o rei vai ao oráculo, através do qual a enciumada e irada Afrodite impõe à princesa uma série de sofrimentos. Psique vê-se, assim, entregue ao abandono, à solidão e à angústia, sofrendo a imposição de várias proibições. Intervém Eros, o deus do amor, e se tornam enamorados um pelo outro. Eros vai ao Olimpo e pede a Zeus, o deus dos deuses, seus favores para com Psique, a fim de casar-se com ela. Zeus convence Afrodite a reconciliar-se com Psique, torna-a deusa e assim ela se une a Eros, para sempre!

Psique representa, culturalmente, o símbolo da alma imortal, do Espírito. Percebemos, no desenrolar da história, que, em sua natureza primeira, material, Psique era bela em suas potencialidades e transcende dessa condição para a de divindade, por meio das experiências vividas, nas quais busca o conhecimento, vencendo obstáculos e dificuldades. Ao vivenciar suas experiências, a dor lhe veio pelas próprias circunstâncias de sua natureza material, primitiva; veio também através da lei de ação e reação, representada no vencer deliberadamente as dificuldades surgidas. Psique transcende de sua natureza humana à condição divina, unindo-se definitivamente com o amor, representado na figura de Eros.

Fig. 6.1 – Detalhe de escultura representativa de "O mito de psique". Ela (Psique) representa, culturalmente, o símbolo da alma imortal, do Espírito, e sua trajetória evolutiva – eivada de esforços e sofrimentos, até chegar à condição de deusa e compartilhar o amor de Eros – lembra em paralelo a trajetória evolutiva do princípio inteligente

Ainda, a busca do conhecimento permitiu-lhe adquirir consciência cada vez maior do que acontecia, isto é, ciência da lei de causa e efeito e, consequentemente, também cada vez maior responsabilidade sobre seus atos. A história mitológica de Psique não reflete a própria trajetória evolutiva do princípio inteligente? Criado simples e ignorante, mas já belo em suas potencialidades, ele vai vivenciando suas experiências. Em *O livro dos Espíritos* (3), questão 607a, consta: "É, de certa maneira, um trabalho preparatório, como o da germinação, em seguida ao qual o Princípio Inteligente sofre uma transformação e se torna Espírito". Aí está a figura da transcendência, tal como aconteceu com Psique. Pela dor – "Lei de equilíbrio e de educação" –, segundo Léon Denis em *O problema do ser, do destino e da dor*, o princípio inteligente esculpe suas sensações e depois seus sentimentos, terminando pela conquista definitiva do amor.

Aliás, em *O problema do ser ante a dor e a morte*, capítulo III, Herculano Pires (2) refere ser a dor "um elemento do Sensível", ao abordar a escalada do Sensível ao Inteligível. É importante destacar que a vivência da dor não tem valor em si mesma. Não é uma moeda com a qual compramos os favores de quem possa nos ajudar. Vale, sim, como oportunidade de aprendizado e de amadurecimento. Infelizmente, nem sempre quando sofremos, aprendemos. Mas, felizmente, podemos aprender com o esforço da conquista, que não necessariamente se traduz em sofrimento. Outra história com a mesma colocação é encontrada em Gênesis, na simbologia da criação: o surgimento da proibição (Gn 2:15-17):

> Tomou, pois, o Senhor Deus ao homem e colocou-o no jardim do Éden para o cultivar e o guardar. E lhe deu esta ordem: De toda árvore do jardim comerás livremente, mas da árvore do conhecimento do bem e do mal não comerás; porque no dia que dela comeres, certamente morrerás.

Nesta como na história de Psique, certamente as proibições devem representar os obstáculos a serem vencidos no desenrolar do processo. Quanto à busca do conhecimento, vejamos o referido em Gênesis 3:1-9: "Vendo a mulher que a árvore era boa para se comer, agradável aos olhos, e árvore desejável para dar entendimento, tomou-lhe do fruto e comeu, e deu também ao marido, e ele comeu".

Observamos que a mulher foi induzida a esse ato pela serpente "mais sagaz que todos os animais selváticos que o Senhor Deus tinha feito" e que, após comerem do fruto proibido, não morreram, apesar da advertência. Decretaram, sim, a morte da sua ignorância, pois comeram da árvore do conhecimento. E o texto bíblico continua: "Abriram-se, então, os olhos de ambos e, percebendo que estavam nus, coseram folhas de figueira e fizeram cintas para si". O conhecimento, portanto, trouxe-lhes consciência do que se passava e de como estavam. Representação interessante é a da serpente, símbolo não do "elemento indutor do pecado", mas, inequivocamente, símbolo da astúcia, da sagacidade, da mola propulsora à aquisição do conhecimento.

Depois da ação – o pecado – vem a reação – o castigo –, imposto pelo "Senhor Deus". Aliás, diga-se de passagem, em *O Espírito e o tempo: introdução antropológica ao espiritismo*, Herculano Pires (6) nos esclarece como, através dos tempos, concebemos Deus à nossa imagem e semelhança, isto é, antropomorficamente. Nessa fase a que se refere o texto, o "Senhor Deus", como nós, era violento e vingativo. E eis o castigo: à serpente – "rastejarás sobre o teu ventre e comerás pó todos os dias de tua vida"; à mulher – "em meio de dores dará à luz, filhos"; a Adão – "do suor do teu rosto comerás o teu pão".

Talvez possamos entender, em relação à simbologia da serpente, que a busca do conhecimento requer nosso contato (o rastejar) com as vivências mais básicas da matéria (simbolizadas pela terra, pelo pó) impostas ao Espírito pela necessidade do aprendizado nas reencarnações. À mulher e ao homem, a consciência adquirida com o conhecimento torna-os cocriadores: ela gerará filhos e ele tirará o sustento da terra, ambos com esforço próprio, não pela "graça". A dor surge como resultante da inexperiência na execução da obra, e não como "castigo", simplesmente. O homem encarnado, sob condições terrenas, busca progressivamente aprender a dominar sua natureza material em prol de sua espiritualização.

Figuras de deuses mitológicos ou de santos religiosos aparecem, por vezes, pisando sobre uma serpente. Interpretações apressadas dizem tratar-se, na realidade, do domínio das forças telúricas, o que lhes garantiu (aos deuses e santos) a transcendência. Talvez seja preferível entender que a conquista dessa condição de transcendência se faça mediante o desenvolvimento de nossas potencialidades, representada simbolicamente na figura da serpente.

A Hatha Yoga ensina que existe uma potencialidade divina dormente, denominada Kundaline (poder da serpente) situada na base do canal vertebral, ligando-se, através dos chacras, ao centro supremo do poder psíquico, no lótus de mil pétalas (correspondente ao centro coronário de que nos fala André Luiz (7) em *Entre a terra e o céu*). Certa vez, há muitos anos, tive a oportunidade de observar, em um livro da literatura oriental, uma figura muito interessante que jamais voltei a encontrar. Mostrava o *canal vertebral* – espaço que é ocupado pela *medula espinal* – preenchido por uma serpente, com a boca aberta, voltada para baixo (certamente para absorver o Kundaline) e a cauda na porção superior do canal, chegando a sua extremidade a tocar a *glândula pineal* (que Descartes considerava como a sede da alma). Essa figura, metaforicamente, representava o poder da mente, de transformar a energia telúrica em energia psíquica.

Na mitologia grega, a serpente é símbolo da sabedoria no sentido da transcendência telúrico-cósmica, ou seja, de se aproveitar a vivência das "coisas terrenas" para fins superiores. Assim deve ser vista, ainda, a figura da serpente no símbolo da Medicina Pragmática, com Esculápio (4).

A palavra de Emmanuel

Nesse contexto em que se procura um significado para o sofrimento dos animais, eu não poderia deixar de transcrever as palavras desse luminoso Espírito, recebida por Francisco Cândido Xavier, em reunião pública da Comunhão Espírita Cristã, em 14 de dezembro de 1969, em Uberaba-MG.

Esse texto consta no livro *Aulas da vida* (8).

> Animais e Sofrimento
> Se os animais estão isentos da lei de ação e reação, em suas motivações profundas, já que não têm culpas a expiar, de que maneira se lhes justificar os sacrifícios e aflições? Assunto aparentemente relacionado com injustiça, mas a lógica nos deve orientar os passos na solução do problema. Imperioso interpretar a dor por mais altos padrões de entendimento. Ninguém sofre, de um modo ou de outro, tão somente para resgatar o preço de alguma coisa. Sofre-se também angariando os recursos preciosos para obtê-la. Assim é que o animal atravessa longas eras para instruir-se. Que mal terá praticado o aprendiz a fim de submeter-se aos constrangimentos da escola? E acaso conseguirá ele diplomar-se em conhecimento superior se foge às penas edificantes da disciplina? Espírito algum obtém elevação ou cultura por osmose, mas sim através de trabalho paciente e intransferível. O animal, igualmente, para atingir a auréola da razão, deve conhecer benemérita e comprida fieira de experiências que terminarão por integrá-lo na posse definitiva do raciocínio.

> Compreendamos, desse modo, que o sofrimento é ingrediente inalienável no prato do progresso. Todo ser criado simples e ignorante é compelido a lutar pela conquista da razão, e atingindo a razão, entre os homens, é compelido igualmente a lutar a fim de burilar-se devidamente. O animal esforça-se para obter as próprias percepções e estabelecê-las. O homem esforça-se avançando da inteligência para a sublimação. Dor física, no animal, é passaporte para mais amplos recursos nos domínios da evolução. Dor física, acrescida de dor moral, no homem, é fixação de responsabilidade em trânsito para a Vida Maior.
> Certifiquemo-nos, porém, que, investindo-se na posição de espírito sublime, não mais conhece a dor, porquanto o amor ser-lhe-á sol no coração, dissipando todas as sombras da vida ao toque de sua própria luz.

Portanto, somos levados a concluir que existe o *sofrimento-expiação* para os seres humanos e o *sofrimento-educação* para todos os seres vivos. Matriculados que estamos todos na escola da vida, despendemos essa cota que chamamos de "sofrimento" ao nos sujeitarmos ao aprendizado das lições de cada dia.

O sofrimento dos animais causado pelo ser humano

O mentor Alexandre, em *Missionários da luz* (9), assim se expressa em relação ao nosso comportamento para com os animais:

> [...] no capítulo da indiferença para com a sorte dos animais, nenhum de nós poderia, em sã consciência, atirar a primeira pedra. Os seres inferiores e necessitados do Planeta não nos encaram como superiores generosos e inteligentes, mas como verdugos cruéis.

De fato, há muito ainda a se conhecer sobre a natureza espiritual dos animais, para que o ser humano passe a respeitar neles os seus limites de bem-estar e de direito à própria vida. Como vimos, várias instituições da atualidade ainda mantêm sua estrutura alicerçada no antropocentrismo, modelo de pensamento e de conduta que valoriza apenas o bem-estar do ser humano, valendo-se da subjugação e da exploração de todos os elementos da natureza em seu benefício. Assim, todas as disposições constitucionais do Direito são focadas no ser humano. Meu prezado amigo dr. Laerte Fernando Levai, promotor de Justiça em São José dos Campos, certa vez explicou-me que se você vê um cavalo ser açoitado e vai a uma delegacia registrar um boletim de ocorrência, o "sujeito" de direito não será o animal vítima da agressão, mas, sim, você – ser humano –, que se sentiu incomodado com o acontecimento.

Nesse contexto, os animais são vistos como "coisas" sem sensibilidade e sobre os quais exercemos todo o direito que supomos ter, de utilizá-los e descartá-los. Como consequência, muito do sofrimento vivenciado pelos animais é de nossa inteira responsabilidade, a começar por aqueles que, vivendo em seu hábitat, sentem-se ameaçados pela restrição progressiva do espaço de seu território de origem, haja vista a poluição e o desmatamento desregrado que continuam acontecendo em nossas reservas naturais por conta da insensatez humana. Nas últimas décadas, vem aumentando em intensidade a invasão de animais como onças e lobos para dentro de fazendas atacando bezerros, potros, carneiros e galinhas, em busca do alimento que não encontram em seu território de origem.

Quanto aos animais que vivem em nosso domicílio – os "pets" –, gradativamente vem acontecendo aumento em sua "humanização", ou seja, a sua subjugação a hábitos e comportamentos humanos, conforme capítulo que dediquei a esse respeito.

A carência afetiva das pessoas e sua dificuldade no relacionamento com outros seres humanos dão suporte a esse tipo de desequilíbrio. Aproveitando-se disso, cresce em ritmo acelerado a indústria de produtos para "pets" – roupinhas, fantasias, adereços, carrinhos tipo "bebê", sapatinhos, joias, perucas etc. Enquanto os "pets" são motivo de todas as atenções, mesmo que com motivação discutível e exageros, para com os "outros" animais o comportamento humano é diferente, chegando à absoluta indiferença. Em outras palavras, nem sempre se observa preocupação ou zelo quanto ao direito que os animais têm à própria vida e à sua capacidade de sofrimento. Vejamos a seguir várias situações.

Animais utilizados em espetáculos de diversão

Tourada, vaquejada (Fig. 6.2), provas de rodeio (Figs. 6.6 e 6.7), farra do boi, puxada de cavalos (Fig. 6.3), rinhas de galo (Fig. 6.4) e de cães (Fig. 6.5) e animais em circos (Fig. 6.8) são alguns exemplos de diversão que utilizam o animal como principal personagem.

A vaquejada é uma atividade típica do Nordeste brasileiro. Na Fig. 6.2 se observa a maneira como o peão derruba o animal, tracionando-o pela cauda, que é torcida e estirada, sendo, por vezes, luxada, fraturada e arrancada, o que por regulamento recente desclassifica o peão.

A farra do boi, herança da tradição açoriana, embora legalmente proibida há muitos anos, continua a ser realizada "às escondidas" nas fazendas e comunidades do interior do estado de Santa Catarina. Solta-se um boi e a turba corre-lhe atrás impingindo ao pobre animal toda sorte de crueldade e violência, que culmina muitas vezes com sua morte.

Fig. 6.2 – Vaquejada

A puxada de cavalos acontece em Pomerode e outros municípios catarinenses e consiste em preparar um trecho de estrada de cerca de 200 metros e nele colocar uma carroça sem rodas, que deve ser puxada por uma parelha (dois cavalos), vencendo a dupla que conseguir deslocar o maior peso, que sempre é acima de uma tonelada.

Fig. 6.3 – Puxada de cavalos

Na rinha de galos, os animais são preparados e treinados para a briga, contando com apostas milionárias, além de sofrimento e, muitas vezes, morte dos animais.

Fig. 6.4 – Rinha de galos

A rinha de cães tem características e procedimentos semelhantes aos da rinha de galos.

Fig. 6.5 – Rinha de cães

Na Fig. 6.6, pode-se observar o sedém (espécie de corda) que é firmemente retesada na região das virilhas do animal. A prova "bulldog" é retratada na Fig. 6.7, em que é possível observar a maneira como o peão torce o pescoço do garrote para derrubá-lo ao chão.

Fig. 6.6 – Montaria em touro em um rodeio

Fig. 6.7 – Prova "bulldog" em um rodeio

Em circos, os animais são submetidos a treinamentos perversos, faltando-lhes condições mínimas de bem-estar, como demonstra a Fig. 6.8, a seguir.

Fig. 6.8 – Animais em circo

Particularmente pelo trabalho do Fórum Nacional de Proteção e Defesa Animal, que congrega mais de 130 Organizações Não Governamentais (ONGs), mediante leis estaduais, já se conseguiu a proibição de animais em circos em 11 estados brasileiros e, por meio de leis municipais, em 69 municípios.

Animais de produção

Atualmente o que se vê, nesse contexto, são grandes empresas que efetuam a criação industrial de diferentes espécies de animais, visando ao aproveitamento de carne, leite, ovos, couro e lã para consumo humano. De modo geral, todo o processo de criação dos animais e o seu abate envolvem procedimentos impiedosos. Em criação extensiva tradicional, é prática comum os animais serem "marcados" a ferro em brasa, com o logo do proprietário; os bovinos machos sofrerem precocemente a descorna, sem anestesia, sendo os "botões" de seus futuros chifres queimados com bastão de substância cáustica; na criação de gado leiteiro, a maioria dos bezerros machos é descartada, além disso, ao nascimento, todos os bezerros são separados de suas mães, sendo criados no bezerreiro e alimentados, em grande parte, com sucedâneos (substitutos de leite); as porcas criadeiras, no esquema tradicional, são mantidas imobilizadas; as galinhas poedeiras, via de regra, ainda quando pintinhos, sofrem a debicagem (parte de seu bico é cortada com lâmina incandescente), sendo criadas em gaiolas de pequena dimensão. Sem falar nos patos e gansos que são criados para obtenção do "fois gras", espécie de patê feito com o fígado dessas aves que, durante sua vida, são submetidas a ingestão compulsiva de pasta gordurosa mediante cânula colocada diretamente em seu esôfago, cerca de oito vezes ao dia, para que fiquem com esteatose hepática, isto é, com o fígado doente pelo acúmulo de gordura. Nessas condições, esse fígado mostra-se aumentado cerca de doze vezes em relação a seu tamanho original.

Merece destaque o caso das vacas que são preparadas para os "torneios leiteiros". Eu liguei para um colega médico-veterinário que trabalha com essa especialidade e lhe fiz algumas perguntas, em cujas correspondentes respostas constam as informações que seguem: um bezerro mama em média, no primeiro mês de vida, cerca de 6 a 8 litros/dia e, na sequência, chega a mamar de 12 a 15 litros; vacas mestiças, em condições de pasto, produzem de 10 a 20 litros/dia; vacas de raças especializadas em produção de leite, como a holandesa, jersey e girolando, produzem em média de 25 a 40 litros/dia; as vacas altamente selecionadas, que são preparadas para os chamados "torneios leiteiros", chegam a produzir 70, 80, 90 litros/dia (Fig. 6.9); a campeã de 2016 produziu 107 litros em 24 horas.

Fig. 6.9 – Vaca da raça holandesa altamente selecionada e preparada para participação em torneios leiteiros

Nesse "evento", para comemorar, em uma equivocada imitação do que se faz em campeonatos automobilísticos, quando se joga champanhe sobre o vencedor, joga-se sobre o proprietário campeão o leite da pobre vaca (Fig. 6.10).

Fig. 6.10 – Comemoração do proprietário vencedor do torneio leiteiro

Boas notícias

Apesar do que ainda se vê por aí, já temos avanços consideráveis, conforme observa um dos meus genros, o médico-veterinário dr. Marcelo Marcondes Seneda, docente da Universidade Estadual de Londrina (UEL):

> Hoje o conceito de bem-estar na produção animal é muito forte, gera credibilidade. A seleção genômica já está ativa em silenciar os genes da presença dos cornos, para evitar a descorna. Existe um produto comercial para "castração" imunológica (bloqueio

> hormonal), sem a necessidade de operar os animais. Chicotes e choques são totalmente contraindicados nas fazendas sérias. A compreensão do comportamento dos bovinos é algo hoje estudado em profundidade. O uso de microchips tem sido bastante difundido para evitar a marcação a fogo. O uso de sêmen sexado é uma realidade, priorizando o nascimento de fêmeas em rebanhos de leite.[1]

Como a criação de animais para consumo não vai terminar tão cedo, são bem-vindos todos os procedimentos que obedeçam de perto às conquistas tecnológicas da chamada "ciência do bem-estar animal".

Nesse sentido, tenho notícias de meu prezado amigo dr. Edson Ramos de Siqueira, engenheiro agrônomo, professor da Universidade Estadual Paulista (UNESP) – *campus* de Botucatu, palestrante espírita e autor do livro *Alimentação e evolução espiritual* (Editora Solidum, 2015). Ele criou e ministrou durante muitos anos a disciplina "Sistemas orgânicos da produção animal", na qual valoriza obediência aos limites de manutenção do bem-estar dos animais, particularmente respeitando-lhes o direito à vida.

Como esclareceu o prof. Edson, os sistemas orgânicos de produção, no Brasil, são controlados pelo Ministério da Agricultura, Pecuária e Abastecimento e amparados pela Lei Federal n. 10.831/2003 e pelo Decreto 6.326/2007. Não é permitido o uso de agrotóxicos, medicamentos químicos como antibióticos, hormônios, fertilizantes químicos sintéticos etc. São rigorosamente exigidas ações de conservação dos recursos naturais e de cumprimento de aspectos éticos nas relações sociais internas da propriedade e no trato com os animais. É proibido o confinamento total, sendo a profilaxia, bem como o tratamento das enfermidades, realizados com homeopatia e fitoterapia. Se em casos graves houver necessidade do uso de antibióticos, constatada

1 Informação verbal.

por médico-veterinário, o animal será temporariamente afastado do sistema orgânico.

Para que o "organismo" (conjunto de seres humanos e animais que integram o sistema produtivo) esteja em equilíbrio, é fundamental, dentre outros fatores, que todos estejam felizes. Há uma tendência de alguns sistemas orgânicos de produção animal evoluírem para a abolição total do descarte de animais. Como os animais são rastreados através de chips, se for constatado que algum deles tenha sido morto, o criador estará fora do sistema. Na produção leiteira, os animais de idade avançada são encaminhados a áreas de repouso, onde permanecerão até que desencarnem naturalmente.

O professor Edson lembra André Luiz, que, em *Missionários da luz* (9), nos orienta: "[...]. Auxiliemos o homem a amar a terra, antes de explorá-la no sentido inferior, a valer-se da cooperação dos animais, sem o recurso do extermínio!" Considera que para o momento, o caminho seria trabalharmos através de um processo educacional e do aperfeiçoamento das leis, para que o respeito fraterno, a compaixão e a empatia possam se fazer presentes na convivência ser humano-outros animais.

Grande atenção tem sido dedicada nos últimos tempos à criação de galinhas poedeiras. Em vez de serem criadas em gaiolas, como nas granjas convencionais, alguns criadores têm adotado um novo manejo em que elas ficam soltas, em espaço grande, ciscando sem estresse (Fig. 6.11). É por isso que elas são chamadas de "galinhas felizes" e parece que botam ovos com teor mais alto de algumas vitaminas. Felizmente, temos o alento de perceber que já está acontecendo um despertamento dos criadores e consumidores quanto a essa questão do sofrimento dos animais.

Fig. 6.11 – Galinhas poedeiras criadas soltas

O abate "humanitário"

Em relação ao abate de bovinos, atualmente ele é realizado com pistola de "dardo cativo" acionada por cartucho de explosão, sendo considerado o método que tem recebido mais destaque em publicações científicas. Esse novo procedimento é conhecido como "abate humanitário", o que sugere a ideia de que a morte dos animais seja processada piedosamente, mas na realidade não ocorre bem assim. Não se pode negar que essa forma de abate trouxe algum alívio para os animais, em relação à prática anterior, que era a morte por marreta. Um homem bem forte ficava com a marreta (espécie de martelo muito grande) no final de um estreito caminho e aplicava na cabeça do boi o golpe, que, com frequência, primeiro atingia o nariz, depois um olho, o chifre e, por fim, a região da testa, fazendo com que o animal caísse ao chão. Além disso, ao ficarem em fila indiana para o abate, os animais que estavam atrás imediatamente percebiam o que estava acontecendo aos seus companheiros da frente e entravam em midríase (lembrar da midríase nos rodeios, que tratei no Capítulo 5), ou seja, em estado de estresse agudo. No entanto, nesse novo procedimento, ainda há muito sofrimento dos animais. O próprio termo "abate" tem em si mesmo o significado de morte. Ainda mais, a legislação pertinente é permissiva em relação ao abate de fêmeas gestantes. No atual Decreto n. 9.013 (10), de 29 de março de 2017, que regulamenta a Lei n. 1.283, de 18 de dezembro de 1950, e a Lei n. 7.889, de 23 de novembro de 1989, Art. 95, lê-se:

> As fêmeas em gestação adiantada ou com sinais de parto recente, não portadoras de doença infectocontagiosa podem ser retiradas do estabelecimento para melhor aproveitamento, observados os procedimentos definidos pelo serviço de saúde animal.

Portanto, esse decreto não impede o abate de fêmeas gestantes mesmo em adiantado estado de desenvolvimento fetal, pois apenas refere que elas "podem ser retiradas do estabelecimento", o que, se acontecer, certamente não será por ato piedoso para com elas, mas "para melhor aproveitamento", como refere o texto do decreto. Mais uma questão para se pensar: pode ser humanitário um abate de fetos e mães gestantes?

Animais utilizados em testes e experimentos

Evidentemente existem pesquisas com animais que são aceitáveis por não comportarem maus-tratos nem crueldade para com eles, como aquelas em que é observado o comportamento natural dos animais e ainda outras que analisam fatores de sua alimentação e nutrição, particularmente em cães e gatos. Por outro lado, ainda persistem em laboratórios e biotérios procedimentos que superam, de há muito, qualquer limite de tolerância em relação ao bem-estar dos animais.

Segundo Horta (11), a dra. Sônia T. Felipe, em seu livro *Ética e experimentação animal* (2007), assim se expressa:

> grande parte dos testes realizados em animais serve unicamente para avalizar a produção e a comercialização em massa de novos cosméticos, produtos de higiene e limpeza e, ainda, derivados químicos em geral como inseticidas, pesticidas, desodorantes, hidratantes, corantes, etc., além de testes que são realizados pela indústria automobilística, em colisões e explosões, que incluem o uso de animais vivos para serem observados impactos sobre os seus ossos, músculos, nervos, sistema circulatório e órgãos internos.

Além desses, há os testes e as pesquisas da indústria farmacêutica e os realizados em instituições do meio acadêmico.

Nesse contexto polarizado entre utilitarismo e direitos dos animais, alguns avanços éticos foram conseguidos. A União Europeia proibiu, em 2003, testes com animais para produção de cosméticos e, em 2013, a comercialização de produtos testados em animais, mesmo que produzidos em outros países. Hoje, particularmente por pressão constante dos grupos de proteção e defesa dos animais, a tendência é sempre se considerar a possibilidade de desenvolvimento e emprego de métodos alternativos e substitutivos à utilização de animais em testes e pesquisas, como modelos matemáticos, simulações computadorizadas, sistemas biológicos *in vitro* e espécies animais de nível de consciência que se considera mais baixo. O órgão que fiscaliza esses procedimentos é o Conselho Nacional de Controle e Experimentação Animal (CONCEA), que controla a atuação de cada Comissão de Ética no Uso de Animais (CEUA) em todas as unidades envolvidas.

Como "ler" sinais de ocorrência de dor/sofrimento nos animais?

Existem duas situações diferentes que precisam ser analisadas, ou seja, quando há lesões corporais (Fig. 6.12) e quando não há lesões corporais (Fig. 6.13). No primeiro caso, os ferimentos são indicativos de maus-tratos, ações de violência ou negligência, cabendo ao técnico levantar a história de cada um deles.

Entretanto, muitas vezes não existem lesões corporais evidentes, o que não significa ausência de sofrimento mental, visto que, assim como nós, os animais sofrem mentalmente por restrição de liberdade, maus-tratos, fome, sede e medos. Esses são os casos mais difíceis, mas existem recursos como sinais fisiológicos e comportamentais confiáveis que nos permitem identificar a vivência de sofrimento nos animais.

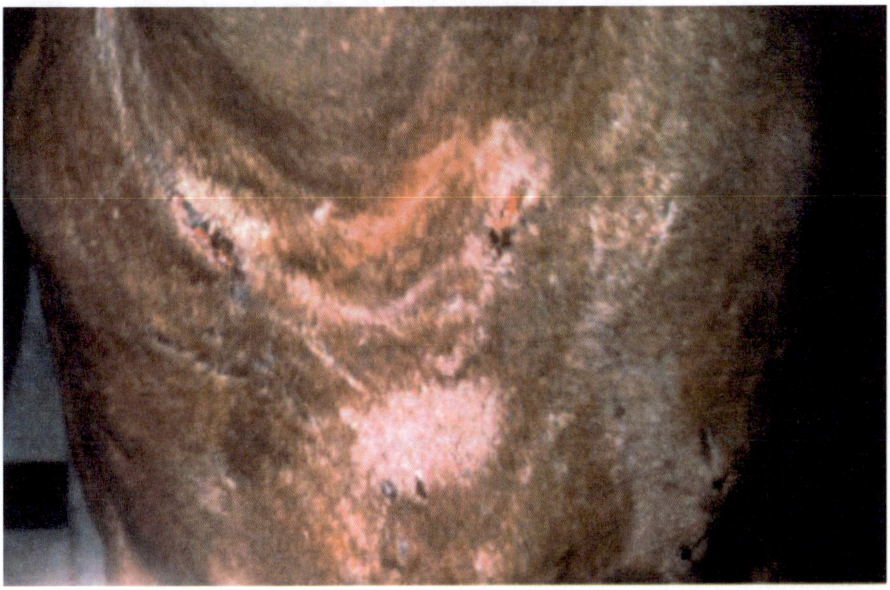

Fig. 6.12 – Lesões em equino, causadas por esporas durante prova de montaria, em rodeio

Fig. 6.13 – Ausência de lesões corporais, em animais, não significa ausência de sofrimento

Com o objetivo de identificar situações que sujeitem animais a sofrimentos (com e sem evidência de sinais), juntamente com colegas da UNESP e da UEL, publiquei artigo na *Revista de Educação Continuada do Conselho Regional de Medicina Veterinária de São Paulo* (12), considerando duas dificuldades básicas: *dor e sofrimento são vivências de caráter subjetivo* e, *como os bebês humanos, os animais não informam verbalmente a respeito do que estão sentindo*. Em resumo, esse artigo trata do que segue:

Com base no princípio da homologia (identidade de características anatômicas, funcionais e fisiológicas entre seres humanos e animais), a *British Veterinary Association* (BVA), em abril de 1985, realizou o Simpósio "*The Detection and Relief of Pain in Animals*", reconhecendo que são importantes "ferramentas" para a identificação da ocorrência de dor/sofrimento nos animais:

1. Sinais fisiológicos, uma vez que estados emocionais alteram funções orgânicas.
2. Comportamento sugestivo de dor/sofrimento, como flexão e extensão dos membros, reflexo de "retirada", fuga, coices, pulos, torções do corpo, emissão de sons, imobilidade, contratura muscular, tremores etc.

Entre os sinais fisiológicos, vale considerar o conjunto daqueles que caracterizam a síndrome de emergência (de Cannon) – taquicardia, aumento da pressão arterial, secreção de adrenalina e de cortisol, vasoconstrição periférica, eriçamento de pelos e midríase (dilatação da pupila). Essa síndrome, reveladora de estresse agudo, acontece para preparar o indivíduo para lutar ou fugir (*to fight or to flight*) e pode ser identificada, muitas vezes, em animais que participam dos deprimentes espetáculos de diversão humana, assunto que tratei com mais detalhes no Capítulo 5.

Finalizando...

Para concluir este segmento no qual foram tratadas diferentes situações em que o sofrimento dos animais é da responsabilidade do ser humano, lembro expressiva poesia do nosso poeta parnasiano (13).

O pássaro cativo

Olavo Bilac

Armas, num galho de árvore, o alçapão;
E, em breve, uma avezinha descuidada,
Batendo as asas cai na escravidão.
    Dás-lhe então, por esplêndida morada,
    A gaiola dourada;
    Dás-lhe alpiste, e água fresca, e ovos, e tudo:
Por que é que, tendo tudo, há de ficar
O passarinho mudo,
Arrepiado e triste, sem cantar?
    É que, criança, os pássaros não falam.
    Só gorjeando a sua dor exalam,
    Sem que os homens os possam entender;
Se os pássaros falassem,
Talvez os teus ouvidos escutassem
Este cativo pássaro dizer:
    "Não quero o teu alpiste!
    Gosto mais do alimento que procuro
    Na mata livre em que a voar me viste;
Tenho água fresca num recanto escuro
Da selva em que nasci;
Da mata entre os verdores,
    Tenho frutos e flores,
    Sem precisar de ti!
    Não quero a tua esplêndida gaiola!
    Pois nenhuma riqueza me consola
    De haver perdido aquilo que perdi ...

Prefiro o ninho humilde, construído
De folhas secas, plácido, e escondido
Entre os galhos das árvores amigas...
    Solta-me ao vento e ao sol!
    Com que direito à escravidão me obrigas?
    Quero saudar as pompas do arrebol!
Quero, ao cair da tarde,
Entoar minhas tristíssimas cantigas!
Por que me prendes? Solta-me covarde!
    Deus me deu por gaiola a imensidade:
    Não me roubes a minha liberdade
    Quero voar! voar! ...”
Estas cousas o pássaro diria
Se pudesse falar.
E a tua alma, criança, tremeria,
    Vendo tanta aflição:
    E a tua mão tremendo, lhe abriria
    A porta da prisão...

REFERÊNCIAS

1 Kardec A. O evangelho segundo o espiritismo. São Paulo: Edicel; s.d.

2 Pires, JH. O mistério do ser ante a dor e a morte. Uma visão atual da problemática existencial à luz da filosofia da religião e da ciência. São Paulo: Paidéia; 1981.

3 Kardec A. O livro dos Espíritos. 50a ed. Pires JH, tradutor. São Paulo: LAKE – Livraria Allan Kardec Editora; 1991

4 Vieira RM. A mente humana: uma aproximação filosófica no seu conhecimento [tese]. São Paulo: Universidade Federal de São Paulo (UNIFESP); 1985.

5 Denis L. O problema do ser, do destino e da dor. Silva RB, Silva STNB, tradutores. São Paulo: Petit; 2000.

6 Pires, JH. O Espírito e o tempo: introdução antropológica ao espiritismo. 5a ed. São Paulo: Edicel; 1987.

7 Xavier FC. Entre a terra e o céu. [Ditado pelo Espírito André Luiz]. Rio de Janeiro: FEB; 1954.

8 Xavier FC. Aulas da vida. [Ditado por Espíritos diversos]. São Paulo: Ideal; 1981.

9 Xavier FC. Missionários da luz. [Ditado pelo Espírito André Luiz]. 42. ed. Brasília: FEB; 2007. Capítulo 3, Desenvolvimento mediúnico; p. 31-41; Capítulo 4, Vampirismo; p. 43-55.

10 Brasil. Decreto n. 9.013, de 29 de março de 2017. Regulamenta a Lei n. 1.283, de 18 de dezembro de 1950, e a Lei n. 7.889, de 23 de novembro de 1989, que dispõem sobre a inspeção industrial e sanitária de produtos de origem animal. 2017 [citado 10 nov. 2017]. Disponível em: http://www.planalto.gov.br/ccivil_03/_ato2015-2018/2017/decreto/D9013.htm.

11 Horta RJ. A violência contra os animais: da doutrina cartesiana da *bête-machine* às práticas da criação intensiva e do uso de animais pela ciência. Sapere Aude. 2017 [citado 10 nov. 2017];8(15):86-102. Disponível em: http://periodicos.pucminas.br/index.php/SapereAude/article/view/P.2177-6342.2017v8n15p86/12026.

12 Prada ILS, et al. Bases Metodológicas e neurofuncionais da ocorrência de dor/sofrimento em animais. Revista Educação Continuada em Medicina Veterinária e Zootecnia do CRMV-SP. 2002 [citado 10 nov. 2017];5(I):1-13. Disponível em: http://revistas.bvs-vet.org.br/recmvz/article/view/3278/2483.

13 Bilac O. Poesias infantis. Rio de Janeiro: Francisco Alves; 1929.

Fonte das imagens

Figs. 6.1 a 6.13 – Google imagens.

7

A "HUMANIZAÇÃO" DOS ANIMAIS

Os seres humanos convivem com animais, particularmente cães, que foram trazidos para seu ambiente doméstico ou para as proximidades dele, há pelo menos 12 mil anos, dentro do período que se tornou conhecido como Revolução Neolítica (1). De início, mesmo aproximados dos seres humanos, que acompanhavam em caçadas, esses animais viviam em matilhas, desenvolvendo seu natural comportamento hierárquico e reprodutivo. Com o tempo, as famílias foram se modificando e, em grande porcentagem, migrando para centros urbanos. O número de pessoas dentro das casas diminuiu progressivamente, assim como o número de animais. De modo geral, hoje as pessoas têm menos filhos ou nenhum filho e alguns cães, gatos e outros "pets", aos quais se afeiçoam e tratam de maneira diferenciada, por vezes, inadequada. Entre outras características, a cultura do período neolítico fez-se peculiar pelo comportamento de domínio que o ser humano passou a exercer em relação à natureza, desenvolvendo de forma significativa a domesticação de animais e o plantio. Esse modelo de vida sedentária estabelecia-se, de modo geral, à beira de fontes naturais de água, de rios ou do mar. Os animais eram vistos sob duas condições: alguns eram caçados, criados e abatidos para consumo de suas carnes, peles e outros produtos (Fig. 7.1) enquanto uns poucos, aos quais as pessoas se afeiçoavam, eram acolhidos com regalias de conforto e vivência mais próxima – são os "pets" de hoje.

Fig. 7.1 – Revolução Neolítica

Como os seres humanos se relacionam atualmente com os "pets"

Não é regra geral, mas com muita frequência esses animais são tratados como brinquedos, bonecos ou bebês, sendo impostos a eles hábitos humanos em substituição ao seu comportamento natural, o que traz consequências desastrosas tanto para eles quanto para seus tutores. Os "pets" são frequentemente considerados como parte da família, sendo essa uma das razões pelas quais se fala, particularmente entre profissionais da saúde, em "família multiespécie".

Esses animais, de modo geral, são bem-cuidados, têm alimentação adequada, visitas constantes ao médico-veterinário e gozam de conforto, pois a casa "também é deles". É importante ressaltar que tudo deve ter limites, mas nem sempre os limites adequados são respeitados. Passa a existir, por vezes, com a motivação de ser absoluta demonstração de amor, uma subjugação dos animais a padrões de comportamento humano, em substituição ao comportamento normal e natural de cada espécie. É o que se conhece hoje como "humanização" dos animais (Fig. 7.2).

Fig. 7.2 – Figura representativa da chamada "humanização dos animais"

Os animais como "coisas"

Há muito tempo acha-se impregnada, na cultura humana, a ideia do *antropocentrismo*, estilo de pensamento e de conduta que valoriza apenas o bem-estar do ser humano, devendo os outros elementos da natureza serem subjugados e explorados com essa finalidade. Assim, os animais milenarmente foram e ainda são considerados como "coisas", isto é, como seres que não pensam, são irracionais, não têm inteligência, agem apenas por instinto, não têm mente nem alma e, o que é pior, existem apenas para servir ao ser humano. É como ainda são considerados, de modo geral, os chamados animais de produção, que são criados industrialmente visando-se seu máximo aproveitamento em termos financeiros, o que acontece com vivência de muito sofrimento para eles. Assim também são considerados os animais utilizados em testes e pesquisas científicas e ainda os que participam dos deprimentes espetáculos de diversão humana. O conceito antropocêntrico de que "os animais existem para servir ao homem" é tão enraizado na cultura humana que, mesmo dentro da literatura Espírita, encontramos citações estranhas, compatíveis com essa anacrônica ideia (veja, neste livro, o Capítulo 11 – "Animais e mediunidade"). Em *O livro dos médiuns* (3), capítulo XXII, item 236, se lê:

> Deus pôs os animais ao vosso lado para vos alimentarem, para vos vestirem e vos ajudarem. Deu-lhes um pequeno grau de inteligência porque, para vos auxiliar, precisam compreender, e condicionou essa inteligência aos serviços que deviam prestar. Mas, em Sua sabedoria não quis que fossem submetidos à mesma lei do progresso. Tais como foram criados, assim ficarão até a extinção de suas espécies.

Em nota de rodapé, o tradutor J. Herculano Pires faz a seguinte observação:

> Todo esse período deve ser compreendido em função do assunto, não se tirando ilações contrárias aos princípios fundamentais da Doutrina, o que seria absurdo. O Espiritismo ensina que tudo evolui no Universo, desde a matéria bruta até os Espíritos superiores. Os animais também evoluem, mas sua evolução é forçada e lenta, produzida por influências exteriores, enquanto a humana é determinada pela consciência do Espírito já esclarecido do homem. O Espírito comunicante serviu-se das condições de aparente estabilidade da vida terrena para ilustrar o seu ensino. Trata-se de apenas de um recurso didático [...] e que deve ser entendido como tal.

Impressionante a capacidade desse nobre Espírito – Herculano Pires –, que respeito e admiro, em "colocar os pingos nos is" de maneira tão elegante, "salvando a pátria". Os "pets", que são adequadamente tratados pelas famílias com as quais convivem, acham-se em uma situação muito especial, fora desse olhar de serem "coisas" aproveitáveis e descartáveis. No entanto, aqueles "pets" que são submetidos à *humanização* se tornam "coisas", brinquedinhos que os tutores dizem "amar", mas pelos quais não dispensam o menor respeito.

Mais cachorros que crianças!

Segundo dados do Instituto Brasileiro de Geografia e Estatística (IBGE), resultantes de pesquisa efetuada em 2013, existem nos lares brasileiros mais cães do que crianças, ou seja, 44% dos domicílios do país (28,9 milhões de casas) possuem pelo menos um cão e 17% (22 milhões de casas) têm pelo menos um gato. Assim, foram avaliadas no Brasil a quantia de 52 milhões de cães (1,8% por domicílio) e a de 44,9 milhões de crianças até 14 anos de idade. Curiosamente, segundo essa pesquisa, o estado do Paraná é o que tem mais casas com cães.

Por que a humanização de "pets"?

A dra. Hannelore Fucks, médica-veterinária e psicóloga clínica de São Paulo – idealizadora e criadora da ONG "Pet Smile" (Fig. 7.3), que promovia visitas de animais a pacientes internados em hospitais –, comentava a respeito:

> De brincadeira divertida para a relação pai e ou mãe e filho (tratar o "pet" como "filhinho da mamãe"), é um pulo. O grande atrativo para a humanização dos animais é que eles são uma fonte inesgotável de afeto. Um cão não reclama se você chega tarde, e está sempre disposto a dar uma voltinha [...]. Podemos desabafar sem sofrer críticas. É o relacionamento perfeito. Assim, colocamos os animais no patamar dos seres humanos, com a ilusão de que irão preencher nosso vazio.[1]

Ela está certa, é uma ilusão! É absolutamente desejada e respeitada uma relação afetiva verdadeira entre seres humanos e animais, mas não se pode colocá-la em substituição a um relacionamento de ser humano para ser humano. Cada uma delas acontece em determinado contexto, e uma não substitui a outra.

Fig. 7.3 – Logotipo da ONG Pet Smile

1 Informação verbal.

Consequências da "humanização" de animais

Para os animais

É consenso entre os estudiosos do assunto que os animais submetidos a esse processo de humanização mostram dificuldades de socialização com outros animais, pois não são livres para tentar aproximação e contato com outros da mesma espécie (Fig. 7.4).

Fig. 7.4 – Animal humanizado

De modo geral, vivem uma relação estreita com uma ou duas pessoas da família. Vivem em seu colo e até, por vezes, são levados a passeios nos parques, acomodados em carrinhos semelhantes aos de bebês, feitos especialmente para eles. O cão que vivencia essa dificuldade de socialização com outros animais da mesma espécie pode entrar em estados de ansiedade, estresse e mesmo agressividade.

Em se tratando de cães, eles são gregários, é de sua natureza viver em matilhas com disposição hierárquica. Na tentativa de buscar seu lugar na hierarquia que lhe foi tolhida, o cão tenta agir como líder do grupo ("macho-alfa"), marcando seu território na casa com repetidos jatos de urina, em diversos locais. Ao educá-lo para cumprir a maneira correta como deverá se comportar, na condição de membro da família, seu tutor passa a exercer essa figura de líder sobre ele.

Outra consequência indesejável da "humanização" de animais de companhia é a vivência de necessidades em relação ao comportamento que seria normal para a sua espécie. Por exemplo, alimentação! Já é uma restrição nesse sentido eles se alimentarem apenas de ração, mas até aí vamos dizer que está tudo bem. Em situações de exagero, pessoas vegetarianas e veganas, por vezes, insistem em tornar seus cães e gatos também vegetarianos e veganos, o que fere características muito peculiares de sua natureza. Ao passear com os animais, é sabido que, por determinações legais, eles devem estar atrelados a guia e coleira, mas faz-se necessário que eles tenham certa liberdade para explorar o ambiente, possam cheirar aqui e ali.

Fig. 7.5 – Cães "humanizados"

Outra agressão diz respeito aos excessivos banhos em pet shops, removendo seu cheiro natural e substituindo-o por perfumes e loções, quando não se chega ao cúmulo de fazer a coloração de sua pelagem, que passa de branco para rosa, amarelo ou verde (Fig. 7.5).

Para os seres humanos

As consequências para os seres humanos podem ser:

- Alienação, ou seja, desconexão com a realidade do contexto social, da estrutura da família e dos direitos dos animais. As pessoas como que vivem em um "mundo à parte", para o qual criam mentalmente uma pararrealidade, com fluxo próprio.
- Perda de referencial de valores, isto é, passa a valer mais a proximidade afetiva entre tutor e "pet" do que o elo afetivo até com outras pessoas da própria família.
- Perda da noção de alteridade, em que a pessoa não consegue se colocar no lugar de outras pessoas, sejam familiares ou estranhos, que porventura estejam com dificuldades ou sofrimentos. Ela não consegue "enxergar" para fora do contexto restrito em que se colocou.
- Alteração do comportamento e da personalidade é resultante de uma distorção do comportamento das pessoas em relação ao modelo adotado pela comunidade em que vivem, o que representa um reflexo de sua personalidade que igualmente destoa do padrão. Evidências disso tudo são, por exemplo, as ricas festas de "casamentos" de cachorros, nas quais se investem altas somas e, por vezes, são divulgadas em revistas que têm interesse na promoção das "socialites" (Fig. 7.6).

Fig. 7.6 – Rica festa comemorativa de "casamento" de pets

Um limite desejável

Faz-se necessário que seja observado no relacionamento com os "pets", para que não sejam submetidos a "humanização", o princípio das cinco liberdades, estabelecido pela *Farm Animal Welfare Council*, do Reino Unido, em 1992.

Ele foi inicialmente formulado com vistas à possibilidade de se proporcionar um relativo bem-estar aos animais de produção, mas depois passou a ser considerado de maneira mais ampla. Esse princípio (Fig. 7.7) contempla a recomendação de que os animais devam se manter:

- Livres de fome e sede.
- Livres de desconforto.
- Livres de dor, lesões e doenças.
- Livres para expressar seu comportamento natural.
- Livres de medo e de estresse.

Hoje os estudiosos estão convencidos de que isso não basta, efetuando uma crítica ao princípio das cinco liberdades (3). Não basta não sofrer, é preciso ser feliz! Essa crítica sustenta o argumento de que não podemos nos contentar em apenas livrar os animais de situações de sofrimento, mas proporcionar a eles, uma vez que os retemos em nossas casas – no caso dos pets –, oportunidades para vivenciar alegria, felicidade e prazer. Passeios, brincadeiras ao ar livre com outros animais, descontração etc.

Fig. 7.7 – Figuras representativas do contexto da "humanização" de pets, em que se acha caracterizado total desrespeito ao princípio das cinco liberdades

Um "vácuo ético"

É intrigante a observação de que pessoas que "amam" seus "pets" e exageram em proporcionar-lhes conforto e bem-estar sentam-se à mesa para saborearem porções de carne de "outro bicho", seja boi, porco ou frango, sem nenhuma reflexão a respeito. Imersas nesse "vácuo ético", assistem a deprimentes espetáculos de diversão com a participação de animais em sofrimento, como provas de rodeio, vaquejadas, rinhas etc. De igual maneira, não se importam com a sorte dos animais utilizados em pesquisas e em rituais religiosos.

Um "outro olhar" em relação aos animais (outra postura ética)

O conhecimento a respeito da verdadeira natureza dos animais, como seres sencientes, tem levado vários cientistas a assumirem uma nova postura ética no trato para com eles, como é o caso de Fritjof Capra, Steindl-Rast e Matus (4), que anunciaram: "[...] há cientistas, como eu, que estão ansiosos por fazer essa conexão (com a moral, com uma nova conduta ética) [...]. Não somos donos do mundo, apenas 'pertencemos' a ele".

Carl Sagan (5), que além de astrofísico era biólogo, igualmente contesta o modelo vigente de indiferença para com a sorte dos animais: "Se os Chimpanzés têm consciência, se tem capacidade de abstração, não devem eles ter acesso àquilo que se convencionou chamar até agora de direitos humanos? Que inteligência terão de atingir até que seu assassínio seja considerado crime?"

O pesquisador Donald R. Griffin (6) tornou-se famoso na década de 1960 por descobrir, juntamente com colegas, a maneira como os morcegos se orientam espacialmente.

Ele declara: "Em termos científicos [...] nossa antiga premissa de que os animais não têm consciência está se tornando cada vez mais questionável.

Além do mais, há implicações morais e éticas nesse conhecimento". De fato, aos poucos vamos conquistando espaços mais amplos para a vivência dessa nova proposta, tal seja a de ver os animais como seres que sofrem física e mentalmente, têm memória, sensações e sentimentos, o que nos impõe a responsabilidade de respeitá-los.

É preciso que haja um grande esforço de todos nós para alcançarmos um patamar de respeito aos animais. É o que sempre recomendou o Mahatma Gandhi (1869-1945): “Seja você a mudança que quer ver no mundo! Afinal, a grandeza de uma terra e o grau de civilidade do seu povo podem ser julgados pela forma como cuida e se relaciona com os animais”.

REFERÊNCIAS

1 Dunlop RH, Williams DJ. Veterinary Medicine. An Illustred History. USA: R.R. Donnelley & Sons Company; 1996.

2 Kardec A. O livro dos médiuns. 2a ed. Pires JH, tradutor. São Paulo: FEESP, Livraria e Editora Humberto de Campos; 1989.

3 Mellor DJ. Updating Animal Welfare Thinking: Moving beyond the “Five Freedoms” towards “A Life Worth Living”. Animals (2076-2615). 2016;6(3):1-20.

4 Capra F, Steindl-Rast D, Matus T. Pertencendo ao universo. Explorações nas fronteiras da ciência e da espiritualidade. São Paulo: Cultrix; 1991.

5 Sagan C. Os dragões do Éden. São Paulo: Círculo do Livro; Livraria Francisco Alves Editora S.A.; 1977.

6 Griffin DR. Animal minds. Chicago: University of Chicago Press; 1994.

Fonte das imagens

Figs. 7.1 a 7.7 – Google imagens.

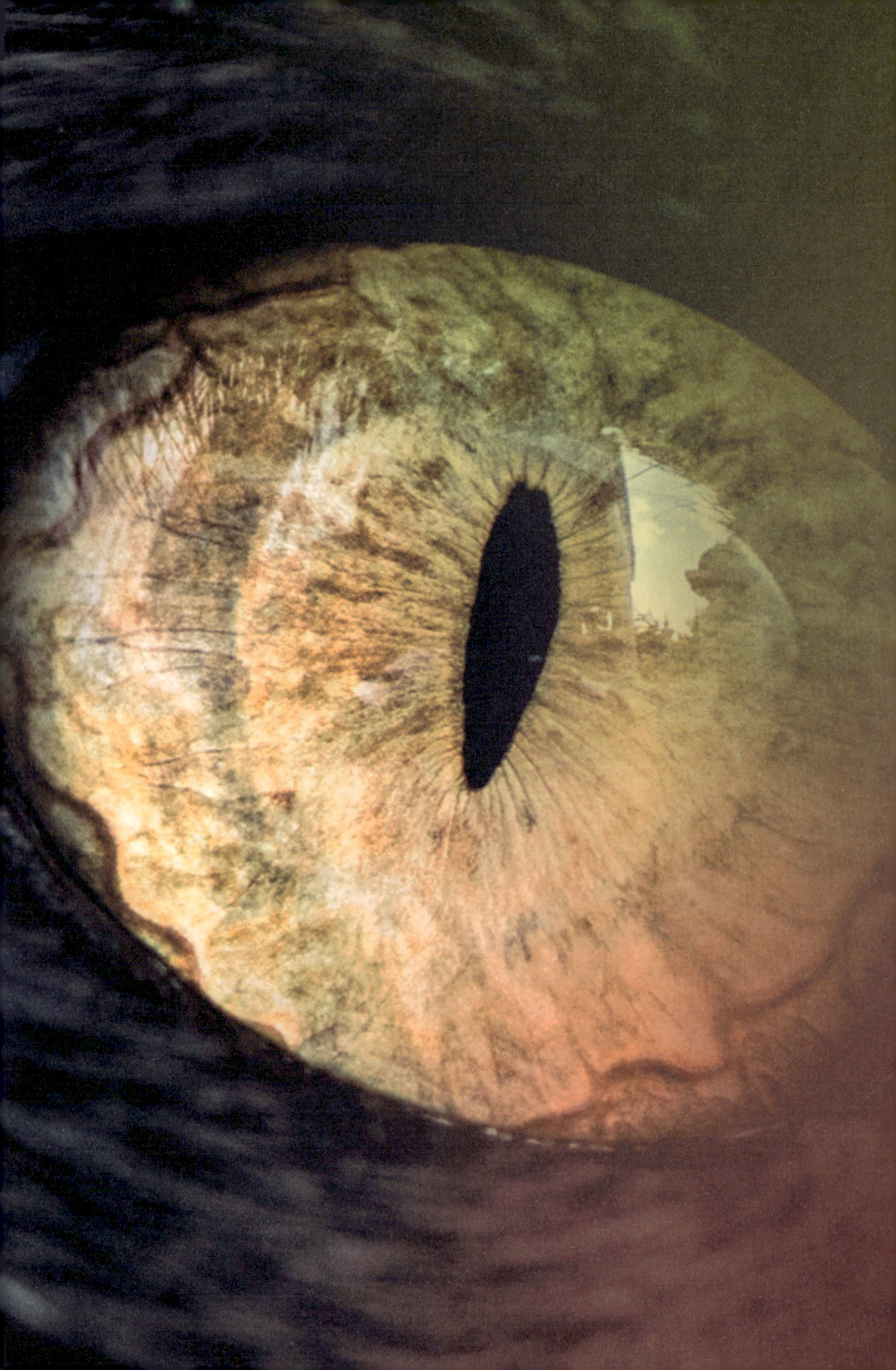

8

EUTANÁSIA EM ANIMAIS. SIM OU NÃO?

É válida a eutanásia para os animais?

Quantas vezes essa dúvida vem à tona na mente das pessoas quando se está diante de um animal em sofrimento intenso. Será melhor para ele "acabar" com o seu sofrimento? Será que, optando pela eutanásia, vamos de fato "acabar" com o seu sofrimento? Como vamos saber?

Se essa decisão pela eutanásia fosse alicerçada na certeza de que isso acabaria de vez com o sofrimento da criatura, ela seria válida em relação ao ser humano?

Será que as consequências da eutanásia são as mesmas para os seres humanos e animais? São muitas as perguntas que nos afligem e suscitam muitas reflexões!

A conceituação do termo

É preciso que se observe a diferença que existe entre eutanásia, sacrifício e abate.

No conceito de *eutanásia* (*eu* = boa; *tanatos* = morte) está implícita a noção de que a morte deva ocorrer de maneira criteriosa, com técnica apropriada para cada espécie animal, sem sofrimento. Por outro lado, o termo *sacrifício* (*sacro* = sagrado, *ofício* = procedimento) tem conotação religiosa e diz respeito à morte intencional de algum animal em louvor à divindade, visando purificações. O terceiro livro de "O Velho Testamento", chamado Levítico, é todo composto da indicação de regras para os procedimentos de holocaustos e sacrifícios de diferentes animais, para diferentes situações. Por fim, a palavra *abate* (do verbo abater) implica no procedimento de derrubar, dar cabo de, matar animais para consumo, para aproveitamento de seus derivados, o que é feito de forma industrial pelas grandes empresas ligadas ao ramo.

O enfoque legal

Para o Conselho Federal de Medicina Veterinária (CFMV), eutanásia é a indução da cessação da vida animal, por meio de método tecnicamente aceitável e cientificamente comprovado, observando os princípios éticos definidos na Resolução n. 1000/2012 (1) e em outros atos do CFMV, sendo sua responsabilidade de competência privativa do médico-veterinário. A eutanásia pode ser indicada quando:

- O bem-estar do animal estiver comprometido de forma irreversível.

- O animal constituir ameaça à saúde pública ou risco à fauna nativa ou ao meio ambiente.
- O animal for objeto de atividades científicas, aprovadas por uma Comissão de Ética para o Uso de Animais (CEUA).
- O tratamento representar custos incompatíveis com a atividade produtiva a que o animal se destina ou com os recursos financeiros do proprietário.

A questão ética

Vejamos aqueles casos muito comuns, de pessoas que têm em suas casas seus *animais de companhia*. Com o passar do tempo, eles ficam velhos ou muito doentes, o que passa a exigir repetidas idas ao médico-veterinário, medicamentos e cirurgias, gastos, cuidados e dispêndio de um tempo que ninguém mais tem. Surge a ideia da *eutanásia*, às vezes sugerida pelo próprio médico-veterinário: "*Ele está sofrendo*", ou pior ainda "*na sequência ele vai piorar e sofrer, então é melhor prevenir*". A família entra em crise, pois, particularmente, cães e gatos passaram a ter, no contexto social, uma representação simbólica nunca vista. Eu sempre recebo e-mails de criaturas em completo desespero diante dessa situação. "*Será que não é egoísmo meu querer que ele fique mais tempo comigo, embora sofrendo?*" E até insistem: "*mas se fosse a sra., se fosse o seu cachorro nessa situação, o que a sra. faria?*" Ou quantas aceitam a sugestão da *eutanásia* e depois entram em processo de culpa e de remorso! É muito sofrimento!

Nesse contexto, vamos perguntar que valor as pessoas atribuem à vida? Eutanasiar um animal porque está sofrendo? E se fosse uma pessoa, esse argumento seria válido? Sabemos que não é assim. Basta lermos o livro *Obreiros da vida eterna* (2), em que consta relato de um caso de eutanásia que levou o Espírito a mais sofrimento. Assim, por uma questão de bom senso, concluímos que não deve ser válida em relação aos animais. Na dúvida, o melhor é não optar pela eutanásia, pois é um procedimento que não tem volta!

O que fazemos com um familiar que está no curso de uma doença ou com idade avançada e limitações? Cuidamos dele! Quanto aos animais, hoje também temos, em Medicina Veterinária, a especialidade de cuidados paliativos, que objetiva cuidar do paciente livrando-o de dor e desconforto até que a própria natureza, no momento certo, faça a sua parte, ou seja, aconteça a morte naturalmente e no momento certo (*ortotanásia*). A esse respeito, recomendo assistirem a palestras sobre cuidados paliativos em Medicina Veterinária, que vêm sendo proferidas pelo médico-veterinário dr. Vinicius Perez, um dos membros do Núcleo de Medicina Veterinária e Espiritualidade (NUVET) ligado à Associação Médico-Espírita de São Paulo (AME-SP).

A banalização da eutanásia *versus* casos extremos

Não é raro surgirem casos lamentáveis de solicitação de *eutanásia*, pelos motivos mais fúteis – "*vamos mudar de casa para apartamento*"; "*ele de repente ficou com a urina solta*"; "*está velho*"; "*vamos viajar de férias*". Por outro lado, os colegas clínicos defrontam-se, por vezes, com situações muito difíceis: um cavalo que rola por uma ribanceira e sofre fraturas múltiplas; animais com doença em fase terminal ou politraumatizados, abandonados; um garrote que em prova de rodeio tem o seu pescoço quebrado, tornando-se imediatamente tetraplégico.

A visão Espírita

Para o ser humano, temos a exata noção de que a *eutanásia* representa um desastre para o Espírito, conforme foi referido. No entanto, nada sabemos, ao certo, quanto aos animais, o que nos leva a uma reflexão: se "os animais têm um princípio independente da matéria" (3) e se "a inteligência do homem e a dos animais emanam de um mesmo princípio" (3), por que seria diferente nosso entendimento de *eutanásia* nos seres humanos e animais?

Quanto ao significado do *sofrimento*, sabemos que pode ser por *expiação* ou "oportunidade de aprendizado" (4), e como "*para os animais não existe expiação*" (3), o sofrimento que vivenciam, e que devemos acompanhar com dedicação e zelo, poderá representar para todos, se bem conduzido, oportunidade de amadurecimento espiritual.

O que fazer? A ideia é dizer não à *eutanásia* dos animais, particularmente nos casos de sua banalização. Diante de casos extremos, vou me valer de página ditada por Emmanuel e psicografada por Chico Xavier, intitulada "Quanto puderes", em que se lê: "Quanto puderes, não te afastes do lar [...]. Quanto te seja possível, suporta [...]. Quanto estiver ao teu alcance, tolera [...]" (5).

Assim, podemos concluir: quanto nos for possível, vamos fazer opção pela vida! É um bem outorgado sobre o qual não temos a menor ingerência!

REFERÊNCIAS

1 Conselho Federal de Medicina Veterinária (CFMV). Resolução n. 1000, de 11 de maio de 2012. Dispõe sobre procedimentos e métodos de eutanásia em animais e dá outras providências. 2012 [citado 10 nov. 2017]. Disponível em: https://www.ufrgs.br/bioetica/resolucao_1000-2012%20CFMV.pdf.

2 Xavier FC. Obreiros da vida eterna. [Ditado pelo Espírito André Luiz]. Rio de Janeiro: FEB; 1946.

3 Kardec A. O livro dos Espíritos. 50a ed. Pires JH, tradutor. São Paulo: LAKE – Livraria Allan Kardec Editora; 1991.

4 Xavier FC. Libertação. [Ditado pelo Espírito André Luiz]. 5a ed. Brasília: FEB; 1971.

5 Xavier FC. Coragem. [Ditado por Espíritos Diversos]. Brasília: FEB; 1971.

9

FIGURAS ANIMAIS NO PLANO ESPIRITUAL

Na literatura Espírita, encontramos, com bastante frequência, alusões a figuras de animais no plano espiritual. Por exemplo, Hermínio C. Miranda (1), em *Diálogo com as sombras*, descreve o "dirigente das trevas" como sendo visto quase sempre montado em animais. André Luiz refere-se, em suas obras, a cães puxando espécies de "trenós" (*Nosso lar*), aves de monstruosa configuração (*Obreiros da vida eterna*) e assim por diante. Brota imediatamente em nossa mente a pergunta: qual a natureza desses animais? Realmente, identificar a natureza dessas figuras de animais no plano espiritual não é tarefa fácil. Penso em quatro possibilidades apenas como elucubração teórica, pois dificilmente teremos condições de confirmá-las.

1. *Formas-pensamento* – seriam figuras de animais plasmadas pelo pensamento de seres humanos. Em *A gênese* (2), capítulo XIV, item 14, lê-se: "o pensamento do Espírito cria fluidicamente os objetos dos quais tem o hábito de se

servir; um avaro manejará o outro [...], um trabalhador o seu arado e seus bois [...]". Esses bois, portanto, não são animais propriamente ditos, mas criações fluídicas, formas-pensamento.

2. *Perispíritos de animais desencarnados* – o prezado leitor deve se lembrar do caso do Lorde, que relatei no Capítulo 1, o cão de Chico Xavier que ele via, durante meses após desencarnado, em companhia de seu irmão José, igualmente desencarnado. Outro caso que apresentei no mesmo capítulo é o que me foi trazido pelo prezado amigo Divaldo Franco, que registrou a presença de um cão pastor, que apenas ele via, na residência da Sra. Maria Edviges, em Campo Grande-MS. Esses dois episódios são sugestivos de ocorrência dessa segunda possibilidade.
3. "*Desdobramento*" *de animais encarnados* – dentre as muitas perguntas que apresentei ao Irmão Álvaro[1], esta foi uma delas, relativa à possibilidade de desdobramento do princípio inteligente de animais encarnados, ao que ele esclareceu: "os animais quando encarnados possuem raros desprendimentos espirituais, isso acontecendo apenas em casos de doenças, fase terminal da existência ou em casos excepcionais com a atuação dos Espíritos, pois geralmente permanecem fortemente ligados à matéria". Um caso sugestivo dessa possibilidade é o que relatarei logo em seguida, envolvendo um cãozinho chamado Xuxu!

1 Segundo entendimentos com o plano espiritual, agendou-se data (04/05/91) em que o Espírito Álvaro, líder de uma grande equipe de Espíritos zoófilos, respondeu pessoalmente a 64 questões sobre os animais, previamente organizadas e formuladas por integrantes do Grupo da Fraternidade Espírita Irmão Américo, do Jardim Amanda, em Hortolândia, SP. A convite do grupo, participei e agradeço.

4. *Zoantropia* (*zoo* = animal e *antropos*, do grego = ser humano), ou seja, perispíritos humanos que se encontram metamorfoseados em formas animais sem, contudo, perderem a sua condição de Espíritos humanos. Uma variedade de zoantropia é a licantropia (*lycos*, do grego = lobo), que consta do livro *Libertação* (3) e que irei relatar com detalhes logo mais.

Volto a afirmar que são possibilidades, e os casos registrados são apenas sugestivos de ocorrência de uma ou de outra. Bem, vamos ao caso do cãozinho Xuxu!

Em abril de 1999, após concluir palestra sobre a questão espiritual dos animais, na Instituição Assistencial Meimei (IAM), em São Bernardo do Campo-SP, fui abordada pela Sra. Miltes Aparecida Soares de Carvalho Bonna, então presidente da entidade. De passagem, disse-me sorrindo: "Devem ser os atavismos", em resposta à alusão que, brincando, fiz a respeito do ar de nobreza e imponência de seu nome. D. Miltes tem a faculdade de desdobramento, condição em que participa, no plano espiritual, do atendimento a entidades necessitadas. Durante meses – contou-me ela –, quando da realização desses trabalhos específicos, lá na Meimei, desdobrava-se e ia em socorro de Petra, uma jovem desencarnada em condições lamentáveis que se encontrava em atendimento hospitalar no plano espiritual. Passava o tempo e a paciente não saía do seu estado de aparente "coma", não dava o menor sinal de que estivesse respondendo ao tratamento, até que um dia D. Miltes percebeu a figura espiritual de um lindo cãozinho branco e peludo que, como ela, também se aproximava do leito de Petra. A médium surpreendeu-se, primeiro, pelo inusitado da presença do animalzinho no plano espiritual e, segundo, pelo fato de constatar, em seguida, a tão esperada manifestação da paciente que, despertada e exibindo evidente felicidade, exclamava: "Xuxu, Xuxu!", ao mesmo tempo em que acariciava o seu alegre amiguinho.

Mais tarde, a própria Petra contou a D. Miltes que Xuxu havia sido sua única companhia, amiga e fiel, nos difíceis tempos que antecederam seu desencarne e que seu maior sofrimento, ao ser levada para um hospital, ainda quando encarnada, consistia em não ter mais a presença do cãozinho a seu lado. Nas sequentes oportunidades em que se desdobrava e ia ao encontro de Petra, percebia imediatamente a presença de Xuxu, que corria à sua frente, acompanhando-a em direção ao leito de Petra. Eu me apressei em perguntar à D. Miltes se o Xuxu estava encarnado (seria um desdobramento?) ou desencarnado (seria seu perispírito?), mas, infelizmente, ela não tinha essa informação!

Que maravilha a dedicação dos animais! Eu fico me perguntando como é que esse cãozinho foi parar lá, ao lado de Petra! É provável que os bons Espíritos tenham facilitado o encontro, sabendo que a amizade de Xuxu seria um fator importante na recuperação da paciente.

Por outro lado, que pena a nossa insensibilidade em perceber melhor o íntimo dessas criaturas, pobres animais de que simplesmente dispomos para nos servir! Talvez por isso os Espíritos tenham dito em *O livro dos Espíritos* (4), pergunta 607a: "É nesses seres [inferiores da Criação], que estais longe de conhecer inteiramente, que o princípio inteligente se elabora, se individualiza pouco a pouco e ensaia para a vida, como dissemos".

Aos poucos, vamos aprendendo...

Não posso deixar de referir, novamente, a obra magnífica de Ernesto Bozzano (5) *Os animais têm alma?*, que recomendo para leitura e aprendizado sobre o assunto, com 130 casos descritos de manifestações metapsíquicas envolvendo animais que, pela atuação de seu perispírito, são vistos e ouvidos ou sentida a sua presença. Herculano Pires (6) também comenta a respeito de "casos impressionantes de materialização de animais, em sessões experimentais", em seu livro *Mediunidade. Vida e comunicação. Conceituação da mediunidade e análise geral de seus problemas atuais*, capítulo XI, em que se presume que esses animais se encontravam previamente na dimensão espiritual.

Como fiquei "devendo" o caso de licantropia, do livro *Libertação* (3), vamos a ele: o obsessor, desencarnado, encontra a sua "vítima", uma mulher, e conhecendo-lhe a fragilidade sustentada por um complexo de culpa, passa a acusá-la cruelmente e conclui: "A sentença está lavrada por si mesma! Não passa de uma loba, de uma loba, de uma loba [...]". Assim, induzida hipnoticamente, a própria mente da mulher vai comandando a metamorfose de seu perispírito, que, aos poucos e gradativamente, modifica-se, assumindo a figura de uma loba. Diga-se de passagem, não foi o obsessor que diretamente transformou a sua figura humana em loba, e sim ela mesma, ao aceitar a sugestão mental que partiu dele.

Afinidade e sintonia são os elementos básicos para o estabelecimento do "pensamento de aceitação ou adesão", conforme explica André Luiz em *Mecanismos da mediunidade* (7), capítulos V e VI.

Animais e erraticidade

Em *O livro dos Espíritos* (4), questão 224, Kardec coloca aos Espíritos: "O que é a alma [entenda-se humana] nos intervalos das encarnações? R. Espírito errante, que aspira a um novo destino e o espera".

Nas questões que se seguem, há novamente a expressão "estado errante". Um dos significados da palavra "errante", segundo o dicionário de Caldas Aulete (8), é "nômade, sem domicílio fixo", e de errar é "vaguear" (errando ao acaso...). Por sua vez, erraticidade, como erratibilidade, quer dizer: "caráter do que é errático. (Espir.): Estado dos espíritos durante os intervalos de suas encarnações".

Quanto aos animais, surge a natural curiosidade de se saber como o seu Espírito se comporta na erraticidade, se é que para eles ela existe. *O livro dos Espíritos* (4), questão 600, clarifica:

> A alma do animal, sobrevivendo ao corpo, fica num estado errante, como a do homem após a morte?
> R. Fica numa espécie de erraticidade, pois não está unida a um corpo. Mas não é um Espírito errante. O Espírito errante é um ser que pensa e age por sua livre vontade; o dos animais não tem a mesma faculdade. É a consciência de si mesmo que constitui o atributo principal do Espírito. O Espírito do animal é classificado após a morte, pelos Espíritos incumbidos disso, e utilizado quase imediatamente: não dispõe de tempo para se pôr em relação com outras criaturas.

Algumas pessoas entendem, a partir desse texto, que os animais, assim que desencarnam, são prontamente reconduzidos à reencarnação. A expressão "utilizado quase imediatamente" não precisa ser entendida de forma literal. O Espírito do animal pode ser prontamente "utilizado" para uma infinidade de situações, dentre elas o reencarne, por isso "não dispõe de tempo para se pôr em relação com outras criaturas".

Entendo que os animais, sendo conduzidos por Espíritos humanos, não dispõem de tempo livre para atuarem à sua maneira, mas, sim, conforme o estabelecido por seus orientadores. Aliás, é o que sugere o texto em foco (LE 600): "o espírito errante é um ser que pensa e age por sua livre vontade; o dos animais não tem a mesma faculdade".

Em *O livro dos médiuns* (9), segunda parte, capítulo XXV, item 283, Kardec trata da possibilidade da "evocação de animais" e pergunta aos Espíritos:

> Pode-se evocar o espírito de um animal?
> R. O princípio inteligente, que animava um animal, fica em estado latente após a sua morte. Os espíritos encarregados deste trabalho, imediatamente, o utilizam para animar outros seres, através dos quais continuará o processo de sua elaboração. Assim, no mundo dos espíritos, não há espíritos errantes de animais, mas somente espíritos humanos [...].

Herculano Pires, tradutor da obra, faz a seguinte chamada em rodapé:

> Espíritos errantes são os que aguardam nova encarnação terrena [humana] mesmo que já estejam bastante elevados. São errantes porque estão na erraticidade, não se tendo fixado ainda em plano superior. Os espíritos de animais, mesmo dos animais superiores, não têm essa condição. Ler na *Revista Espírita* n. 7, de julho de 1860, as comunicações do espírito Charlet e a crítica de Kardec a respeito.

Apesar de a colocação dos Espíritos ter sido taxativa quanto a não haver Espíritos errantes de animais, os fatos falam o contrário. Se assim fosse, isto é, se não existissem animais (desencarnados) no plano espiritual, como explicaríamos tantos relatos? Como explicaríamos a existência dos chamados "Espíritos da natureza"? Trataremos deles no próximo capítulo, mas posso adiantar que temos informações de que vivem na erraticidade!

Ernesto Bozzano (5) refere, dentre os 130 casos de fenômenos supranormais com animais, dezenas de episódios com aparição de bichos em lugares assombrados, com materializações e visão com identificação de fantasmas de animais mortos. Quanto às referências de Charlet e à correspondente crítica de Kardec, voltarei logo mais.

"Nos mundos superiores, a reencarnação é quase imediata", lemos em *O livro dos Espíritos* (4), questão 223. Se assim se processa a reencarnação dos Espíritos humanos mais evoluídos, seria até de se esperar que os Espíritos de animais, sendo mais primitivos, demorassem mais tempo para voltar à matéria sobre o que, entretanto, nada conheço de conclusivo. Se esses intervalos para a reencarnação de animais são curtos ou longos, não se sabe exatamente. Tenho para comigo que existem situações as mais variadas possíveis, em face da grandeza da biodiversidade animal, devendo acontecer tanto reencarnes imediatos quanto mais ou menos tardios. Por outro lado, existe ainda a consideração feita pelos Espíritos (LE 600) de que "o espírito errante pensa e age por sua livre vontade, além de ter consciência de si mesmo", o que não aconteceria em relação aos animais.

Isso não aconteceria em relação a Espíritos humanos em determinadas e graves condições de alienação mental, como é o caso dos "ovoides", a exemplo do que refere André Luiz em *Libertação* (3), capítulo VII? A rigor, nessa abordagem, teríamos que condicionar o conceito de erraticidade não apenas ao fato de o Espírito (humano ou animal) estar desencarnado (vivenciando, portanto, o intervalo entre duas encarnações), e sim às suas condições mentais do momento.

Concluindo, diante do exposto, o assunto da erraticidade dos animais continua em aberto, sendo ainda discutível se para eles existe ou não o estado errante ou de erraticidade. Eu particularmente estou propensa a aceitar que esse estado existe, sim, para os animais, se o entendermos simplesmente como "o estado dos espíritos durante os intervalos das encarnações". As outras circunstâncias consideradas apenas complicam o entendimento da questão.

Desencarne e reencarnação

Muito mais do que supomos, os animais são assistidos em seu desencarne por Espíritos humanos zoófilos, que os recebem no plano espiritual e cuidam deles. Notícias dadas pela *Folha Espírita* (dez. 1992) dão conta de que Konrad Lorenz (zoólogo e sociólogo austríaco, nascido em 1903), o pai da Etologia[2], continua trabalhando no plano espiritual, recebendo com carinho e atenção animais desencarnados. De acordo com informações transmitidas pelo Espírito Álvaro – mencionado no capítulo anterior –, há vários tipos de atendimento para os animais desencarnados, dependendo da situação, especialmente para os casos de morte brusca ou violenta, possibilitando melhor recuperação de seu perispírito. Existem ainda instalações e construções adequadas para o atendimento das diferentes necessidades, onde os animais são tratados.

Quando lhe perguntei se os animais têm "anjo da guarda", Álvaro respondeu que sim, alguns Espíritos cuidam de grupos de animais e, à medida que eles vão evoluindo, o atendimento vai tendendo à individualização.

Quanto ao reencarne dos animais, perguntou-se ao Espírito Álvaro se os animais estabelecem laços duradouros entre si, ao que respondeu:

> Sim, existe uma atração entre os animais, tanto naqueles que formam grupos como naqueles que reencarnam já domesticados. Procuramos colocar juntos espíritos que já conviveram, o que facilita o aparecimento e a elaboração de sentimentos.

---

2 Ciência do comportamento animal, estruturada por Konrad Lorenz, que enfoca também aspectos do comportamento humano, a ele eventualmente vinculados.

Os animais criam lados afetivos não apenas entre si, mas também com os seres humanos, e disso temos provas todos os dias. Aqueles que amam os animais, de modo geral, sofrem bastante com o seu desencarne, às vezes *como se fosse uma pessoa da família*! Alguns chegam mesmo a se sentirem culpados por amarem mais seus cães e gatos que certos parentes. Paciência, se não podemos amar a todos indistintamente! Vamos aos poucos, "tentando o amor até que ele domine soberano em nosso coração", conforme ouvi de uma gravação do prezado conferencista Espírita Divaldo Pereira Franco, referindo-se a conselho de Joanna de Ângelis.

Para as pessoas que lamentam a separação de seus queridos bichos desencarnados, tenho um lindo caso que me foi narrado pelo próprio Divaldo, quando do lançamento da primeira edição deste livro, no II Congresso Espírita Mundial, realizado em Lisboa, Portugal, em outubro de 1998. Contou-me ele que Chico Xavier possuía um cão de nome Dom Pedrito, de que gostava muito. Dom Pedrito foi atropelado e assim morreu, para desconsolo do Chico, que muito lamentou o acontecido. Uns tempos depois, Chico andava pela rua quando percebeu que estava sendo seguido por um cachorrinho, filhote. Surge Emmanuel, o mentor do médium, que lhe diz: "Chico, pare e preste atenção neste cãozinho. É o Dom Pedrito que está voltando para você!" Chico recolheu afetuosamente o filhote e deu-lhe o nome de Brinquinho, que será novamente lembrado no último capítulo, e do qual se encontram referências nos livros escritos sobre a vida do famoso e saudoso médium Francisco Cândido Xavier.

Sobre reencarnação de animais muito queridos pelos seus donos, tenho o depoimento do sr. Gregório Benevenuto da Silva, conhecido por "Tito", que me foi gentilmente enviado pelo querido amigo dr. Marcelo Nalesso Lombardi, médico residente em Sorocaba-SP, bastante sensível em relação ao sofrimento dos animais, os quais vive recolhendo das ruas, salvando e cuidando. As cartas e cartões que Marcelo me escreve vêm sempre com a marca de algumas patinhas. Que bom, Marcelo, fico feliz em reconhecer, em seu coração, esse sentimento de compaixão pelos animais!

O sr. Tito, espírita desde os 11 anos, conforme acentua, e que trabalha no Grupo Espírita da Prece, em Piedade-SP e na Casa do Caminho, em Ibiúna-SP, possuía um cão pastor de nome Leão, de singular inteligência e muito bravo, que aos 5 anos morreu envenenado. Tinham uma forte ligação, motivo pelo qual todos na família sofreram demais com a perda do Leão. Sr. Tito estava resolvido a não ter mais nenhum animal, e assim se passaram três anos. Certo dia, teve de ir a uma loja de produtos agropecuários e lá se deparou com alguns filhotes de cão da raça pastor-alemão, colocados à venda, em uma gaiola. Um dos filhotes chamou a sua atenção, pois assim que o viu passou a latir desesperadamente.

Ficou intrigado, conforme salientou, porque havia umas seis pessoas ao redor da gaiola, todas brincando com os cãezinhos, menos ele, que não queria se deixar envolver. Assim, disfarçou o quanto pôde, mas, vencido pela insistência do filhote, acabou não resistindo e levou-o para casa. Era uma quarta-feira, e a chegada do cãozinho ao lar foi uma festa só. À noite do mesmo dia, sr. Tito foi à Casa do Caminho dirigir o trabalho de desobsessão, como sempre fazia. Um dos médiuns, o sr. Manoel de Aquino Resende, que vem a ser sobrinho de Eurípedes Barsanulfo, recebeu o Espírito que se identifica como Max. Sem que ninguém dali soubesse do fato, Max referiu-se ao animalzinho que o sr. Tito levara para casa naquele dia, revelando tratar-se do Leão, que havia voltado. Explicou ainda que o amor dedicado pela família a esse animal havia possibilitado o seu retorno. Ele passou a se chamar Gibran e tanto quanto eu saiba, ainda viveu, durante muito tempo, feliz e satisfeito ao lado do sr. Tito, igualmente feliz e satisfeito.

Mais um caso bastante sugestivo de reencarnação de animais voltando ao ambiente de afetividade em que se achavam envolvidos.

Renasceu por amor! (10) é o título de um dos livros de nosso eminente pesquisador espírita Hernani Guimarães Andrade, que focaliza a história de pessoas que se amavam e que se reaproximaram através da reencarnação.

Pelos relatos que acabei de apresentar, é bem provável que a reencarnação possa favorecer o reencontro afetivo de seres humanos e de animais para que continuem juntos o aprendizado do amor. Por que não? Qual é a finalidade da reencarnação para os animais? A finalidade é "sempre a da oportunidade de progresso", como nos esclarece *O livro dos Espíritos* (4), questão 132.

Na *Revista Espírita* (11), de Kardec, n. III, 1860, encontramos várias dissertações feitas pelo Espírito Charlet a respeito da existência de animais em mundos adiantados, como Júpiter. Esse Espírito faz inúmeras considerações, algumas fortemente contestadas por Kardec, e nas quais prefiro não me deter, uma vez que são contraditórias e não convencem, a mim pelo menos. Quando Kardec perguntou a Charlet o que pensava das reflexões (contestações) que a ele apresentou, respondeu: "Apenas as posso aprovar. Eu era pintor e não um literato ou cientista. Por isso, de vez em quando me deixo arrastar pelo prazer, novo para mim, de escrever belas frases, mesmo com sacrifício da verdade".

Sem comentários! Se Charlet se deixou "arrastar pelo prazer de escrever belas frases, mesmo com sacrifício da verdade [...]", sinto muito, mas por premissa que ele mesmo estabeleceu, o que diz não merece confiabilidade.

Fico com a advertência expressa em *O livro dos médiuns* (9), segunda parte, capítulo XXVII, item 299: "Como só aos espíritos perfeitos é dado tudo conhecer, para os demais como para nós, há mistérios que eles explicam à sua maneira, segundo as suas ideias [...]". Herculano Pires (tradutor), em rodapé complementa:

> Como Kardec sempre acentuou, devemos considerar os Espíritos como criaturas humanas desencarnadas e não como entes divinos. Essa posição natural evitaria que aceitássemos grande parte das suas comunicações, evitando muitos enganos.

REFERÊNCIAS

1 Miranda HC. Diálogo com as sombras: teoria e prática da doutrinação. 4a ed. Brasília: FEB; 1983.

2 Kardec A. A gênese. Ribeiro G., tradutor. 53a ed. Brasília: FEB; 2013.

3 Xavier FC. Libertação. [Ditado pelo Espírito André Luiz]. 5a ed. Brasília: FEB; 1971.

4 Kardec A. O livro dos Espíritos. 50a ed. Pires JH, tradutor. São Paulo: LAKE – Livraria Allan Kardec Editora; 1991.

5 Bozzano E. Os animais têm alma? 8a ed. Werneck FK, tradutor. São Paulo: Lachâtre; 2014.

6 Pires HJ. Mediunidade. Vida e comunicação. Conceituação da mediunidade e análise geral de seus problemas atuais. São Paulo: Edicel; 1978.

7 Xavier FC, Vieira W. Mecanismos da mediunidade. [Ditado pelo Espírito André Luiz]. 4a ed. Brasília: FEB; 1973.

8 Dicionário Caudas Aulete. Rio de Janeiro.

9 Kardec A. O livro dos médiuns. 2a ed. Pires JH, tradutor. São Paulo: FEESP, Livraria e Editora Humberto de Campos; 1989.

10 Andrade HG. Renasceu por amor. São Paulo: FE Editora; 1995.

11 Kardec A. Revista Espírita – Jornal de Estudos Psicológicos, 1860;III.

10

Os "Espíritos da Natureza"

Duendes, gnomos, silfos, elfos... No folclore brasileiro, há sacis, cucas, caiporas, curupiras... Será que eles existem? Em *Libertação* (1), capítulo IV, André Luiz relata incursão a zonas inferiores, e o instrutor Gúbio esclarece:

> Estamos numa colônia purgatorial de vasta expressão. Quem não cumpre aqui dolorosa penitência regenerativa, pode ser considerado inteligência sub-humana. Milhares de criaturas, utilizadas nos mais rudes serviços da natureza, movimentam-se nestes sítios em posição infraterrestre. A ignorância, por ora, não lhes confere a glória da responsabilidade. Em desenvolvimento de tendências dignas, candidatam-se à humanidade que conhecemos na Crosta. Situam-se entre o raciocínio fragmentário do macacoide e a ideia simples do homem primitivo na floresta. Afeiçoam-se a personalidades encarnadas ou obedecem, cegamente, aos espíritos prepotentes que dominam em paisagens como esta. Guardam, enfim, a ingenuidade do selvagem e a fidelidade do cão. O contato com certos indivíduos inclina-os ao bem ou ao mal e somos responsabilizados pelas Forças Superiores que nos governam, quanto ao tipo de influência que exercermos sobre a mente infantil de semelhantes criaturas [...].

Interessante o relato da existência desses Espíritos (milhares de criaturas) de inteligência sub-humana, utilizados em trabalhos na natureza, o que vem ao encontro do conteúdo do folclore de muitas culturas. De fato, a figura de gnomos, duendes, fadas, silfos e elfos acha-se sempre presente em contos, lendas, estórias, enriquecendo a imaginação popular em todo o mundo (Fig. 10.1), o que se torna sugestível da existência desses seres espirituais em evolução estagiando em serviços da natureza, cada qual segundo o nível que lhe compete.

Fig. 10.1 – Representação de gnomos, duendes, fadas, silfos e elfos

No Brasil são conhecidas as figuras do saci, cuca, caipora e curumim, entre outras (Fig. 10.2).

Fig. 10.2 – Figuras do folclore nacional

Será que são apenas Espíritos de inteligência sub-humana os que se dedicam aos serviços da natureza? Ao tratar da classificação dos Espíritos em *O livro dos Espíritos* (2), questão 103, Kardec os chama de "Nona classe – espíritos levianos":

> São ignorantes, malignos, inconsequentes e zombeteiros. Metem-se em tudo e a tudo respondem sem se importarem com a verdade. Gostam de causar pequenas contrariedades e pequenas alegrias, de fazer intrigas, de induzir maliciosamente ao erro, por meio de mistificações e de esperteza. A esta classe pertencem os espíritos vulgarmente designados pelos nomes de duendes, diabretes, gnomos, trasgos. Estão sob a dependência de espíritos superiores, que deles muitas vezes se servem como fazemos com os criados. Nas suas comunicações com os homens, a sua linguagem é muitas vezes espirituosa e alegre, mas quase sempre sem profundidade; apanham as esquisitices e os ridículos humanos, que interpretam de maneira mordaz e satírica. Se tomam nomes supostos, é mais por malícia do que por maldade.

Na questão 540, encontramos mais esclarecimentos sobre esses Espíritos:

> Os espíritos que agem sobre os fenômenos da Natureza agem com conhecimento de causa, em virtude de seu livre-arbítrio, ou por um impulso instintivo e irrefletido?
> R. Uns sim, outros não. Faço uma comparação: figurai essas miríades de animais que pouco a pouco fazem surgir do mar as ilhas e os arquipélagos; acreditais que não há nisso um objetivo providencial, e que essa transformação da face do globo não seja necessária para a harmonia geral? São, entretanto, animais do último grau os que realizam essas coisas, enquanto vão provendo as necessidades e sem se perceberem que são instrumentos de Deus. Pois bem, da mesma maneira, os Espíritos mais atrasados são úteis ao conjunto; enquanto eles ensaiam para a vida e antes de terem plena consciência de seus atos e de seu livre-arbítrio sobre certos fenômenos de que são agentes sem o saberem. Primeiro, executam; mais tarde, ainda, poderão dirigir as coisas do mundo moral. É assim que tudo serve, tudo se encadeia na Natureza, desde o átomo primitivo até o arcanjo, pois ele mesmo começou pelo átomo. Admirável lei de harmonia, de que o vosso espírito limitado ainda não pode abranger o conjunto!

Portanto, podemos entender que vários são os estágios dos Espíritos que se ocupam da natureza, desde aqueles que animam as "miríades de animais de ínfima ordem" até os que, "tendo alcançado certo desenvolvimento, ordenam e dirigem primeiro as coisas do mundo material e, depois, as de ordem moral". A questão 538-a não nos deixa dúvidas:

> Esses espíritos pertencem às ordens superiores ou inferiores da hierarquia espírita? R. Segundo o seu papel for mais ou menos material ou inteligente: uns mandam, outros executam; os que executam as ações materiais são sempre de uma ordem inferior, entre os espíritos como entre os homens.

O prezado confrade Divaldo Pereira Franco, em entrevista concedida à *Revista Espírita Allan Kardec* (3), de 1992, esclarece que a grande maioria dos não evoluídos, que ainda não tiveram reencarnações na Terra, apresenta-se, não raro, com formas especiais, de pequena dimensão, o que deu origem aos diversos nomes nas sociedades mitológicas do passado. Divaldo refere ainda que, pessoalmente, por experiências mediúnicas, acredita que alguns vivem o período intermediário entre as formas primitivas e as hominais, preparando-se para futuras reencarnações humanas. Essa afirmativa do caro Divaldo é concordante com informações da questão 540 de *O livro dos Espíritos* (2), já referida.

Nessa mesma revista (3), encontra-se narrado interessante caso ocorrido com Chico Xavier. Diz o artigo que Chico foi procurado por um casal de fazendeiros que, aflitos, buscavam socorro para espantar as cobras que infestavam suas terras. Chico recomendou a eles que levassem à fazenda um benzedor, que naturalmente é um médium de efeitos materializantes. Recomendou Chico: "Quando ele fizer suas orações, os espíritos que cuidam da Natureza utilizarão esses fluidos, tocando as cobras dali para uma região de menos perigo. Quanto a mim", complementou Chico, "minha tarefa é com os livros!"

Voltemos às "Ações dos espíritos sobre fenômenos da natureza" exemplificadas nas questões 538 e 539 (LE) (2):

> Os espíritos que presidem aos fenômenos da Natureza formam uma categoria especial no mundo espírita, são seres à parte ou espíritos que foram encarnados, como nós?
> R. Que o serão, ou que o foram.
> [...]
> Na produção de certos fenômenos, das tempestades, por exemplo, é somente um espírito que age ou se reúnem em massa?
> R. Em massas inumeráveis.

Onde vivem esses Espíritos da natureza?

Vejamos a questão 537a (2): "[...] poderia, então, haver espíritos habitando o interior da Terra e presidindo aos fenômenos geológicos? R. Esses espíritos não habitam precisamente a Terra, mas presidem e dirigem os fenômenos, segundo as suas atribuições [...]".

Divaldo Franco (3) também dá a sua contribuição à elucidação do assunto ao lhe perguntarem qual é o hábitat natural desses Espíritos:

> A erraticidade, o mundo dos espíritos, pertencendo a uma classe própria e, portanto, vivendo em regiões compatíveis com o seu grau de desenvolvimento, de evolução, misturam-se aos homens e vivem, na grande maioria, na própria Natureza, que lhes serve de espaço especial.

Com o título de "Espíritos não humanos", foi publicado na *Folha Espírita* (4) artigo de Eduardo Simões, no qual, entre outras informações, ele lembra a evidente correlação entre a existência dos elementares, Espíritos não humanos ou Espíritos da natureza, com o relato da passagem em que "Jesus apazigua a tempestade" (Mt 8:23-27), repreendendo os ventos e o mar. Conforme conclui o autor, de maneira bastante lógica, Jesus teria falado não aos ventos e ao mar, mas, sim, aos Espíritos não humanos que agem nos fenômenos da natureza.

Fica uma advertência importante, a exarada por Gúbio, no livro *Libertação* (1), de que esses Espíritos são inclinados ao bem ou ao mal, na dependência do tipo de influência que sofram, dada a característica "infantil" de suas mentes. Devem, portanto, merecer o respeito de todos nós como seres em evolução, visto que, certamente, estão trilhando os mesmos caminhos que percorremos.

REFERÊNCIAS

1 Xavier FC. Libertação. [Ditado pelo Espírito André Luiz]. 5a ed. Brasília: FEB; 1971.

2 Kardec A. O livro dos Espíritos. 50a ed. Pires JH, tradutor. São Paulo: LAKE – Livraria Allan Kardec Editora; 1991.

3 Os elementais. Revista Espírita Allan Kardec. 1992 ago-out;V(17).

4 Espíritos não humanos. Folha Espírita.

Fonte das imagens

Figs. 10.1 e 10.2 – Google imagens.

11

Animais e mediunidade

Em *O livro dos médiuns* (1), capítulo XXII, item 236, encontramos o seguinte comentário de Erasto, em comunicação mediúnica, a respeito do assunto:

> Certamente, os Espíritos podem tornar-se visíveis e tangíveis para os animais e, muitas vezes, o pavor súbito que os toma, e que vos parece sem motivo, é causado pela visão de um ou de muitos desses Espíritos, mal-intencionados em relação aos indivíduos presentes ou aos seus donos. Muito frequentemente se veem cavalos que se recusam a avançar ou recuar, ou que se empinam diante de um obstáculo imaginário. Pois bem! Podeis estar certos de que o obstáculo imaginário é quase sempre um Espírito ou um grupo de Espíritos que se comprazem em detê-los. Lembrai-vos da mula de Balaão que, vendo um anjo pela frente e temendo sua espada flamejante, não quis avançar. É que antes de se manifestar claramente a Balaão, o anjo quis tornar-se visível apenas para o animal.

Ernesto Bozzano, em *Les manifestations métapsychiques des animaux – 130 cas prouvant la médiumnité animale* (2), primeira edição de 1929, refere que certos animais percebem a presença de Espíritos antes dos próprios sensitivos e que há ainda animais que mostram possuir certas faculdades psíquicas, como a telepatia.

Herculano Pires, em *Mediunidade. Vida e comunicação* (3), expõe a ocorrência de casos impressionantes de materialização de animais em sessões experimentais, informando ainda sobre o relato de numerosos casos de manifestações animais na Inglaterra, constante dos Anais das Sociedades de Pesquisas Psíquicas. Andrew Lang, em *O Espírito e o tempo. Introdução antropológica ao Espiritismo*, de Herculano Pires (4), registra que fantasmas de cães foram vistos, bem como ouvidos seus ganidos, por diversas pessoas ao mesmo tempo na tribo de Queensland, na Austrália.

Perante essas colocações, surgem naturalmente as perguntas: o que tudo isso significa? Esses fenômenos são mediúnicos? Os animais podem atuar como médiuns? Na época de Kardec, conforme indica Erasto (LM, capítulo XXII, item 236), a questão da mediunidade dos animais era frequentemente proposta, sobretudo em razão de fatos que revelavam indícios de inteligência de alguns pássaros educados pelo ser humano e que pareciam adivinhar pensamentos, chegando a tirar de um maço de cartas as que correspondiam exatamente ao pedido feito. Dado o interesse que despertou, essa questão foi discutida na Sociedade Parisiense de Estudos Espíritas, estando a matéria correspondente publicada na *Revista Espírita de Kardec*, de setembro de 1861.

Para analisar a possibilidade de os animais atuarem ou não como médiuns, vamos considerar as diferentes maneiras de atuação do médium, nos diferentes tipos de manifestações dos Espíritos.

Manifestações inteligentes

Embora à primeira vista pareçam simples as questões referentes ao conceito de fenômeno mediúnico e de médium e à definição precisa de fenômenos de efeitos físicos e de manifestações inteligentes, na realidade elas são complexas e envolvem muita reflexão e senso crítico. Por essa razão, é melhor definir, de início, o perfil desses fenômenos, para que tenhamos condições de avaliar de que maneira os animais poderiam ou não participar de seu mecanismo.

Para as manifestações inteligentes, Kardec usa por vezes o termo "manifestações intelectuais". Conforme refere Hermínio C. Miranda em *Diversidade dos carismas* (5), "fenômeno mediúnico, de fato, na plenitude de sua conotação semântica, é o de efeito intelectual, no qual o sensitivo funciona, realmente, como o canal de comunicação entre encarnados e desencarnados". Hermínio lembra ainda o que se lê em *O livro dos médiuns* (1), capítulo XVI, item 189: "Os efeitos inteligentes são os que o espírito produz, servindo-se dos elementos existentes no cérebro do médium [...]" (o próprio cérebro como central nervosa, como ponto de comando do sistema, segundo o autor).

Nesse tipo de manifestação, portanto, o médium age como intermediário, entendendo-se que a ligação é de mente a mente. Nessa obra, capítulo XIX, item 225, lê-se: "com a irradiação do pensamento". E no item 223.9, obtemos a informação: "Para uma comunicação inteligente há necessidade de um intermediário inteligente, e esse intermediário é o espírito do médium". Caracterizam-se nesse tipo de manifestação a psicofonia e a psicografia. Para que o fenômeno aconteça, é necessário que o fluido do perispírito do Espírito comunicante se "combine" com o fluido do médium; cria-se a "atmosfera" apropriada para que o pensamento do Espírito comunicante alcance a mente e o cérebro do médium. *Nos domínios da mediunidade* (6), capítulos 6 e 8, André Luiz descreve o mecanismo intrínseco do fenômeno de psicofonia consciente e inconsciente.

Erasto, em comunicação que se seguiu à discussão do assunto na Sociedade Parisiense de Estudos Espíritas, que consta em *O livro dos médiuns* (1), segunda parte, capítulo XXII, item 236, comenta que, "não havendo afinidade entre o fluido do homem e o fluido do animal, não há possibilidade de este atuar como médium". Refere ainda que "os espíritos tiram do cérebro do médium os elementos necessários para dar ao pensamento deles a forma sensível e apreensível para nós". Questiona "que elementos encontraríamos no cérebro de um animal?" Erasto admite que "alguns animais, principalmente os amestrados, compreendem certos pensamentos do homem, mas, não os podendo reproduzir, não podem servir-nos de intérpretes".

Aqui surge um fato interessante, relativo à restrição apontada por Erasto, de que os animais não podem reproduzir o que eventualmente entendam, pois há os que podem! A Ciência demonstrou, há algum tempo, que chimpanzés e gorilas são capazes de se comunicar com os seres humanos usando a linguagem de sinais para deficientes auditivos, uma linguagem humana, portanto. O casal Allen e Beatrix Gardner, ambos cientistas do corpo docente da Universidade de Nevada, dos Estados Unidos, e seu assistente Roger Fouts, autor do livro *O parente mais próximo* (7), ensinaram a Washoe e outros chimpanzés, conforme referi anteriormente, a linguagem dos sinais, através da qual eles conseguem articular frases gramaticalmente corretas e expressar sentimentos como solidariedade, raiva, compaixão, ciúme e inveja ou senso de humor.

Fouts (7) ressalta que, além da habilidade de aprender, demonstrada por Washoe e outros chimpanzés, o mais importante foi a confirmação de que a capacidade de transmitir informações não é exclusivamente dos seres humanos. De fato, na sua relação com o filhote e outros membros do grupo, Washoe ensinou a linguagem humana aprendida, demonstrando, portanto, sua capacidade de reproduzir informações. O pesquisador salienta que o caso de Washoe não é isolado, pois vários outros chimpanzés demonstraram essa aptidão.

Ficam essas considerações como uma porta aberta a reflexões e, quem sabe um dia, à possibilidade de pesquisas sobre o assunto. Talvez essa capacidade de os animais compreenderem certos pensamentos do ser humano, como refere Erasto, esteja relacionada à citação de Bozzano (2), no início do capítulo, a respeito da participação de animais em fenômenos de telepatia.

Herculano Pires, em *Mediunidade. Vida e comunicação* (3), no capítulo intitulado "Mediunidade zoológica", expõe sobre o desenrolar do processo evolutivo a partir do reino mineral até os seres humanos, asseverando que "o animal só terá condições para a mediunidade ao atingir a síntese dos poderes dispersos nas espécies de seu reino para elevar-se ao plano humano. Mas, então, não será mais animal, será homem". É claro que entre a mente do ser humano e a dos animais, mesmo que seja a do chimpanzé, há um abismo, mas, certamente, ele não é tão expressivo como julgávamos que fosse.

No caso do fenômeno mediúnico de efeitos intelectuais ou inteligentes, parece correto admitirmos, em coerência com o que encontramos nos livros básicos da codificação Espírita, que os animais, considerados de modo geral, não têm condições de participar do processo como médiuns (intermediários). Assim, em que pese o respeito que devemos à figura de Edgard Armond, não há como aceitar, à luz da Doutrina Espírita, o que se encontra, em relação ao assunto, descrito em seu livro *Mediunidade*, capítulo 13:

> Na Índia [...] homens-tigres, incorporação ou semi-incorporação de feiticeiros em tigres que funcionam como médiuns [...]; Na África e outros lugares, mulheres e homens encarnados e desencarnados se incorporam em animais domésticos: gatos, cães etc., e selvagens: lobos, raposas, veados etc.

Manifestações de efeitos físicos

Nas manifestações de efeitos físicos, o médium não age como intermediário, mas, sim, como colaborador do fenômeno, doando fluidos que, "combinados" com fluidos do Espírito agente, "saturam" a matéria objeto do fenômeno. Em *O livro dos médiuns* (1), segunda parte, capítulo I, item 58, lê-se: "O Espírito precisa da matéria para agir sobre a matéria". Entendo que se trate da necessidade de o Espírito valer-se da matéria mais sutil, isto é, de fluidos, para agir sobre a matéria mais grosseira. Esse também é o mecanismo dos processos de materialização de Espíritos (humanos) e, quem sabe, igualmente explique "os casos impressionantes de materialização de animais" que, como referi, nos relata Herculano Pires.

Erasto, capítulo 22, item 236, faz o seguinte alerta: "Costuma-se dizer: os Espíritos mediunizam e fazem mover-se a matéria inerte, as cadeiras, as mesas, os pianos. Fazem mover, sim; mas mediunizam, não!". Ele esclarece que os Espíritos agem sobre a matéria inerte com os elementos que o médium lhes fornece. Assim, o envoltório fluídico (mais sutil) do Espírito, "unindo-se, casando-se, combinando-se com o envoltório fluídico mais animalizado do médium" permite ao Espírito movimentar os objetos. Vamos nos lembrar que a expressão "fluido animalizado" refere-se ao *fluído vital*, do ser que tem o *anima*, ou seja, que tem vida, que é encarnado – fluido vital "[...], apanágio exclusivo do encarnado [...]" (LM, item 98) (1).

Sabemos que os Espíritos buscam em elementos da natureza, como determinadas ervas e outras plantas, "substâncias" de que necessitam para o auxílio de encarnados ou desencarnados. Já li em algum lugar nas obras de André Luiz que são levados à beira do mar – fonte inesgotável de fluido vital –, Espíritos (perispíritos) de enfermos encarnados, em desdobramento durante o sono, para tratamento. Ora, o mar tem uma infinidade de seres, e o fluido vital que ali existe, certamente, vem deles. Com certeza, os fluidos emanados desses seres são adequadamente modificados por benfeitores espirituais para que possam ser utilizados na terapia de Espíritos humanos. Esse é um fenômeno de ectoplasmia, contando com a participação de vários tipos de seres vivos que se acham na condição de doadores de fluidos vitais. No caso das manifestações de efeitos físicos, julgo aceitável admitir-se que determinados animais, em determinadas circunstâncias, possam atuar como "médiuns" colaboradores na produção dessas manifestações, quando existir, por parte deles, a possibilidade de doação de fluidos compatíveis com as exigências do tipo de manifestação em ocorrência.

Animismo ou mediunidade?

Em determinados fenômenos, discute-se se a ocorrência é de mediunidade ou de animismo. Assim, em *Obras póstumas* (9), Kardec, referindo-se aos médiuns videntes, comenta:

> seria, porventura, demasiado considerar essas pessoas como médiuns, porquanto a mediunidade se caracteriza unicamente pela intervenção dos Espíritos, não se podendo ter como ato mediúnico o que alguém faz por si mesmo. Aquele que possui a vista espiritual vê pelo seu próprio espírito, não sendo de necessidade, para o surto de sua faculdade, o concurso de um espírito estranho.

A mesma observação feita em relação aos "médiuns" videntes pode ser igualmente estendida aos "médiuns" auditivos e sensitivos ou impressionáveis, sendo, portanto, nesses casos, o fenômeno anímico, e não propriamente mediúnico. Sabemos que o "médium" vê, ouve ou sente o que está na esfera de irradiação do seu perispírito, havendo uma "combinação" de seus fluidos com os do plano espiritual.

Assim, podemos entender o mecanismo segundo o qual Espíritos (humanos) se tornam visíveis para os animais, como referiu Erasto, exemplificando com o relato bíblico da "Mula de Balaão". Entre os vários casos que já ouvi, com a participação de animais, lembro-me agora de um bastante interessante. Em certa família, era hábito de um idoso senhor chegar em casa, à tarde, sentar-se em sua cadeira de balanço e tirar os sapatos. Ato contínuo, seu amigo e fiel cão ia ao quarto e lhe trazia os chinelos. Passou-se o tempo e esse senhor desencarnou. Certo dia, estava a família reunida na sala, após o jantar, quando perceberam, no cão, mudança repentina de comportamento, com demonstração de alegria. O impressionante é que o cão foi ao quarto de seu antigo tutor e, trazendo os chinelos, depositou-os no lugar costumeiro, na frente da cadeira de balanço. Os familiares se entreolharam, surpresos e emocionados, e ainda se perguntam: "será que ele estava lá?" Analisando o que aconteceu, não podemos afirmar que sim, nem que não. Obedecendo aos rigores do método racional, apenas podemos dizer que o ocorrido é sugestivo de que, de fato, o Espírito do senhor desencarnado lá esteve, sendo sua presença percebida pelo cão.

Outra passagem interessante sobre esse item, encontramos no relato bíblico da "cura do endemoninhado geraseno" (Lc 8:26-34):

> O homem possesso de demônios (legião) recorre a Jesus para curá-lo; então, rogaram-lhe (os demônios a Jesus) que não os mandasse sair para o abismo. Ora, andava ali, pastando no monte, uma grande manada de porcos: rogaram-lhe que lhes permitisse entrar naqueles porcos. E Jesus o permitiu. Tendo os demônios saído do homem, entraram nos porcos, e a manada precipitou-se despenhadeiro abaixo, para dentro do lago, e se afogou.

Podemos entender, pelo texto, que os demônios (Espíritos obsessores) exerciam sobre o homem uma influência deletéria; certamente, o vampirizavam, pois esses Espíritos "alimentam-se" do fluido vital de encarnados. Aliás, André Luiz relata como esses Espíritos amontoam-se nos matadouros para absorverem o fluído vital que emana dos animais submetidos ao abate.

Uma vez tendo de se afastar do homem, porque assim o determinava a autoridade moral de Jesus, serviram-se dos porcos que por ali passavam, certamente para continuarem a se valer de alguma fonte do fluido vital de que necessitavam. Esse é o sentido que vejo, no texto, pois não podemos levar ao pé da letra a informação de que os demônios "entraram nos porcos". Esses animais "sentiram" a influência ou presença da legião de obsessores, tornando-se extremamente perturbados.

Bem, se os porcos "sentiram" a presença e a influência dos obsessores, e se o cão do relato anterior "viu" o Espírito desencarnado, será que eles atuaram como médiuns?

Em *O livro dos médiuns* (1), segunda parte, capítulo XIV, item 159, lê-se: "Todo aquele que sente a influência dos espíritos, em qualquer grau de intensidade, é médium". Esse é um conceito bastante amplo, *lato sensu*, como poderíamos dizer, e nesse caso abrangeria até os porcos do caso do "endemoninhado geraseno", como também o cão que foi buscar os chinelos do desencarnado, do caso que contei. Numa visão mais focal, entretanto, e remontando à origem etimológica do termo, o vocábulo "médium" seria utilizado exclusivamente para as manifestações de efeitos intelectuais, quando a atuação do indivíduo é a de intermediário.

Permitam-me uma reflexão: imagino que os prezados confrades, a essa altura, estão entendendo bem a razão pela qual decidi tratar do assunto como questão, ou seja, como tema a ser discutido. Se estamos com a proposta de discutir, temos de estar abertos às possíveis explicações, sem ideias preconcebidas nem preconceitos e valendo-nos, é óbvio, de informações contidas nas obras básicas da codificação Espírita, assim como da lógica e da razão, conforme recomendou Kardec.

Finalizando, não há como negar a participação de animais em certas manifestações espirituais. Se podem nesses casos ser chamados de médiuns e de que maneira atuariam no mecanismo intrínseco desses fenômenos, temos de continuar a refletir e discutir. Por isso, no meu entender, a questão da mediunidade dos animais continua em aberto, pois ainda existem mais perguntas que respostas, estando implicada, na discussão do assunto, a conceituação exata do que seja "médium".

REFERÊNCIAS

1 Kardec A. O livro dos médiuns. 2a ed. Pires JH, tradutor. São Paulo: FEESP, Livraria e Editora Humberto de Campos; 1989.

2 Bozzano E. Les manifestations métapsychiques des animaux – 130 cas prouvant la médiumnité animale. Paris: JMG Editions; 2001.

3 Pires HJ. Mediunidade. Vida e comunicação. Conceituação da mediunidade e análise geral de seus problemas atuais. São Paulo: Edicel; 1978.

4 Pires HJ. O Espírito e o tempo. Introdução antropológica ao Espiritismo. 5a ed. São Paulo: EDICEL; 1987.

5 Miranda HC. Diversidade dos carismas. Teoria e prática da mediunidade. Volume 1. Niterói: Arte & Cultura; 1999. Capítulo XII, Fenômenos de efeito físico; p. 321-333.

6 Xavier FC. Nos domínios da mediunidade. [Ditado pelo Espírito André Luiz]. Rio de Janeiro: FEB; 1955.

7 Fouts R, Mills ST. O parente mais próximo. Rio de Janeiro: Objetiva; 1998.

8 Armond E. Mediunidade: seus aspectos, desenvolvimento e utilização. 24a ed. São Paulo: Aliança; 1988. Capítulo 13, Fenômenos correlatos; p. 103-125.

9 Kardec A. Obras póstumas. 22. edição. Rio de Janeiro: FEB; 1944.

12

COMER OU NÃO COMER CARNE

Uma abordagem ética, nutricional, ecológica e doutrinária

"Sinto que o progresso espiritual requer,
em uma determinada etapa,
que paremos de matar nossos companheiros,
os animais, para a satisfação de nossos desejos corpóreos"
(Gandhi).

Aspectos éticos

Até hoje, grande parte das pessoas questiona qual a verdadeira natureza dos animais, pois temos culturalmente forte resíduo da visão cartesiana de que esses seres nada mais seriam do que máquinas insensíveis, ou seja, coisas utilizáveis, disponíveis e descartáveis ao arbítrio dos seres humanos. Esse modo de pensar e, consequentemente, de agir encontra-se inserido no chamado paradigma antropocêntrico (*antropós*, do grego = *ser humano*), do qual também faz parte a recomendação de que a natureza deve ser explorada em seu benefício. Entretanto, agora se sabe, pela própria ciência, que os animais na realidade são seres sencientes (do latim *sentiens* = que sente), isto é, têm sensibilidade e inteligência (1).

Confirmando essa tendência, em julho de 2012, 26 neurocientistas de diversos países, liderados pelo Dr. Philip Low, da Stanford University, dos Estados Unidos, ao participarem de um simpósio sobre consciência, no Reino Unido, decidiram emitir um parecer: a "Declaração de Cambridge" (2), em que lemos: "Não podemos mais fazer de conta que não sabíamos: mamíferos, aves e alguns invertebrados como os polvos, têm consciência".

Para nós, espíritas, o envolvimento nesse assunto é muito maior, pois há muito tempo temos conhecimento pelas obras da codificação de que os animais com os quais convivemos são princípios inteligentes encarnados, na vivência de aprendizado em sua trajetória evolutiva. Infelizmente, enquanto humanidade, ainda estamos longe de nos importarmos com seu sofrimento e com seu direito natural à própria vida. Além de serem submetidos a deprimentes espetáculos de diversão em circos, rodeios, touradas, vaquejadas, rinhas de galos e de cães etc., e de serem utilizados nos laboratórios de testes e de pesquisa, são criados e abatidos industrialmente para consumo humano. É inegável que, em todas essas situações, os animais sofrem muito. Cada situação referida não representa um fato isolado, mas se insere no mesmo paradigma (modelo cultural de pensamento e de conduta) de subjugação e exploração, que hoje "não combina" com todo o conhecimento que temos disponível a respeito da verdadeira natureza dos animais, tanto com base na literatura espírita quanto na ciência acadêmica.

Chegou o momento de encararmos o assunto com seriedade e responsabilidade, enfrentando as mudanças que se fazem tardias, mas é necessário que tenhamos coragem para mudar, como refere Singer (3) ao mencionar a libertação dos animais: "Um movimento de libertação requer expansão de nossos horizontes morais". O eminente cientista Donald Griffin (4) considera: "Em termos científicos, nossa antiga premissa de que os animais não têm consciência está se tornando cada vez mais questionável. Além do mais, há implicações éticas nesse conhecimento". O físico contemporâneo Fritjof Capra (5) também se insere nessa nova proposta, conforme seu comentário a seguir:

> [...] há cientistas, como eu, que estão ansiosos por fazer essa conexão [com a moral]. Há fronteiras para a curiosidade humana [...] amarrar um animal e medir seus limiares de dor, derramar substâncias tóxicas em seus olhos e medir seu efeito sobre a retina, não é intelectualmente instigante para mim, nem interessante ou recompensador. Esse tipo de pesquisa é repulsivo. Um cientista espiritualista, dotado de um sentido profundo de pertencer ao universo e de valorizar tudo o que nele existe não trabalharia, por exemplo, em pesquisas para a produção de armas [...].

E continua:

> Estou em casa, este é o meu lar. Pertenço a todos os seres humanos – mesmo que não haja ninguém por perto, a todos os animais e a todas as plantas. Nós todos nos pertencemos nesta grande unidade cósmica. O sentido do pertencer nos proporciona uma alegria sem limites, o que move a nossa vontade, a nossa boa vontade àquilo que, finalmente, se torna a ética ou a moral. Que mais é a moralidade senão a nossa boa vontade em nos comportarmos como alguém se comporta com relação àqueles com os quais ele está unido por um forte vínculo de pertencer? O amor é dizer sim ao pertencer, o que não é apenas um simples assentimento intelectual, pois tem profundas implicações morais.

Dessa forma, pergunta-se: por que ainda submetemos os animais a tanto sofrimento?

É uma questão ética: temos o direito de dispor deles? Poucas pessoas têm noção, por exemplo, da maneira como os animais são criados e abatidos nos matadouros para o consumo humano. Alguém já disse que se os matadouros tivessem paredes de vidro, ninguém mais comeria carne. É verdade!

Precisamos realmente refletir, entre outras questões, se ainda é necessário que o sofrimento dos animais e o sacrifício de suas vidas continuem inseridos na base de nossa alimentação. Esta é uma questão que precisamos rever, com urgência!

Aspectos nutricionais

"*Produzir carne para alimentar a humanidade não é uma necessidade nutricional, mas apenas uma opção cultural de paladar para o Ocidente*" (6).

É usual e rotineira a oferta de alimentação carnívora, seja no ambiente doméstico, em restaurantes e até em voos nacionais e internacionais. Isso é o "normal". Se você não come carne e vai sair de casa, precisa procurar os poucos locais onde é servida dieta vegetariana, e se você vai viajar de avião, particularmente em voos internacionais, precisa solicitar com antecedência a sua refeição sem carne. Não é assim que acontece? Tudo isso porque ainda vivenciamos em nossa cultura o mito de que a proteína da carne animal é indispensável para a alimentação humana.

A persistência de um mito

Vamos partir de alguns dados básicos e importantes, segundo considerações a respeito efetuadas pelo prof. dr. Aulus Cavalieri Carciofi (6), docente em Nutrição Animal na UNESP:

> A carne não é essencial como fonte de proteína para o ser humano. Isso é um mito! O ser humano não precisa de proteína, ele precisa é de aminoácidos (AA), que são os elementos formadores de proteína. Todos os 20 AA conhecidos são encontrados em vegetais. A cadeia trófica (de alimentação) inicia-se nos animais herbívoros como os bovinos (consumidores primários), que assimilam os AA dos vegetais ou de proteína microbiana (caso dos ruminantes) e os transmitem para o outro nível trófico, o dos consumidores secundários (carnívoros), quando então a carne desses animais herbívoros é por eles consumida. Assim os AA vão circulando entre os diferentes níveis tróficos. O rato é um animal de fácil adaptação em qualquer lugar, porque tem um metabolismo incrível, caracterizado pela baixa excreção de nitrogênio (produto final do catabolismo, ou "desmontar" das proteínas do corpo). Pois bem, nesses termos, o ser humano é melhor que o rato porque ele precisa de menos AA e, portanto, de menos proteína que o rato. Quem parar de comer carne não terá falta de proteína, desde que a complemente corretamente com proteínas vegetais.

Estudos sobre as necessidades mínimas de nitrogênio (elemento integrante das proteínas) de algumas espécies (6) mostram os seguintes dados (mg N/kg de peso metabólico/dia): ser humano – 62; sagui – 110; rato – 128; porco – 163; cão – 210; gato – 360. É importante a observação de que esses dados são altamente indicativos de que nós, seres humanos, em relação a outras espécies animais, precisamos de pouca proteína para manter nossa saúde, proteína esta que pode ser encontrada em outras fontes que não apenas na carne.

Outros dados (6) mostram que, segundo a *Food and Agriculture Organization* (FAO) da Organização das Nações Unidas (ONU), para um indivíduo adulto, de 70 kg, é recomendada a ingestão de 2.000 kcal e 44 g de proteínas por dia. Portanto, apenas um almoço de 650 g (450 g de arroz e 150 g de feijão) já supriria 35% dessa necessidade (700 kcal e 18 g de proteína – ainda com sobra de 2 g de proteína!). Estar sobrando proteínas não significa que todos os aminoácidos estejam adequados, assim o vegetariano deve variar as fontes proteicas do que ingere, incluindo feijão, soja, proteína texturizada de soja, glúten de trigo, leguminosas como lentilha e ervilha, ovos, queijos, leite, castanhas etc.

Com essa informação sobre a necessidade de 44 g de proteínas por dia e consultando as Tabelas Brasileiras de Composição de Alimentos (TACO), vemos que:

- Um ovo cozido contém 13,3 g de proteína (30% da necessidade diária).
- Um pão francês (100 g) – 8 g de proteína (18% da necessidade diária).
- Um copo de leite (200 ml) – 7,6 g de proteína (17% da necessidade diária).
- 4 colheres de soja em grão, cozida – 7,1 g de proteína (16% da necessidade diária).

Como o cenário terá de mudar, prevê-se que a alimentação do futuro se faça com base em proteína celular, que existe em leveduras (como o fermento do pão), algas e bactérias (6), ou seja: as leveduras têm 45% de AA no seu peso seco (desidratada) e podem ser cultivadas em sistemas de fermentação, com a boa notícia de que têm todos os AA essenciais para o ser humano.

Além dessa vantagem, durante seu crescimento, as leveduras sintetizam enormes quantidades de vitaminas do complexo B.

As algas marinhas unicelulares e as filamentosas são organismos fotossintéticos com enorme potencial de produção de nutrientes que elas sintetizam com a energia do sol e os minerais da água. Algumas chegam a ter mais de 70% de AA e outras acumulam em seu interior grandes quantidades de gordura, dentre elas alguns ácidos graxos essenciais para a alimentação humana, o que substitui completamente a necessidade de ingestão de peixes.

Algumas bactérias chegam a ter mais de 80% de proteína em seu peso seco e produzem todos os AA essenciais para a alimentação humana. Por seleção de linhagens, essas bactérias ainda poderão produzir maiores quantidades dos AA essenciais do muito que já produzem.

Todo animal criado comercialmente, hoje no mundo, recebe em sua dieta pelo menos dois, senão quatro, AA produzidos a partir de bactérias em escala comercial – triptofano, lisina, metionina e treonina. Dessa forma, os "humanos carnívoros" hoje em dia nada mais fazem que ingerir aminoácidos essenciais acumulados em tecidos animais que não foram sintetizados por esses animais, mas simplesmente foram acumulados em seus corpos a partir de alimentos como milho, soja, trigo e aminoácidos bacterianos adicionados. Por que não o ser humano fazer isso por ele próprio?

Segundo informações que me foram ainda disponibilizadas pelo meu prezado genro dr. Aulus Cavalieri Carciofi (6) em relação às inúmeras controvérsias criadas quanto a ser ou não saudável a alimentação vegetariana, dois artigos científicos podem ser trazidos para reflexão. O primeiro é bastante significativo, pois trata-se da posição da Associação Dietética Americana e da Associação Alimentícia do

Canadá sobre dietas vegetarianas (7): "É a posição da Associação Dietética Americana e da Associação Alimentícia do Canadá que dietas vegetarianas adequadamente planejadas são saudáveis, nutricionalmente adequadas e apresentam benefícios à saúde na prevenção e no tratamento de certas doenças".[1] A revisão que realizaram é bastante confiável, pois inclui 256 publicações, apresentando argumentos e explicações de por que as dietas vegetarianas são saudáveis, além de alertar sobre os riscos associados a elas quando não devidamente balanceadas e equilibradas, orientando nutricionistas em como equilibrar uma dieta sem carne.

O segundo artigo foi publicado em 2013 por Michael J. Orlich e colaboradores (8). Participaram do estudo 73.308 voluntários, integrantes da comunidade dos Adventistas do Sétimo Dia. As conclusões estabelecidas pelo estudo foram que as dietas vegetarianas estão associadas com menores taxas gerais de mortalidade e com redução de algumas causas específicas de mortalidade, tendo sido os resultados mais expressivos nos homens. Indivíduos vegetarianos têm menos chance de óbito por doenças cardiovasculares, doenças renais e doenças endócrinas do que a população em geral, compreendida em sua esmagadora maioria por consumidores de carne.

Aspectos ecológicos

Os animais mais abundantes no ecossistema são vegetarianos, ou seja, consumidores primários, como gnus e gazelas, que existem aos milhares nas savanas africanas, onde leões e outros carnívoros acham-se em menor número.

1 Tradução da autora para: "*It is the position of the American Dietetic Association and Dietitians of Canada that appropriately planned vegetarian diets are healthful, nutritionally adequate, and provide health benefits in the prevention and treatment of certain diseases*".

Isso acontece porque o planeta não aguentaria (e não vai aguentar) enormes populações de carnívoros, pelo intenso desgaste energético que produzem no meio em que vivem (6). Na natureza, os animais de maior porte como cavalo, boi, elefante, hipopótamo, girafa e rinoceronte são herbívoros, também pela mesma razão: economizar nos gastos de energia ambiental (6).

Vamos a mais alguns dados interessantes (6): para se produzir 1 kg de carne de frango, o animal consome aproximadamente 5 kg de milho e soja. Para os bovinos, há necessidade de 8 kg de ração para que isso seja convertido em 1 kg de boi. Entretanto, do boi após o abate são aproveitados apenas 45% do seu peso, como carne. No final das contas, para 1 kg de alimento que se usa na criação de bois, o ser humano aproveita apenas 83 g de carne em sua mesa. Portanto, é muito dispendioso para as fontes de energia do planeta sermos consumidores secundários.

Do ponto de vista de aproveitamento de área, é completamente improdutivo o consumo de carne (6), visto que a maior parcela de energia obtida dos vegetais vai para o sustento dos animais que comemos (boi, porco, frango etc.). Se fôssemos consumidores primários (vegetarianos), o aproveitamento energético seria maior. Toda vez que se passa de um nível trófico para outro, há uma grande perda de energia. Se já chegamos a 7 bilhões de seres humanos no planeta, e essa população tende a crescer, teremos de adaptar nossa condição alimentar para o nível trófico primário, ou seja, teremos de abdicar da nossa condição de carnívoros para nos tornarmos vegetarianos e assim diminuir o ônus que o planeta paga pela nossa alimentação.

Basta nos lembrarmos que no Brasil existem cerca de 200 milhões de pessoas e uma quantidade um pouco maior de bois, ou seja, existe mais de um boi para cada pessoa. Cada brasileiro pesa em média

70 kg, e cada boi pesa em média 450 kg, isto é, quase 7 vezes mais do que em média pesa um de nós. Assim, temos de dispor de uma enorme área do nosso território, ou seja, cerca de 300 milhões de hectares (praticamente um terço da área útil do país) para produzir alimento que é destinado a essa enorme quantidade de bois. O aproveitamento de grãos e cereais na alimentação humana é muito superior ao que fornece um boi, considerando-se a mesma área, sem falar que é possível a obtenção de até duas safras por ano de vegetais combinados, o que aumenta consideravelmente a quantidade das colheitas.

Enquanto isso, fome e desnutrição assolam quase metade da população mundial. Conclui-se, portanto, que o vegetarianismo tem uma contribuição inequívoca a dar em termos de produtividade. Qualquer projeto cuja meta seja o combate à fome e à implementação de um sistema produtivo sustentável, em que o uso da terra seja otimizado de forma a satisfazer às necessidades do maior número possível de pessoas, deverá, obrigatoriamente, considerar ênfase no vegetarianismo.

Hoje não se pode negar que a produção de carne para alimentação humana tem forte impacto no meio ambiente (9), existindo quatro fatores a serem levados em conta, nesse contexto: a grande superfície do planeta ocupada pelas áreas de pastagens; a água consumida, tanto por parte dos animais como no processo de produção; os gases de efeito estufa produzidos pela flatulência dos animais; e a energia necessária para a execução do processo. Para que um boi produza 1 kg de proteína, deve consumir entre 10 e 16 kg de cereais, e os porcos necessitam de 4 kg. Segundo a FAO, 14,5% dos gases emitidos na atmosfera são de origem animal. Quanto ao consumo de água, enquanto para cultivar 1 kg de milho são necessários 1.500 litros de água, para a produção de 1 kg de carne são utilizados 15 mil litros.

Portanto, produzir carne é muito caro e seria mais eficaz alimentar as pessoas com os cereais que são destinados à criação do gado (6).

Em artigo recente publicado na revista *EcoDebate – Cidadania & Meio Ambiente* (10), temos o comentário de que o custo total de determinada coisa não é apenas o valor do dinheiro que se gasta para comprar. Esse é apenas o "preço nominal" ou "custo econômico", pois os procedimentos têm custos econômicos, culturais, sociais, estéticos, ambientais e até morais, e a produção de carne gera vários tipos de custos, quase todos desconhecidos dos consumidores. Além do que se paga diretamente no balcão do mercado e que corresponde ao custo econômico da carne, há outros fatores envolvidos que deveriam compor o preço final do produto. Assim, o custo ambiental da carne é um dos maiores problemas ambientais da Terra. Uma série de cálculos e estudos estabelece a relação do consumo de carne com a saúde do planeta. No Brasil, em média, 1 kg de carne bovina é responsável por cerca de 10 mil metros quadrados de floresta desmatada, pelo consumo de 15 mil litros de água doce limpa, pela emissão de relevantes quantidades de dióxido de carbono, metano e óxido nitroso na atmosfera e pelo despejo de fósforo, mercúrio, bromo, chumbo, arsênico, cloro, entre outros elementos tóxicos provenientes de fertilizantes. Ademais, há descarte de efluentes como sangue, urina, gorduras, vísceras, fezes, ossos e outros com antibióticos, hormônios, analgésicos, bactericidas, inseticidas, fungicidas, vacinas e outros fármacos, que acabam chegando aos rios e oceanos, depois de contaminarem solo e aquíferos subterrâneos. Há um grande consumo de energia elétrica e de combustíveis fósseis. Ou seja, a produção industrial de carnes é uma das fontes mais importantes de poluição do meio ambiente, exigindo áreas gigantescas, consumindo enorme volume de recursos naturais e energéticos e onerando os cofres públicos, além de gerar bilhões de toneladas de resíduos tóxicos sólidos, líquidos e gasosos, que contaminam solo, água, plantas, animais e pessoas.

Assim, podemos concluir que (6): produzir carne para alimentar a humanidade não é uma necessidade nutricional, mas apenas uma opção cultural de paladar para o Ocidente. Na Índia, são mais de 450 milhões de vegetarianos que jamais sequer viram carne em suas mesas e assim vivem há centenas de anos. Para o homem primitivo, comer carne foi um recurso alimentar importante, pois ele não dispunha da tecnologia de produção e processamento de vegetais que temos hoje. Atualmente, com a oferta generosa de alimentos que temos em nossas condições culturais, não há mais necessidade disso. Pelo contrário, insistir na dieta carnívora será apenas uma demonstração de nossa teimosia em não encarar as mudanças que se fazem urgentes para o bem de todos, inclusive dos animais.

A persistência de outro mito

Além do mito de que precisamos comer carne como fonte de proteína, outro é o de que é necessária a produção de carne para se acabar com a fome no mundo. O Brasil é um dos maiores produtores de carne, mas essa produção está longe de ser destinada a países pobres, pois os principais importadores da carne brasileira são o Chile, a União Europeia e o Oriente Médio (11).

Existe naturalmente uma preocupação das pessoas em relação ao abandono da dieta carnívora. Afinal, se não comermos carne, vamos ter falta de algum elemento? Eis uma orientação importante (6): se você não se alimentar mais de carne, não vai lhe faltar proteína.

Entretanto, serão necessários uma dieta vegetariana equilibrada e o suprimento de vitamina B12 (já existe sintética), de ferro e de ômega 3. Esses elementos podem ser encontrados em várias fontes.

Entre os alimentos ricos em ferro, temos (12): gema do ovo de galinha, pão de cevada, pães integrais e enriquecidos, cereais, aveia crua, salsa, grão-de-bico cozido, ervilha cozida, lentilha cozida, agrião, beterraba crua, grãos integrais, nozes, castanhas, feijão vermelho, frutas secas, melado de cana-de-açúcar, rapadura, açúcar mascavo, pimentão e chocolate meio amargo.

Por sua vez, ômega 3 pode ser encontrado nos seguintes alimentos (12): peixes (salmão, atum, sardinha, arenque, peixe espada e truta), avelã, germe de trigo, abóbora, soja e nozes. O óleo de linhaça dourada é especialmente rico em ômega 3, podendo esta ser consumida na forma de óleo ou do grão integral em alimentos. Em menor quantidade, ainda no espinafre, pepino, couve-de-bruxelas, abacaxi e amêndoas.

Aspectos doutrinários

Em *O livro dos Espíritos*, de Allan Kardec (13), questão 723, encontra-se a seguinte pergunta que o codificador apresenta aos Espíritos:

> A alimentação animal, para o homem, é contrária à lei natural?
> R. Na vossa constituição física, a carne nutre a carne, pois do contrário o homem perece. A lei de conservação impõe ao homem o dever de conservar as suas energias e a sua saúde, para poder cumprir a lei do trabalho. Ele deve alimentar-se, portanto, segundo a sua organização.

Os espíritas que defendem a alimentação carnívora valem-se dessa questão como justificativa indiscutível, pois a resposta dos Espíritos praticamente considera um "dever" do ser humano alimentar-se adequadamente para manter a sua saúde e, consequentemente, cumprir a lei do trabalho. Acontece que antigamente não se tinham os recursos tecnológicos de produção dos alimentos que temos hoje, sendo, portanto, de ordem prática o consumo de carne. No entanto, atualmente, temos outras opções para nos alimentarmos de forma adequada, conservando assim as nossas energias e a nossa saúde para podermos cumprir a lei do trabalho. Explica o prof. Aulus Carciofi (6):

> A moderna produção de alimentos é altamente tecnificada e científica. Da época de Kardec para cá, descobriram-se os nutrientes, compostos químicos essenciais às atividades celulares e, portanto, à manutenção da saúde. Naquela época não se tinha qualquer ideia dos mecanismos fisiológicos de utilização dos alimentos nem como adequar e melhorar seu valor nutritivo. Hoje se reconhece, cientificamente, que não precisamos de alimentos, precisamos de nutrientes. Tem-se, atualmente, então, muito mais capacidade tecnológica e flexibilidade para se promover boa nutrição, estando esta também acessível de modo mais democrático à população em geral.

Mesmo para muitas pessoas que "gostam" de comer carne, por apreciarem o seu sabor, há outra questão que vale a pena referir em *O livro dos Espíritos*, questão 720a: "Há privações voluntárias que sejam meritórias? R. Sim, a privação dos prazeres inúteis, porque liberta o homem da matéria e eleva a sua alma". Nesse sentido, se podemos conservar as nossas energias e manter a nossa saúde, privando-nos voluntariamente do consumo de carne, isso não é meritório? Se está ao nosso alcance poupar a vida e o sofrimento de outros seres vivos, por que não pouparmos?

O pessoal do Grupo de Apoio e Orientação (GRÃO), de Ribeirão Preto-SP, cujo objetivo é a divulgação de mensagens enviadas pelos Espíritos, à luz da Doutrina Espírita, referentes ao amor e ao respeito pelos animais, passou-me este interessante texto de Emmanuel, contido em *O Consolador* (14), pergunta 129:

> É um erro alimentar-se o homem com a carne dos irracionais?
> R. A ingestão das vísceras dos animais é um erro de enormes consequências, do qual derivam numerosos vícios da nutrição humana. É de lastimar, semelhante situação, mesmo porque, se o estado de materialidade da criatura exige a cooperação de determinadas vitaminas, esses valores nutritivos podem ser encontrados nos produtos de origem vegetal, sem a necessidade dos matadouros e frigoríficos.

É importante considerar que tanto do ponto de vista pessoal quanto coletivo, não é de uma hora para outra que se pode parar com tudo (produzir e comer carne). O próprio Emmanuel (14), na mesma pergunta citada, comenta a respeito:

> Temos de considerar, porém, a máquina econômica do interesse e harmonia coletiva, da qual tantos operários fabricam o seu pão cotidiano. Suas peças não podem ser destruídas de um dia para o outro, sem perigos graves. Consolemo-nos com a visão do porvir, sendo justo trabalharmos delicadamente pelo advento dos tempos novos em que os homens terrestres poderão dispensar da alimentação, os despojos sangrentos de seus irmãos inferiores.

Para quem estiver motivado a deixar de lado a alimentação carnívora, recomenda-se que isso seja feito paulatinamente, como orienta o Irmão X em *Cartas e crônicas* (15), capítulo "Treino para a morte":

> O lombo de porco ou o bife de vitela, temperados com sal e pimenta, não nos situam muito longe de nossos antepassados, os tamoios e os caiapós, que se devoravam uns aos outros [...] comece a renovação de seus costumes pelo prato de cada dia. Diminua gradativamente a volúpia de comer a carne dos animais. O cemitério na barriga é um tormento, depois da grande transição.

Em *Missionários da luz* (16), capítulo 4, André Luiz oferece-nos maravilhosa lição, abrindo o nosso entendimento a respeito do assunto. É Alexandre, seu instrutor no momento, quem esclarece:

> [...] a nossa inteligência, tão fértil na descoberta de comodidade e conforto, teria recursos de encontrar novos elementos e meios de incentivar os suprimentos proteicos ao organismo, sem recorrer às indústrias da morte [...]. No capítulo da indiferença para com a sorte dos animais [...] nenhum de nós poderia, em sã consciência, atirar a primeira pedra. Os seres inferiores e necessitados do planeta não nos encaram como superiores generosos e inteligentes, mas como verdugos cruéis.

Nessa mesma obra e mesmo capítulo, André Luiz expõe para o mentor Alexandre sua estranheza diante da infeliz situação de muita gente na Terra que vive à mercê de vampiros invisíveis, indagando: "E o amparo das entidades angélicas, a amorosa defesa de nossos superiores?" O esclarecimento de Alexandre não se faz esperar:

> Se não protegemos nem educamos aqueles que o Pai nos confiou, como germes frágeis de racionalidade nos pesados vasos do instinto; se abusamos largamente de sua incapacidade de defesa e conservação, como exigir o amparo de superiores benevolentes e sábios, cujas instruções mais simples são para nós difíceis de suportar, pela nossa lastimável condição de infratores da lei de auxílios mútuos?

E Alexandre continua com a lição:

> Por que tamanha estranheza? E nós outros, quando na esfera da carne? Nossas mesas não se mantinham à custa das vísceras dos touros e das aves? A pretexto de buscar recursos proteicos, exterminávamos frangos e carneiros, leitões e cabritos incontáveis. Sugávamos os tecidos musculares, roíamos os ossos [...]. O suíno comum era localizado por nós em regime de ceva [...]. Colocávamos os gansos nas engordadeiras para que hipertrofiassem o fígado [...]. Em nada nos doía o quadro comovente das vacas-mães, em direção ao matadouro, para que nossas panelas transpirassem agradavelmente [...]. Sem amor para com os nossos inferiores, não podemos aguardar a proteção dos superiores; sem respeito para com os outros, não devemos esperar o respeito alheio. Se temos sido vampiros insaciáveis dos seres frágeis que nos cercam, entre as formas terrenas, abusando de nosso poder racional ante a fraqueza da inteligência deles, não é demais que, por força da animalidade que conserva desveladamente, venha a cair, a maioria das criaturas em situações enfermiças pelo vampirismo das entidades que lhes são afins, na esfera invisível.

Acho maravilhosa essa lição de Alexandre, porque ela nos impulsiona, nos motiva a conquistar mais um passo, em nossa caminhada evolutiva. Somos advertidos de que nossa inteligência já tem recursos para buscar o suprimento nutritivo de que necessitamos, em outras fontes que não mediante o sacrifício da vida dos animais. Não precisamos mais nos acomodar à antiga ideia de que a nossa saúde não se manteria sem o consumo da carne.

Aí fica a sugestão desse inspirado mentor Alexandre para que pensemos seriamente no assunto:

> Abandonando as faixas de nosso primitivismo, devemos acordar a própria consciência para a responsabilidade coletiva. A missão do superior é a de amparar o inferior e educá-lo [...]. E os nossos abusos para com a natureza estão cristalizados em

> todos os países, há muitos séculos. Não podemos renovar os sistemas econômicos dos povos, dum momento para outro, nem substituir os hábitos arraigados e viciosos de alimentação imprópria, de maneira repentina. Refletem eles, igualmente, nossos erros multimilenários. Mas, na qualidade de filhos endividados para com Deus e a Natureza, devemos prosseguir no trabalho educativo, acordando os companheiros encarnados, mais experientes e esclarecidos, para a nova era em que os homens cultivarão o solo da Terra por amor e utilizar-se-ão dos animais com espírito de respeito, educação e entendimento [...].

Com esses esclarecimentos, não há necessidade de acrescentar mais nenhuma informação sobre esse tema.

No livro *50 anos depois* (18), de Emmanuel, lê-se interessante passagem que exemplifica o poder do amor para com toda a criação. O diálogo é entre Helvídio Lucius e o Irmão Martinho, figura masculina que na realidade oculta a identidade de sua filha Célia, a quem procura e ainda não reconhece. Helvídio admira-se que a terra lá se mostre tão dadivosa e exuberante, ao que Martinho retruca:

> Não sei, aqui tão somente amamos muito a terra! Nossas arvores frutíferas nunca são cortadas, para que recebamos as suas dádivas e as suas flores. Os cordeiros nos dão a lã preciosa, as cabras e as jumentas, o leite nutritivo, mas não os deixamos matar nunca. As laranjeiras e oliveiras são as nossas melhores amigas. Às vezes, é à sua sombra que fazemos nossas preces, nos dias de repouso. Somos, aqui, uma grande família. E os nossos laços de afeto são extensivos à Natureza.

E o Irmão Martinho continua:

> Um dia observamos que os cabritos mais idosos gostavam de perseguir os cordeirinhos mansos e pequeninos. Então, as crianças da escola, recordando que Jesus tudo obtinha pela brandura do ensinamento, resolveram auxiliar-me na criação

> das ovelhas e das cabras, construindo para isso um só redil [...]. Ainda pequenos, uns e outros, filhos de mães diferentes, eram reunidos em todos os lugares e, com o amparo dos meninos, levados às nossas preces e aulas ao ar livre. As crianças sempre acreditaram que as lições de Jesus deveriam sensibilizar os próprios animais e eu as tenho deixado alimentar essa convicção encantadora e suave. O resultado foi que os cabritos brigões desapareceram. Desde então, o redil foi um ninho de harmonia. Crescendo juntos, comendo a mesma relva e sentindo sempre a mesma companhia, uns e outros eliminaram as instintivas aversões! [...] Por mim, observando essas lições de cada instante, fico a pensar como será feliz a coletividade humana quando todos os homens compreenderem e praticarem o Evangelho!

O ouvinte sensibiliza-se e comenta:

> Irmão Marinho, estou compreendendo, agora, a exuberância da terra e a maravilha da paisagem. Todos esses feitos são um milagre do devotamento com que vindes consagrando todas as energias à terra benfazeja! Tendes amado muito e isso é essencial. Por muitos anos, fui também homem do campo, mas, até agora, venho explorando o solo apenas com o interesse comercial. Agora compreendo que, doravante, devo amar também a terra, se algum dia regressar à lavoura. Hoje entendo que tudo no mundo é amor e tudo exige amor.

Que belíssima lição de vida em harmonia com tudo e com todos!

REFERÊNCIAS

1 Prada ILS. Os animais são seres sencientes. In: Tréz T, organizador. Instrumento animal. O uso prejudicial de animais no Ensino Superior. Bauru: Canal 6 Projetos Editoriais; 2008. p. 15-41.

2 Declaração de Cambridge sobre a Consciência Animal. 2012 [citado 20 dez. 2017]. Disponível em: http://www.labea.ufpr.br/portal/wp-content/uploads/2014/05/Declara%C3%A7%C3%A3o-de-Cambridge-sobre-Consci%C3%AAncia-Animal.pdf.

3 Singer, P. Libertação animal. São Paulo: Lugano Editora; 2004.

4 Griffin DR. Animal minds. Chicago: University of Chicago Press; 1994.

5 Capra F, Steindl-Rast D, Matus T. Pertencendo ao universo. Explorações nas fronteiras da ciência e da espiritualidade. São Paulo: Cultrix; 1991.

6 Informação fornecida por Dr. Aulus Cavalieri Carciofi, professor livre-docente em Nutrição Animal na Faculdade de Ciências Agrárias e Veterinárias da UNESP – campus de Jaboticabal, SP.

7 American Dietetic Association. Position of the American Dietetic Association and Dietitians of Canada: vegetarian diets. J Am Diet Assoc. 2003;103:748-765. doi: 10.1053/jada.2003.50142.

8 Orlich MJ, Singh PN, Sabaté J, Jaceldo-Siegl K, Fan J, Knutsen S, Beeson WL, Fraser GE. Fraser Vegetarian Dietary Patterns and Mortality in Adventist Health Study 2. JAMA Intern Med. 2013 Jul 8;173(13):1230-8. doi: 10.1001/jamainternmed.2013.6473.

9 Léon P. Consumo de carne tem impacto também no meio ambiente. Gonçalves LRM, tradutor. UOL, 4 nov. 2015 [citado 10 ago. 2017]. Disponível em: https://noticias.uol.com.br/internacional/ultimas-noticias/el-pais/2015/11/04/consumo-de-carne-tem-impacto-tambem-no-ambiente.htm.

10 Maine R. Impactos da produção de carne. EcoDebate – Cidadania & Meio Ambiente, 7 fev. 2017 [citado 10 ago. 2017]. Disponível em: https://www.ecodebate.com.br/2017/02/07/impactos-da-producao-de-carne-artigo-de-roberto-naime/.

11 Ribeiro CFA, Almeida OT, Ribeiro SCA. Exportação brasileira de carne bovina: uma análise do comércio exterior. 2006 [citado 10 ago. 2017]. Disponível em: http://biblioteca.univap.br/dados/INIC/cd/epg/epg6/epg6-30.pdf.

12 Chales K. Nutrição e saúde – alimentos ricos em Ômega 3. Fish-Oils.com, 10 ago. 2011 [citado 10 ago. 2017]. Disponível em: http://www.fish-oils.com/pt/sources--of-omega-3-fatty-acids/.

13 Kardec A. O livro dos Espíritos. 50a ed. Pires JH, tradutor. São Paulo: LAKE – Livraria Allan Kardec Editora; 1991.

14 Xavier FC. O Consolador. [Ditado pelo Espírito Emmanuel]. Rio de Janeiro: FEB; 1940. 2a parte, Capítulo I, questão 129.

15 Xavier FC. Cartas e crônicas. [Ditado pelo Espírito Irmão X]. 2a ed. Rio de Janeiro: FEB; 1967. Capítulo 4, Treino para a morte; p. 16-18.

16 Xavier FC. Missionários da luz. [Ditado pelo Espírito André Luiz]. 42. ed. Brasília: FEB; 2007. Capítulo 4, Vampirismo; p. 43-55.

17 Kardec A. O livro dos médiuns. 2a ed. Pires JH, tradutor. São Paulo: FEESP, Livraria e Editora Humberto de Campos; 1989.

18 Xavier FC. 50 anos depois. Episódios da história do Cristianismo no século II. [Ditado pelo Espírito Emmanuel]. Brasília: FEB; 1989. 21a ed. 2a parte, Capítulo VI, O Horto de Célia.

13

Terapia mediada por animais e animais de serviço

Se você procurar o primeiro assunto na Internet, vai encontrá-lo sob o título "terapia assistida por animais", identificado com a sigla americana AAT (*Animal Assisted Therapy*). Entretanto, estou preferindo usar a expressão "terapia mediada por animais", conforme recomendação de minha prezada colega e psicóloga dra. Hannelore Fuchs, especialista nessa temática. Ela é fundadora e presidente da Associação Brasileira de Zooterapia (ABRAZOO) e foi criadora do projeto PetSmile, pioneiro programa assistencial e educativo, de cunho beneficente e autossustentável, que efetuava visitas com animais a crianças e adultos em hospitais, crianças portadoras de necessidades especiais em escolas ou em creches e idosos.

A dra. Hannelore esclarece que o termo "zooterapia" foi criado aqui no Brasil como tradução da AAT, mas que ele não corresponde exatamente à expressão original. Nesse termo amplo, que ainda é bastante utilizado entre nós, acham-se incluídas, entre outras, a equoterapia (com cavalos), a cinoterapia (com cães), a bototerapia (com golfinhos) e a asnoterapia (com muares, em Portugal).

Esse tipo de recurso terapêutico iniciou-se há muito tempo, pois tem-se notícias de que em 1792 os Quakers estabeleceram em York, na Inglaterra, um retiro no campo, liderado por William Tuke, para tratamento de doentes mentais com a intermediação de animais. Outra pessoa de destaque na história da AAT é Florence Nightingale (1820-1910), enfermeira britânica que ficou famosa como pioneira no tratamento de feridos de guerra.

Sigmund Freud é referido por acreditar que os cães tinham um sentido "especial", que permitia avaliar com precisão o caráter de uma pessoa, estado mental e nível de tensão. Freud era convicto de que a presença de um cão tinha efeito calmante em todos os pacientes, especialmente crianças, por isso seu cão da raça chow-chow chamado Jo-Fi era introduzido de propósito em suas sessões de terapia.

Na segunda metade do século XX, a referência na AAT é Boris Levinson, psiquiatra estadunidense que descobriu por acaso a influência benéfica da presença de um cão como recurso para acalmar uma criança agitada durante as sessões de terapia. Em 1964, o dr. Levinson cunhou a expressão "pet terapia", propondo-se à divulgação ampla dessa forma de abordagem terapêutica.

Em 1982, profissionais do Instituto Médico Educativo de Sablettes, em La Seyne-sur-Mer, que abrigava 90 jovens portadores de retardos mentais, resolveram levar seus pacientes a uma visita ao parque de Clos Olive, em Toulon, na França (1). Logo os terapeutas, surpresos, se deram conta de que as crianças corriam em direção aos bichos. Algumas escolheram os pôneis, outras as corsas, as aves e assim por diante.

Michele Fory, uma das terapeutas, destaca o caso de uma pequena menina africana, de dez anos, que jamais emitira qualquer som. Com a aproximação e posteriores contatos com um pônei, conseguiu expressar emoções (se irritava quando o animal não queria andar) e a se comunicar (punha-se a repreendê-lo com sons onomatopaicos e a gesticular).

Além da alegria e do equilíbrio que as crianças encontravam no parque (Fig. 13.1) – comentaram os profissionais –, essas experiências mostram um novo modelo de terapia, a zooterapia, isto é, conjunto de procedimentos que visam auxiliar o paciente para a melhoria de seu quadro clínico mediante a utilização de animais.

Com esse recurso, educadores e médicos puderam estabelecer contato com seus pacientes autistas, "despertados" de seu estado constante de recolhimento pela presença e pelo convívio com animais. Charles Pilet revela que, no adulto, o simples contato com um cão ou um gato, o ato de acariciá-lo é um santo remédio para baixar a pressão arterial. Nos lares de pessoas idosas, a presença de um animal aumenta as expectativas de vida. Hoje, várias entidades que trabalham com deficientes mentais valem-se do precioso recurso da zooterapia.

Fig. 13.1 – Alegria estampada no rosto de paciente do Instituto Médico Educativo de Sablettes ao ser abordada por uma corsa

Utilizada na Europa há vários anos, uma forma de zooterapia, a equoterapia ou hipoterapia usa o cavalo como agente terapêutico. No Brasil, começou a ser aplicada em meados da década de 1980, como coadjuvante terapêutico no desenvolvimento psicomotor de portadores da síndrome de Down ou de outras deficiências neuropsicomotoras congênitas ou adquiridas. A terapia complementar com auxílio do cavalo tem sido indicada também para pessoas com deficiências sensoriais (visuais e auditivas), atrasos psicomotores e dificuldades de coordenação motora (ataxia), atrofias musculares, paralisia cerebral, distúrbios comportamentais e outras afecções.

A equoterapia ainda é uma técnica de elite, segundo a revista *Saúde* (2); o primeiro passo para minimizar essa situação parece ter sido dado pela Universidade de Santo Amaro, em São Paulo, que implantou na Faculdade de Fisioterapia a equoterapia como curso de extensão universitária, atendendo a pacientes de baixa renda, ao mesmo tempo em que promove a especialização de profissionais. Segundo Leticia Junqueira, equoterapeuta dessa equipe: "O cavalo é inteligente e sabe que está sendo usado, sente que está sendo útil, não reclama e coopera. Ele transmite equilíbrio, poder e amor, sentimentos que dão confiança e ajudam no melhor desempenho de crianças e adolescentes".

Ylna Nascimento, da equipe da Associação Nacional de Equoterapia (ANDE), comenta: "O praticante, ao se relacionar afetivamente com o cavalo, passa a se aceitar também. O cavalo ajuda a resgatar a autoestima, pois aceita a pessoa independentemente de sua condição. Seu amor é incondicional". Quem ilustra bem essa relação é a paciente Cathlen Cudo, de 24 anos, que tem problemas na fala e na função motora. Diz ela: "O cavalo não tem preconceito. Não dá para explicar o que o praticante sente, quando está em cima do cavalo! Ele percebe que é amado pelo animal e essa relação é recíproca". A equoterapia proporcionou a Cathlen maior agilidade, tonicidade muscular e autoestima, possibilitando que enfrentasse desafios que jamais ousaria antes do tratamento, como tirar carteira de motorista e emitir opiniões na sala de aula.

O clima de afeto criado entre o cavalo, a equipe de profissionais e os pacientes é fundamental para o sucesso do tratamento, possibilitando a estes últimos criar laços de amizade e confiança que, muitas vezes, não encontram no mundo exterior (Fig. 13.2). Essa relação afetiva torna-se tão preciosa que um dos grandes problemas enfrentados pela equipe e pelos pais é o fato de que os praticantes não podem postergar o tratamento para sempre. Somente na sede do Distrito Federal, onde pacientes são atendidos semanalmente, há mais de 100 pessoas na fila de espera. Alguns aguardam uma vaga há dois anos!

Fig. 13.2 – Relação afetiva que se estabelece com o cavalo

À medida que são atingidas as metas propostas, o que ocorre em 80% dos casos, o praticante deve ceder seu lugar na terapia, para que uma nova pessoa inicie o tratamento. As crianças, no entanto, não querem parar, e o rompimento do vínculo afetivo gera novas dificuldades. Para os psicanalistas, o cavalo está associado à força e à vitalidade, e seu domínio por uma criança dá a ela a sensação de ser mais poderosa que o animal, resultando em intensa autoconfiança.

Particularmente em hospitais, a presença de um animal que permite o toque, o afago faz com que o paciente tire a sua atenção da dor e do sofrimento para vivenciar um momento de bem-estar, pois a relação afetiva que se estabelece com os animais facilita a liberação de endorfina, o que lhe confere uma sensação agradável. Também existem relatos sobre o benefício da presença de animais com idosos institucionalizados (Fig. 13.3).

Fig. 13.3 – A companhia de um cão ou gato melhora a saúde física e mental de idosos

Idosos residentes em ambientes coletivos, que se mostravam revoltados e arredios a qualquer contato com outras pessoas, mudaram seu comportamento com as visitas frequentes de cães, promovidas por uma ONG, o que possibilitou se afeiçoarem a eles, funcionando como agente facilitador para o estabelecimento de relacionamentos sociais.

Outra forma de zooterapia, que vem revelando sucesso, é a que utiliza golfinhos, sendo utilizada por vários centros especializados, particularmente nos Estados Unidos. O contato com a água e a companhia desses animais são circunstâncias favoráveis à obtenção de resultados promissores (Fig. 13.4).

Fig. 13.4 – Terapia com golfinhos

Animais de serviço

O que vou tratar, em seguida, não se identifica exatamente como zooterapia, pois a finalidade da utilização de animais não visa à melhoria do estado clínico do indivíduo, e sim estabelecer entre eles – pessoas e animais – uma forma especial de relacionamento com o objetivo de "prestação de serviços".

Primatas em serviço

A revista *Manchete* (1) trouxe interessante matéria sobre o trabalho de Henriette, uma macaquinha fêmea do gênero *Cebus genus*, especialmente treinada para servir Sue Strong, 37 anos, um dos 90 mil americanos tetraplégicos (paralisados dos ombros para baixo). Animais como Henriette aprendem a suprir as necessidades básicas de pessoas fisicamente incapacitadas, como acender e apagar luzes, folhear livros para a leitura, aquecer refeições, servir água e sucos, colocar música no *tape deck* etc. A ideia de treinar macacos para auxiliar seres humanos foi desenvolvida por Mary Joan Willard, antiga colaboradora do psicólogo B. F. Skinner, o pai da teoria da modificação do comportamento. O projeto, que deu certo, estendeu-se a outros países como Argentina, Canadá e Israel.

A *Helping Hands: Simian Aides for the Disabled*, empresa norte-americana de Nova York, possui material (livro e vídeo) de apoio a interessados. Nas fotos que ilustram o artigo (Fig. 13.5), Henriette aparece em várias situações, demonstrando ser a mais devotada amiga de sua paciente humana.

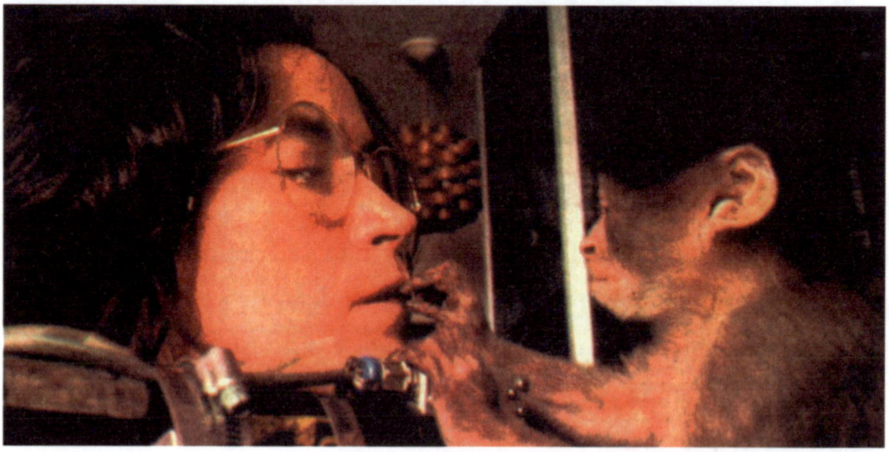

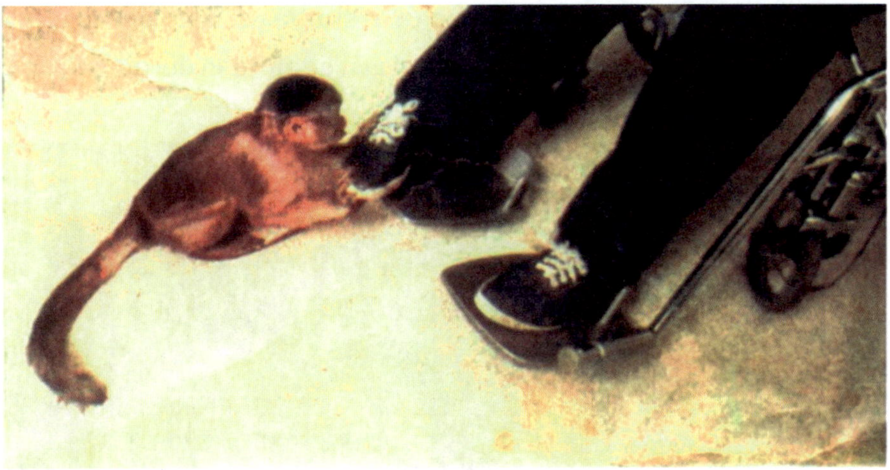

Fig. 13.5 – Henriette “prestando serviços” à paciente tetraplégica

Cães-guias para deficientes visuais

No I Congresso Brasileiro de Bem-Estar Animal, realizado em São Paulo, em 1997, houve uma palestra seguida de atividade demonstrativa sobre o treinamento de cães para guias de deficientes visuais. Na revista *Primeira Pata* (3), Michael Geary transmite várias informações a respeito. Conta que a utilização de cães para esse fim surgiu na Alemanha, com a finalidade de ajudar soldados que perderam a visão na Primeira Guerra Mundial. Ainda na Europa, a *Guide Dogs for the Blind Association*, que foi fundada em 1934, atualmente é composta por cinco unidades, sendo uma delas na Escócia.

Nos Estados Unidos, a introdução desses cães-guia deu-se em 1926, com a fundação do *Master Eye Institute*. Segundo Geary: “Importantes são as características do cão; deve ser inteligente, adaptável a diferentes situações, afável, não efusivo demais, e que tenha porte compatível para que uma pessoa de estatura média possa andar confortavelmente segurando a guia”.

É impressionante o trabalho desses animais, visto que graças a eles o indivíduo que tem deficiência visual adquire maior liberdade e segurança em suas atividades (Fig. 13.6).

Fig. 13.6 – Cão-guia

O bem-estar dos animais

Bem, de tudo isso surgem algumas considerações. É preciso que avaliemos essas situações com discernimento, aceitando o fato de que os animais estão servindo ao ser humano nas atividades de zooterapia e de prestação de serviços, muitas vezes em circunstâncias restritivas à sua qualidade de vida.

Os cavalos, por exemplo, são necessariamente castrados, para que se tornem mais dóceis e obedientes; os macacos são retirados de seus hábitats e submetidos a condições totalmente diferentes do que lhes seria natural; os golfinhos ficam confinados em tanques, deixando de usufruir as possibilidades inerentes à vida livre; os cães-guias de deficientes visuais passam a viver em função das atividades para as quais foram preparados. Tudo isso sem dizer que, até se tornarem aptos, são submetidos a exaustivos treinamentos, nem sempre contando com a paciência e a tolerância de seus instrutores.

Por essas razões, pessoas ligadas a movimentos mais radicais em defesa dos animais não aceitam a sua utilização para esses fins. Embora essa questão tenha mérito em si mesma, não posso deixar de compará-la a outras situações em que se dispõem dos animais. Quem dera os pobres bichos desses deprimentes espetáculos da ignorância humana – touradas, vaquejadas, rodeios, rinhas de galo e de cães, farra do boi e tantos outros – pudessem estar inseridos em programas bem orientados de zooterapia ou atividades similares, ao invés de serem constrangidos à experiência da dor e, por vezes, ao sacrifício de suas próprias vidas em favor da simples satisfação do "prazer" alheio.

Assim, no relativo à questão do uso de animais em zooterapia, penso que o mais importante é atinarmos para a maneira como isso pode ser feito. Mesmo sob as condições restritivas apontadas, deve haver a preocupação de se manter os animais em uma boa qualidade de vida; é preciso que sejam adequadamente treinados, com paciência e respeito, bem tratados e, principalmente, amados.

A relação de amizade e confiança que venha a se desenvolver entre as partes, certamente, contribuirá para a evolução espiritual tanto do ser humano quanto dos animais. Outra consideração é relativa à evidência de que os animais são seres afetivos. Têm sensibilidade, que parece ser maior ou menor, segundo a espécie e o próprio indivíduo, sensibilidade esta para a qual não estamos, de modo geral, despertados.

Entretanto, o trabalho especializado de zooterapeutas e de treinadores de macacos de companhia e de cães-guias vem demonstrando de maneira racional as qualidades e as aptidões desses animais, através das quais é possível o estabelecimento de uma forte relação de amizade e confiança para com o ser humano.

Esses procedimentos científicos e técnicos confirmam a existência, nos animais, de um componente mental ou psíquico, ao qual se relacionam todas as características apontadas pelos profissionais como necessárias para dar suporte ao trabalho que realizam e à relação afetiva que são capazes de estabelecer com as pessoas. Esse componente mental ou psíquico dos animais, que a ciência não tem como negar, se encontra afeto ao Espírito, no caso, ao Espírito dos animais!

Existe outro dado, bastante objetivo, que vem demonstrando a capacidade de interação afetiva de animais e seres humanos. Crescem a cada dia, em todo o mundo, atividades comerciais direcionadas ao "pet", ou seja, ao animal de estimação: cães, gatos, *hamster*, macaquinhos, peixes de aquário, pássaros e outros tipos de aves, além de cobras, iguanas etc.

Assim, é importante refletir sobre o porquê de as pessoas, sejam crianças, adultos ou idosos, estarem se apegando tanto aos bichos. Penso em duas possibilidades. A primeira é triste. Parece que as pessoas estão cada vez mais sozinhas, não confiam seus sentimentos a outras pessoas e, na condição de carentes afetivos, transferem para os animais o seu apego e os seus cuidados. A segunda, entretanto, é alentadora, embora julgue que se refira a uma minoria. É possível que o ser humano esteja descobrindo a sensibilidade dos animais e, através dela, percebendo a possibilidade de interagir de maneira harmoniosa com toda a criação. Tomara!

REFERÊNCIAS

1 Revista Manchete, abril 1988.

2 Revista Saúde, jan. 1998.

3 Revista Primeira Pata, abril 1998.

Fontes das imagens

13.1 Revista Manchete, abril 1988.

13.2 Google imagens.

13.3 Google imagens.

13.3 Google imagens.

13.4 Revista Manchete, abril 1988.

13.5 Google imagens.

14

ASSISTÊNCIA ESPIRITUAL PARA ANIMAIS

Este texto refere-se à utilização da prece, da água fluidificada e do passe no atendimento de animais, procedimento este que compõe a rotina de alguns centros espíritas, tanto na cidade de São Paulo como em outros municípios e estados. Trata-se de assunto ainda não bem conhecido nem bem divulgado dentro da comunidade espírita. Após elaborado, este texto foi submetido à apreciação dos integrantes do Núcleo de Medicina Veterinária e Espiritualidade (NUVET) da AME-SP (Associação Médico-Espírita de São Paulo), bem como aos próprios integrantes da AME-SP, podendo ser acessado inclusive no site dessa entidade.

A utilização da prece e da água fluidificada em favor de animais não tem sido objeto de expressivas opiniões discordantes entre os espíritas, pelo contrário, particularmente aqueles que se acham ligados afetivamente aos seus animais de companhia, por vezes, até recorrem espontaneamente a eles.

Entretanto, isso não acontece com a aplicação de passes, que ainda tem sido motivo de pareceres divergentes. Vamos então focar nossa análise nesse recurso, conforme segue.

O que se entende por passe

No site da Federação Espírita Brasileira (FEB), encontramos material sobre o passe, intitulado *Estudo sobre o passe: o passe nas reuniões mediúnicas*, de Marta Antunes Moura (1), do qual destacamos algumas informações: "Passe é uma transmissão conjunta de fluidos magnéticos – provenientes do encarnado – e de fluidos espirituais – oriundos dos benfeitores espirituais –, não devendo ser considerada uma simples transmissão de energia animal – magnetização".

A mesma conceituação sobre o que seja "passe", vemos registrada na obra *O passe como cura magnética*, da dra. Marlene Nobre (2), em que lemos no capítulo 2:

> A ação magnética pode se produzir de três maneiras diferentes [...] pelo próprio fluido do magnetizador (magnetismo propriamente dito), pelo fluido dos Espíritos (magnetismo espiritual) e pelos fluidos que os Espíritos despejam sobre o magnetizador e ao qual este serve de condutor. O fluido espiritual, combinado com o fluido humano (magnetismo misto) dá a este as qualidades que lhe faltam como fonte da informação) [...].

Conclui-se, portanto, que os passistas das casas espíritas utilizam o magnetismo misto.

Em *O livro dos Espíritos* (3), na "Introdução", temos resumidamente as informações de que:

> O princípio vital [...] é comum a todos os seres vivos, desde as plantas até o homem. Segundo a ideia mais comum, o princípio vital se encontra num fluido especial, universalmente espalhado, do qual cada ser absorve e assimila uma parte durante a vida, como vemos os corpos inertes absorverem a luz. Este seria então o fluido vital, que segundo certas opiniões, não seria outra coisa que o fluido elétrico animalizado, também designado de fluido magnético, fluido nervoso, etc.

Em *A gênese* (4), capítulo XIV, item 31, consta o seguinte esclarecimento:

> A cura se opera mediante a substituição de uma molécula malsã por uma molécula sã. O poder curativo estará, pois, na razão direta da pureza da substância inoculada; mas depende também da energia da vontade, a qual provoca uma emissão fluídica mais abundante e dá ao fluido uma força maior de penetração; depende enfim, das intenções que animam aquele que quer curar, quer seja ele homem, ou Espírito. Os fluidos que emanam de uma fonte impura são como substâncias médicas alteradas.

Como conclusão, pode-se entender como passe a ser aplicado em animais, em casas espíritas, o procedimento efetuado por um encarnado, que doará ao paciente fluidos magnéticos de boa qualidade, resultantes de sua vontade firme e de sua intenção benevolente de auxiliar, sendo que a esses fluidos magnéticos serão acoplados fluidos espirituais emanados dos Espíritos benfeitores que assessoram essa atividade.

Algumas questões

"O Sr. T. magnetizou o seu cão e com isso o matou"

Em *O livro dos médiuns* (5), capítulo XXII, item 236, o Espírito Erasto relata:

> [...] não mediunizamos diretamente nem os animais nem a matéria inerte. Precisamos do concurso consciente ou inconsciente de um médium humano, porque necessitamos da união dos fluidos similares, que não encontramos nos animais nem na matéria bruta. O Sr. T., dizem, magnetizou o seu cão. A que resultado chegou? Matou-o. Porque esse infeliz animal morreu depois de haver caído numa espécie de atonia, de langor, consequência de sua magnetização. Com efeito, infiltrando-lhe um fluido haurido numa essência superior à essência especial de sua natureza, ele o esmagou, agindo sobre ele, embora mais lentamente, à semelhança de um raio. Assim, não havendo nenhuma possibilidade de assimilação entre o nosso perispírito e o envoltório fluídico dos animais propriamente ditos, nós os esmagaríamos imediatamente ao mediunizá-los.

É imperativo que se comente sobre esse texto de Erasto, visto que as pessoas com opinião contrária à aplicação de passes nos animais valem-se com frequência dessa citação. Erasto aí não se referia propriamente à aplicação de passes nos animais, que em condições adequadas necessariamente contempla, conforme referimos, não apenas a atuação do passista, com transmissão de fluido magnético ao paciente, mas também a ação dos bons Espíritos, que somam aos fluidos magnéticos emitidos pelo passista, fluidos espirituais de boa qualidade, direcionando-os com vontade firme e intenção benevolente de auxiliar, de acalmar as dores, de diminuir o sofrimento da criatura que está sendo atendida. No episódio em que o Sr. T. teria matado o seu cão, ele simplesmente o magnetizou, não lhe aplicou um passe. São duas coisas completamente diferentes, não há como confundi-las.

Quanto à citação de Erasto de que o Sr. T. teria matado o seu cão "infiltrando-lhe um fluido haurido numa essência superior à essência especial de sua natureza", é bastante oportuno o que se lê em *A gênese* (4), capítulo XIV:

> Como os odores, eles [os fluidos] [...] trazem o cunho dos sentimentos de ódio, de inveja, de ciúme, de orgulho, de egoísmo, de violência, de hipocrisia, de bondade, de benevolência, de amor, de caridade, de doçura, etc. Sob o aspecto físico, são excitantes, calmantes, penetrantes, adstringentes, irritantes, dulcificantes, soporíferos, narcóticos, tóxicos, reparadores, expulsivos; tornam-se força de transmissão, de propulsão, etc.

Não é admissível que um fluido de essência "superior" tenha sido por si só a causa da morte do pobre cão. Salta aos olhos o fato que o Sr. T. não aplicou em seu cão um passe com boa vontade, com o coração magnânimo, pretendendo beneficiar a sua saúde ou curá-lo de alguma doença, conferindo aos seus fluidos características que pudessem qualificá-los de calmantes, dulcificantes ou reparadores. Ele apenas o magnetizou, ou seja, transmitiu ao cão o seu fluido magnético, sabe-se lá com que intenção! Se a magnetização o matou, é porque agiu de má-fé, e seus fluidos eram de má qualidade. É o que podemos concluir após os esclarecimentos citados em *A gênese* (4), capítulo XIV, item 31: "Os fluidos que emanam de uma fonte impura são como substâncias médicas alteradas".

Outra possibilidade é que o Sr. T. não tenha propriamente magnetizado o seu cão, mas tenha vampirizado o seu fluido vital, à semelhança do que fazem certas pessoas que "matam" passarinhos e plantas, segundo o que se ouvia com frequência tempos atrás, na cultura interiorana de transmissão oral, quando era mais comum a criação de pássaros em gaiolas. Era corrente a recomendação de que quando um visitante desejasse muito adquirir um de seus canários, pintassilgos ou outro pássaro qualquer, o melhor seria ceder-lhe prontamente o animal, pois caso contrário correria o sério risco de ver, em seguida, o animal morrer em consequência da "inveja" do pretenso comprador.

Hermínio Miranda (6) relata, em *Diversidade dos carismas*, capítulo XI, como em poucas horas seu viçoso chuchuzeiro sucumbiu completamente aos "elogios" de uma vizinha "como se lhe houvessem extraído, de uma só vez, toda a sua vitalidade". É o que deve ter acontecido! O autor revela ainda que uma dúvida muito grande sobre o que realmente acontecera (ele era muito jovem) teria ficado em sua mente por muito tempo, até deparar-se com a questão 552 de *O livro dos Espíritos* (3), em que se lê: "Algumas pessoas dispõem de grande força magnética, de que podem fazer mau uso, se maus forem seus próprios espíritos, caso em que possível se torna serem secundados por outros espíritos maus".

Se o Sr. T. matou o seu cão por magnetização ou vampirização, isso não representa o foco de nosso interesse neste momento, pois o que importa é fazer a distinção do que aconteceu nesse caso, que não foi aplicação de um passe, procedimento totalmente diferente.

Um passe transmitido com intensa carga fluídica poderia matar um animal fragilizado por doença ou velhice?

Tendo em vista as características do passe – transmissão de fluidos magnéticos emanados do passista, aos quais se somam fluidos espirituais emanados dos bons Espíritos, havendo, de ambas as fontes, firme intenção e vontade benevolente de fazer o bem, o que confere boa qualidade à totalidade dos fluidos endereçados ao paciente –, percebe-se que é um ato de amor, e um ato de amor não pode prejudicar ninguém, sejam animais ou seres humanos.

André Luiz, em *Conduta espírita* (7), capítulo 33, afirma que se deve "Apoiar, quanto possível, os movimentos e as organizações de proteção aos animais, através de atos de generosidade cristã e humana compreensão. Os seres da retaguarda evolutiva alinham-se conosco em posição de necessidade ante a Lei".

Herculano Pires (8), em sua obra *Mediunidade. Vida e comunicação*, capítulo 11, assim se expressa a respeito do assunto: "A assistência mediúnica aos animais é possível e grandemente proveitosa. O animal doente pode ser socorrido por passes e preces e até mesmo com os recursos da água fluidificada". Como se lê na contracapa da obra *O passe como cura magnética*, da dra. Marlene Nobre (2): "Estudar o passe é descobrir que ele é também uma cura magnética – uma terapia simples, sem contraindicação, que tem beneficiado milhares de criaturas humanas".

Com base nesses esclarecimentos, por que não estendermos o recurso dessa terapia simples, sem contraindicação, aos animais? Haverá algum motivo razoável para que não possamos considerá-los dentro do halo do "nosso próximo"? Em *Emmanuel* (9), encontramos a seguinte recomendação: "[...] Recebei como obrigação sagrada o dever de amparar os animais na escala progressiva de suas posições variadas no planeta. Estendei até eles a vossa concepção de solidariedade [...]". O mentor Alexandre, em *Missionários da luz* (10), capítulo 4, nos alerta: "A missão do superior é a de amparar o inferior e educá-lo [...] sem amor para com os nossos inferiores, não podemos aguardar a proteção dos superiores".

Os benfeitores espirituais participantes dos trabalhos de assistência espiritual aos animais, conhecedores, mais do que nós encarnados, das reais necessidades de cada animal, conferem aos fluidos as necessárias características para seu particular atendimento. Se estiver previsto o desencarne do animal, o passe poderá até auxiliar o processo, para que o desligamento se faça de maneira mais amena. Isso é muito diferente da possibilidade aventada de o passe "matar" o animal. A atuação dos Espíritos nos desencarnes (humanos) pode ser esclarecida com a leitura do livro *Obreiros da vida eterna* (11), de André Luiz, o que pode servir de base para nossas reflexões sobre o processo de desencarne dos animais.

O fluido vital dos seres humanos não seria "diferente" do fluido vital dos animais, havendo portanto impossibilidade de ação do passe entre espécies diferentes?

Algumas informações contidas em *O livro dos Espíritos* (3) são esclarecedoras:

> 65 – O princípio vital reside num dos corpos que conhecemos?
> R. Ele tem como fonte o fluido universal; é o chamado fluido magnético ou fluido elétrico animalizado. É o intermediário, o liame entre o espírito e a matéria.
> 66 – O fluido vital é o mesmo para todos os seres orgânicos?
> R. Sim, modificado segundo as espécies [...].

Desta última resposta é que nasce a dúvida sobre eventual incompatibilidade de fluidos entre espécies, o que impediria a ação benéfica do passe em atendimento a animais. Temos de observar que essa mesma resposta esclarece que "o fluido vital é o mesmo para todos os seres orgânicos, embora modificado segundo as espécies". Ora, conforme se lê em *A gênese* (4), capítulo XIV: "[...] os Espíritos atuam sobre os fluidos espirituais [...] empregando o pensamento e a vontade [...] pelo pensamento, eles imprimem àqueles fluidos tal ou qual direção, os aglomeram, combinam ou dispersam [...] mudam-lhes as propriedades".

Se os Espíritos têm esse poder de modificação dos fluidos espirituais pela ação do seu pensamento e da sua vontade, certamente poderão realizar o mesmo em relação aos fluidos magnéticos do passista – por sua solicitação e consequente permissão, dessa forma promovendo a adequação tanto dos fluidos espirituais que deles emanam durante a atividade de aplicação dos passes quanto dos fluidos vitais dos encarnados. No capítulo citado ainda se encontra que "[...] os fluidos dissemelhantes se repelem; há incompatibilidade entre os bons e os maus fluidos, como entre o azeite e a água".

Conectados encarnados e desencarnados na realização desse ato de amor, que é o passe no atendimento de animais, somente poderemos concluir sobre a existência de perfeita compatibilidade entre os fluidos espirituais de amor dos Espíritos com os fluidos magnéticos de amor dos passistas.

Concluindo

Diante do exposto, só posso dizer que minha opinião pessoal é totalmente favorável à assistência espiritual para animais, que contempla a prece, a água fluidificada e os passes, sendo que estes devem ser aplicados em casas espíritas que tenham se preparado adequadamente para esse tipo de atendimento. Essa nossa postura (do NUVET) tem ressonância com a recomendação que encontramos em *Conduta espírita* (7), capítulo 33: "No socorro aos animais doentes, usar os recursos terapêuticos possíveis, sem desprezar mesmo aqueles de natureza mediúnica que aplique a seu próprio favor. A luz do bem deve fulgir em todos os planos".

REFERÊNCIAS

1 Moura MA. Estudo sobre o passe: o passe nas reuniões mediúnicas. Brasília: FEB; 2004.

2 Nobre M. O passe como cura magnética. 3a ed. São Paulo: FE Editora; 2011. Capítulo 2, De que energia estamos falando?; p. 9-13.

3 Kardec A. O livro dos Espíritos. 50a ed. Pires JH, tradutor. São Paulo: LAKE – Livraria Allan Kardec Editora; 1991.

4 Kardec A. A gênese. 24a ed. Rio de Janeiro: FEB; 1982.

5 Kardec A. O livro dos médiuns. 2a ed. Pires JH, tradutor. São Paulo: FEESP, Livraria e Editora Humberto de Campos; 1989.

6 Miranda HC. Diversidade dos carismas. Teoria e prática da mediunidade. Niterói: Arte & Cultura; 1991. v. I. Capítulo XI, Mau-olhado; p. 309-320.

7 Xavier FC, Vieira W. Conduta espírita. [Ditado pelo Espírito André Luiz]. Brasília: FEB; 1960. Capítulo 33, Perante os animais; p. 79-80.

8 Pires HJ. Mediunidade. Vida e comunicação. Conceituação da mediunidade e análise geral de seus problemas atuais. São Paulo: Edicel; 1978.

9 Xavier FC. Emmanuel. Dissertações mediúnicas sobre importantes questões que preocupam a humanidade. [Ditado pelo Espírito Emmanuel]. Rio de Janeiro: FEB; 1938. Capítulo XVII, Sobre os animais; p. 93-98.

10 Xavier FC. Missionários da luz. [Ditado pelo Espírito André Luiz]. 42a ed. Brasília: FEB; 2007.

11 Xavier FC. Obreiros da vida eterna. [Ditado pelo Espírito André Luiz]. Rio de Janeiro: FEB; 1946.

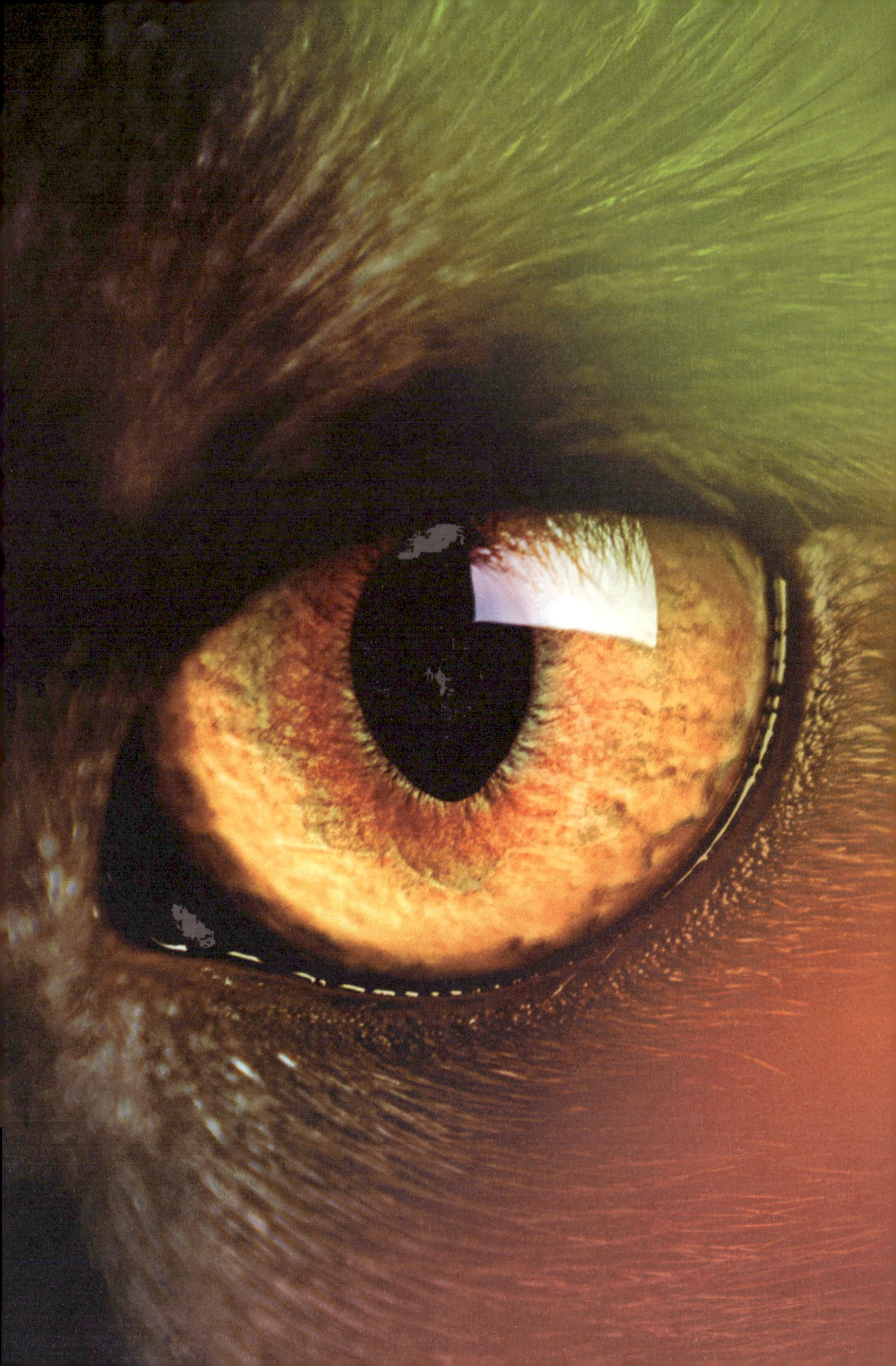

15

Por que existem os animais?

Para iniciar este capítulo, recorremos às palavras sábias de Emmanuel (1), capítulo XVII:

> De milênios remotos, vivemos todos nós, em pesados avatares [...]. Da noite dos grandes princípios, ainda insondável para nós, emergimos para o concerto da vida [...]. Em que esfera estivemos um dia, esperando o desabrochar de nossa racionalidade?

Esses dizeres retomam a ideia de que o princípio inteligente vai "estagiando" na matéria, em diferentes formas de vida, e evoluindo. Essas diferentes formas de vida, coexistindo em determinado espaço de tempo, acabam por interagir, do que resultam experiências comuns.

Como foi até agora a história do aparecimento dessas diferentes formas de vida em nosso planeta?

Existe uma interessante estratégia, que inventaram, para melhor entendermos isso: é compactar os 15 bilhões (Bi!) de anos de existência do universo dentro do período de apenas um ano.

Assim vejamos, resumidamente, a sequência dos acontecimentos, tendo por base os livros *A origem da humanidade*, de Gunter Haaf (2), e *A vida na Terra*, de David Attengorough (3):

- 1º de janeiro – formação do universo, a partir da "grande explosão".
- Princípios de maio – formação da nossa galáxia, a Via Láctea.
- 10 de setembro – surgem o Sistema Solar e a Terra.
- Fins de setembro – surge a vida na Terra.
- 10 de outubro – surgem bactérias e algas unicelulares.
- 19 de outubro – bactérias iniciam o processo de fotossíntese.
- 24 de novembro – surgem os primeiros seres vivos unicelulares possuidores de núcleo celular (eucariontes).
- Fins de novembro – surgem os processos sexuais em seres unicelulares.
- 10 de dezembro – há 1,7 bilhão (bi!) de anos.
- 12 de dezembro – surgem as primeiras plantas e animais pluricelulares.
- 16 de dezembro – seres pluricelulares expandem-se rapidamente na Terra.
- 17 de dezembro – surgem os primeiros seres animais invertebrados portadores de carapaças.
- 20 de dezembro – surgem os primeiros animais com coluna vertebral.

- 21 de dezembro – surgem as primeiras plantas terrestres; pequenos anfíbios abandonam os mares.
- 23 de dezembro – surgem os primeiros anfíbios terrestres e os primeiros insetos.
- 24 de dezembro – surgem as florestas de carvão mineral e surgem os primeiros répteis.
- 25 de dezembro – surgem os predecessores dos dinossauros.
- 27 de dezembro – desenvolvem-se os primeiros mamíferos, a partir dos répteis.
- 28 de dezembro – surgem as primeiras aves.
- 29 de dezembro – apogeu dos dinossauros.
- 30 de dezembro – extinção dos sáurios; início da ascensão dos mamíferos; surgem os primeiros primatas.
- 31 de dezembro – surgem os símios e antropoides; aparecimento dos primeiros homens:
    - 21:40 – surge na África o *Australopitecus*, o precursor do homem, há 3,5 milhões (mi!) de anos.
    - 22:50 – uso das primeiras ferramentas (pelo *Homo habilis*, a primeira espécie do gênero humano – considerada por alguns –, que viveu há 2 milhões (mi!) de anos.
    - 22:57 – surge o *Homo eretus* – há 1,8 milhão (mi!) de anos.
    - 23:56 – surge o *homem de Neandertal* (da espécie *Homo sapiens*).
    - 23:58:40 – surge o *homem de Cro-Magnon* (da espécie *Homo sapiens*).
    - Faltam 4 segundos – nasce o Cristo.

Vamos destacar alguns dados:

- Idade da Terra – 4,6 bilhões (bi!) de anos.
- Primeiras plantas e animais pluricelulares – 1,7 bilhões (bi!) de anos.
- Primeira espécie do gênero humano (*Homo habilis*) – 2 milhões (mi!) de anos.

Por aí vemos que o homem chegou ao Planeta depois, muito depois de uma infinidade de formas de vida vegetais e animais. Chegou, por assim dizer, na última hora, nos últimos minutos!

Dessa forma, quando se ouve que "os animais existem para servir ao homem" – e este é um conceito estabelecido em nossa cultura –, isso soa muito esquisito, sendo necessário que se faça um grande esforço para se tentar entender o porquê dessa colocação, que não é justa nem verdadeira.

Em *O livro dos médiuns* (4), segunda parte, capítulo XXII, item 236, encontramos o seguinte trecho de uma mensagem de Erasto, que já referi em capítulos anteriores:

> Deus pôs os animais ao vosso lado como auxiliares para vos alimentarem, para vos vestirem e vos ajudarem. Deu-lhes um certo grau de inteligência porque, para vos auxiliar, precisam compreender, e condicionou essa inteligência aos serviços que deviam prestar. Mas, na Sua sabedoria, não quis que fossem submetidos à mesma lei do progresso. Tais como foram criados, assim ficarão até a extinção de suas espécies.

Esse texto faz parte do capítulo "Da mediunidade dos animais", em que Erasto discorre a respeito do assunto, ressaltando as diferenças existentes entre os seres humanos e os animais para justificar a impossibilidade de os animais atuarem como médiuns, à semelhança do que acontece com as criaturas humanas.

Segundo entendo, Erasto reflete, em suas palavras, a opinião então vigente na cultura da época (século XIX), totalmente marcada pelo paradigma antropocêntrico. Os animais eram considerados, assim como tudo o mais na natureza, em função do ser humano; portanto, dentro desse contexto, é coerente a ideia de que a existência dos animais não tivesse outra finalidade que a de servir ao ser humano.

Se assim fosse, isto é, se os animais existissem apenas para nos alimentar, nos vestir e nos auxiliar, por que teriam vivido, em milhares de espécies, durante milhões de anos, antes do nosso surgimento? E os dinossauros, por exemplo, que surgiram, viveram aqui durante séculos e desapareceram sem nos conhecer?

Assim é que, em relação às coisas ditas e escritas quanto à evolução dos animais, na literatura espírita, torna-se necessário entender em que contexto e época aconteceram. Volto a lembrar que Darwin, o pai da teoria da evolução das espécies, foi contemporâneo de Kardec e só muito lentamente os princípios de sua doutrina evolucionista foram se sedimentando, não havendo tempo hábil para que constassem de maneira efetiva, dos conteúdos doutrinários, muito embora, como comenta Herculano Pires em *O livro dos médiuns* (4): "O Espiritismo ensina que tudo evolui no Universo".

Kardec, em *O livro dos Espíritos* (5), após a resposta da questão 593, faz o seguinte comentário:

> Além do instinto, não se poderia negar a certos animais a prática de atos combinados, que denotam a vontade de agir num sentido determinado e de acordo com as circunstâncias. Há neles, portanto, uma espécie de inteligência, mas cujo exercício é mais precisamente concentrado sobre os meios de satisfazer às suas necessidades físicas e prover à conservação.

Entretanto, na sequência, as palavras de Kardec, segundo o meu entendimento, refletem o pensamento da época:

> Não há entre eles [os animais] nenhuma criação, nenhum melhoramento; qualquer que seja a arte que admiremos em seus trabalhos, aquilo que faziam antigamente é o mesmo que fazem hoje, nem melhor nem pior, segundo formas e proporções constantes e invariáveis. Os filhotes separados de sua espécie não deixam de construir o seu ninho de acordo com o mesmo modelo, sem terem sido ensinados. Se alguns são suscetíveis de uma certa educação, esse desenvolvimento intelectual, sempre fechado em estreitos limites, é devido à ação do homem sobre uma natureza flexível, pois não fazem nenhum progresso por si mesmos, e esse progresso é efêmero, puramente individual, porque o animal abandonado a si próprio, não tarda a voltar aos limites traçados pela Natureza.

A Etologia, ciência do comportamento animal, assim estruturada a partir de 1951 – portanto, recentíssima! –, levanta novas informações e novos conceitos que precisamos assimilar. Afinal, é uma advertência do codificador, a esse respeito, que precisamos obedecer. Em *A gênese* (6), capítulo I, item 55, lemos:

> Caminhando de par com o progresso, o Espiritismo jamais será ultrapassado, porque, se novas descobertas lhe demonstrassem estar em erro acerca de um ponto qualquer, ele se modificaria nesse ponto. Se uma verdade nova se revelar, ele a aceitará.

O comportamento é agora entendido como sinônimo de processo adaptativo, necessário à sobrevivência do indivíduo e da espécie, não se admitindo mais que as coisas sejam estanques e invariáveis. Os animais têm, sim, criação e melhoramento, na medida em que, por exemplo, conseguem se adaptar a mudanças do ambiente e de circunstâncias. O que passam a fazer é diferente do que faziam antes.

O detalhe é que devemos analisar o seu comportamento segundo o passo deles, e não segundo o nosso. O ritmo de aceleração, no processo evolutivo, vai aumentando gradativamente. Assim, as modificações encontradas na história evolutiva do ser humano são muitas, pois se processam rapidamente. Mesmo dentro do gênero humano, nas diferentes espécies que foram se sucedendo desde o *Homo habilis* (há 2 milhões de anos) até o atual *Homo sapiens sapiens*, o ritmo em que as modificações aconteceram não foi sempre igual, pois vem se mostrando cada vez mais acelerado.

Tudo muda, constantemente; a mutabilidade é uma característica essencial da matéria viva. Assim, os nichos ecológicos, os alimentos disponíveis, enfim, as condições gerais e particulares do hábitat mudam, e os animais têm de se adaptar, e, portanto, também mudam. Nós é que não temos condições de entender o enredo de todo o "filme", pois, como chegamos tarde (aquela história em um ano!), pegamos apenas algumas poucas cenas. A história vem de muito longe. Por não dispormos de adequados recursos para investigar e obter todas as informações, fazemos suposições, que assim precisam ser entendidas; algumas se confirmam e outras precisam ser reavaliadas.

Hoje se sabe que os filhotes, inclusive os bebês humanos, apresentam comportamentos estereotipados ou inatos, ou seja, que vêm com eles ao nascer. Assim é que os filhotes de aves e répteis instintivamente quebram a casca do ovo, na eclosão. O bebê humano, como todos os bebês de mamíferos, ao nascer tem o reflexo de sucção, está pronto para mamar! Outros comportamentos, entretanto, existem e são chamados de adquiridos e resultam de aprendizado.

A ciência, por intermédio de investigações rigorosas, evidenciou que baratas e formigas podem aprender a resolver labirintos simples, ou seja, colocadas em caminhos tortuosos, acham a saída e aprendem o caminho desempenhando-se, assim, com mais facilidade, em ocasiões futuras. Filogeneticamente, a capacidade de aprender parece estar ligada ao desenvolvimento do sistema nervoso. Nos mamíferos, que têm um sistema nervoso bem organizado, o repertório de comportamentos aprendidos é muito grande; de modo geral, os filhotes permanecem longo período com os pais, ou a um deles, até que sejam capazes de desempenhar sozinhos os comportamentos a serem aprendidos, de sobrevivência e de perpetuação da espécie. Por exemplo, entre os grandes felinos, esse período é em média de dois anos (Fig. 15.1) e, entre os chimpanzés, de cinco anos (Fig. 15.2).

Fig. 15.1 – Filhotes de felinos com sua mãe

O fato de grande parte do comportamento animal ser resultante de aprendizado constitui-se em grande obstáculo à "reintrodução" de animais, isto é, à tentativa de recolocá-los em seus hábitats. Filhotes que foram separados de seus pais e semelhantes, tendo sido criados por seres humanos, não aprendem uma série de comportamentos necessários à sua própria sobrevivência. Assim, não adianta simplesmente soltá-los, porque eles não terão condições de sobreviver sem que haja um trabalho direcionado para isso.

Fig. 15.2 – Bebê de chimpanzé e sua mãe

Dependendo da espécie animal, a reintrodução torna-se praticamente impossível. Os primatas, por exemplo, dos quais fazem parte os chimpanzés e os babuínos, vivem em grupos sociais de organização muito complexa, com papéis diversos entre seus componentes. Os mais velhos e mais agressivos – que alguns etólogos consideram sejam os mais sábios – dominam, dirigem e protegem os demais. À medida que o filhote vai crescendo, ele é preparado, por aprendizado, a ocupar determinado lugar na hierarquia social do grupo e a viver o papel que lhe cabe. A chegada de um "estranho" não encontra espaço na organização do grupo.

O caso de Washoe e de outros chimpanzés que aprenderam a linguagem para deficientes auditivos mostrou que o novo conhecimento foi transmitido pelos próprios animais a outros membros do grupo, surgindo daí, como disseram os técnicos, uma nova linhagem de macacos com uma nova forma de comunicação entre eles.

Retomando a pergunta inicial – por que existem os animais? –, faço outra pergunta: se eles existissem apenas *para servir ao homem*, por que teriam sido criados seres peçonhentos como cobras e escorpiões? Penso que basta entender que eles existiram e existem por razões intrínsecas a si próprios, a matéria compartilhando com o princípio inteligente, sua evolução. A verdade é inexorável: nós já existimos neles! Não há animais de um lado e nós, seres humanos, de outro. Somos todos Espíritos na vivência dos infinitos degraus do processo evolutivo, do qual os seres humanos deste ínfimo planeta, por mais que sua pretensão assim o deseje, não representam o ponto final.

REFERÊNCIAS

1 Xavier FC. Emmanuel. Dissertações mediúnicas sobre importantes questões que preocupam a humanidade. [Ditado pelo Espírito Emmanuel]. Rio de Janeiro: FEB; 1938. Capítulo XVII, Sobre os animais; p. 93-98.

2 Haaf G. A origem da humanidade - a maravilhosa história da criação do homem. São Paulo: Círculo do Livro; 1979.

3 Attenborough D. A vida na Terra. São Paulo: Martins Fontes; 1981.

4 Kardec A. O livro dos médiuns. 2a ed. Pires JH, tradutor. São Paulo: FEESP, Livraria e Editora Humberto de Campos; 1989.

5 Kardec A. O livro dos Espíritos. 50a ed. Pires JH, tradutor. São Paulo: LAKE – Livraria Allan Kardec Editora; 1991.

6 Kardec A. A gênese. 24a ed. Rio de Janeiro: FEB; 1982.

Fonte das imagens

15.1 e 15.2 Google imagens.

16

OS ANIMAIS, NOSSOS COMPANHEIROS

"Se os animais só inspiram ternura,
o que houve, então, com os homens?"
(Guimarães Rosa).

Quantos relatos de companheirismo, fidelidade e amizade já ouvimos, todos nós, de pessoas que conviveram com os seus assim chamados animais de companhia, ou de "estimação", como se diz no interior. Dentre essas pessoas, nem Chico Xavier escapa. Não ouvi dele diretamente, mas fiquei sabendo. Na *Folha Espírita* de 1977 (1), edição comemorativa dos 50 anos de mediunidade de Chico, a Dra. Marlene Nobre inseriu pitorescos casos da vivência do médium com os animais, lembrando quantas vezes preás vinham comer em suas mãos ou nos seus pés, onde ele deixasse os miolinhos de pão.

Registrou a ocorrência de enorme formigueiro que começou a devastar as roseiras de Chico, que resolve conversar com as formigas: "Minhas irmãs, vocês são tão eficientes, tão unidas no trabalho!

Mas, olha, vocês precisam ir embora [...]". Várias vezes Chico conversou com elas, e elas acabaram indo embora! Outro caso relatado foi o do Brinquinho (reencarnação do Dom Pedrito, lembram?), o cachorro amigo da casa. Às quartas-feiras, conforme contou Chico, enquanto ele ia receber mensagens, o Brinquinho deitava-se quietinho, enquanto o trabalho de psicografia se desenrolava. Quando tudo terminava, Brinquinho levantava-se e aguardava Chico abrir a porta. Nessa mesma noite de conversas sobre animais, Chico comentou ainda com a Dra. Marlene que André Luiz levou-o a um mundo mais adiantado que a Terra, onde os habitantes reúnem os macacoides mais inteligentes e os treinam para os trabalhos mais rudes.

Além desses, há outros casos, como o da cobra enorme de "bote armado", contado por Ranieri (2), em *Recordações de Chico Xavier*. No livro *Lindos casos de Chico Xavier*, de Ramiro Gama (3), acha-se registrada uma história do cão Lorde, muito bonita: Chico e José, seu irmão, acompanhados do Lorde, vão a uma grande lapa, nas cercanias de Pedro Leopoldo, em busca de uma tal erva que somente se desenvolve em cavernas do subsolo, recomendada para um caso de reumatismo complicado. Chegaram à caverna e José, segurando Lorde por uma corda, desceu à frente. Depois de longa busca, encontraram a erva medicinal. Contudo, os caminhos tortuosos e escuros acabaram por confundi-los e se perderam. De vela acesa, debalde procuravam a saída, gritavam, mas ouviam apenas o eco de suas próprias vozes. Quando a luz se mostrava quase extinta, recorreram à prece. Dona Maria João de Deus, a mãe de Chico e José, já desencarnada, apareceu e recomendou-lhes:

> Vocês vão precisar do auxílio do Lorde. Aprendam a lição [referia-se à maledicência de ambos, anteriormente].

> Chega sempre o momento em que necessitamos o amparo de criaturas que supomos desprezíveis. Soltem o Lorde e sigam-lhe os passos. Ele sabe o caminho de volta!

Assim fizeram e, acompanhando o animal, venceram o labirinto em poucos minutos. Uma vez salvos, fora da caverna, meditaram na lição recebida e renderam graças a Deus.

Segue-se outro caso do Lorde, segundo material que me foi enviado pelo prezado confrade Maurício Roriz, a quem agradeço a gentileza: em carta (25/01/1951) escrita por Chico Xavier a Wantuil de Freitas, então presidente da FEB, e apresentada no livro *Testemunhos de Chico Xavier*, de Suely Caldas Schubert (4), página 283, lê-se:

> [...] Em 1939, o meu irmão José deixou-me um desses amigos fiéis (um cão). Chamava-se Lorde e fez-se meu companheiro, inclusive de preces, porque, à noite, postava-se junto a mim, em silêncio, ouvindo música. Em 1945, depois de longa enfermidade, veio a falecer. Mas, no ultimo instante, vi o Espírito de meu irmão aproximar-se e arrebatá-lo ao corpo inerte e, durante alguns meses, quando o José, em Espírito, vinha ter comigo, era sempre acompanhado por ele, que se me apresentava à visão espiritual com insignificante diferença. Atrevo-me a contar-te as minhas experiências, porque também passaste por essa dor de perder um cão leal e amigo. Geralmente, quando falamos na sobrevivência dos animais, muita gente sorri e nos endereça atitudes de piedade. Mas, a vida é uma luz que se alarga para todos [...].

Também existe referência à morte do cão Lorde no livro *Lindos Casos de Chico Xavier*, de Ramiro Gama (3). Acompanha a figura que ilustra o texto a significativa legenda: "Ah, sim, os animais têm alma e valem pelos melhores amigos!"

Maurício também cita o livro *Memórias do padre Germano*, de Amália Domingo Soler (5), em que se acha registrada a lealdade de outro cão, o Sultão, que durante anos acompanhou o Padre Germano em todas as suas atividades, fazendo-se, inclusive, grande amigo das crianças de sua aldeia. É admirável o modo como o padre Germano se refere ao cão:

> Ah! Sultão! Sultão! que maravilhosa inteligência possuías. Quanta dedicação te merecia a minha pessoa! Perdi-te, e perdi em ti o meu melhor amigo! Outrora, quando me recolhia ao meu tugúrio; quando, prosternado ante o oratório, rezava com lágrimas; quando lamentava as perseguições que sofria, era ele quem me escutava imóvel, sem nunca se aborrecer da minha companhia. Seu olhar buscava sempre o meu e, quando às portas da morte, vi-o reclinar a cabeça em meus joelhos, buscar o calor do meu corpo, foi quando no seu olhar se extinguiu a chama misteriosa que arde em todos os seres da Criação. Agora, sei que estou só [...].

Em 1932, Chico Xavier psicografou mensagem do Padre Germano, que se acha inserida no livro *Trinta anos com Chico Xavier*, de Clóvis Tavares (6). Interessante a menção de que tanto para a mediunidade de Chico Xavier quanto para a de Divaldo Pereira Franco, o Padre Germano se apresentava sempre acompanhado de seu fiel amigo Sultão. Em *Seleções do Reader's Digest* (7), li a emocionante história de Marco Polo, um gato resoluto que, após ter sido atropelado e ficado completamente cego, foi driblando as dificuldades, pouco a pouco. Quem faz o relato é Era Zister, testemunhando seu aprendizado de 15 anos, no convívio com Marco Polo, de como enfrentar a adversidade e a derrotá-la com coragem.

Também aqui em casa não faltaram lições de toda ordem. Teca, Nãna, Timi, Tábata, Eduína e Blanquita, nossos queridos cães e gatas – amigos que já desencarnaram –, passaram por períodos difíceis de doença, cegueira e velhice e em tudo nos ensinaram, com sua postura de recolhimento. Sempre revemos com carinho, em fotos, alguns dos nossos bons momentos (Fig. 16.1).

Fig. 16.1 – Meus familiares em vivência com nossos queridos amiguinhos

O caso de nossa cachorra Nãna foi muito difícil. Ela veio aqui para casa com mais ou menos um mês de vida, e em fase terminal de cinomose, uma das piores doenças que acometem cães, foi abandonada no pátio da Faculdade de Veterinária da USP, aqui em São Paulo, e Cristiana, uma de minhas filhas, encontrou-a. Mil cuidados com a Nãna. Cuidados médicos, espirituais e afetivos. Para surpresa de todos, ela sobreviveu. Algumas sequelas persistiram. Ela ficou com uma escoliose (coluna vertebral torta para um lado), uma mioclonia (uma perninha, de trás, ficava o tempo todo em movimento) e também enxergava pouco. E se isso não bastasse, passados uns meses, passou a ter convulsões. A Nãna estava epilética! Mas, tudo bem! Também nos animais as crises convulsivas são evitadas com medicação diária. Assim, a situação ficou sob controle.

Num fim de ano, fomos para o interior e deixamos a Nãna, durante três dias, aos cuidados de uma pessoa que estava acostumada com ela e com a sua bateria de medicamentos diários. Nãna voltou com carrapatos. E eu pensei comigo: "do jeito que a Nãna é complicada, só falta ela 'pegar' alguma doença transmitida por carrapatos". "Pegou"! Passaram-se uns dias e ela começou a mostrar icterícia e outros sintomas. Apesar do tratamento, sobreveio um derrame cerebral intenso, e a Nãna ficou completamente paralítica. Só mexia a pontinha das orelhas, os olhos e os bigodinhos. Montamos, em nossa copa/cozinha, uma verdadeira UTI e cuidamos dela, nessas condições, durante quase sete meses. Em nossas preces, pedíamos aos Espíritos que a ajudassem – Konrad Lorenz e outros Espíritos zoófilos.

Como aqui em casa, nossa postura é a de sempre optar pela vida, foi o que fizemos com você, Nãna, e com todos os animais atropelados, sarnentos ou abandonados que de uma forma ou de outra vieram até nós. Somos muito gratos pelo que nos proporcionaram!

Reflexão final

O quanto enriqueceram nossas vidas supera, de muito, o que fizemos por vocês. Por isso, nossa preocupação aqui em casa, com as crianças – filhas e netos –, sempre foi a de orientá-los para respeitar e amar toda a natureza (Fig. 16.2).

Fig. 16.2 – Nossos netos observando o nascimento de borboletas, que todos os anos enfeitam nosso jardim

Assim, fico muito contente ao ver cenas em que, espontaneamente, crianças demonstram amor pelos animais (Fig. 16.3).

Fig. 16.3 – Esforço de dois meninos para salvar a vida do cãozinho, demonstração viva do sentimento de compaixão que têm pelos animais

Ao longo dos anos, quanto pude aprender! Vocês, animais, é que despertaram minha sensibilidade para os valores fundamentais da vida, onde quer que ela se manifeste. De quanta coisa me arrependo! No meio acadêmico, somos levados a posturas equivocadas, de "frieza profissional". Quanta bobagem, quanta omissão! Quanto sofrimento impingimos a esses pobres seres que se amontoam nos laboratórios, à mercê de tudo e de todos. E a gente, na "santa" ignorância, vai entrando no esquema. Felizmente, todo sono tem seu despertar e hoje é bem acordada que peço perdão a todos os animais que prejudiquei ou não pude ajudar. Felizmente, também, a vida me colocou no contato com eles em oportunidades de aprendizado para enxergar a beleza da criação e assim respeitar a todos.

Sempre, ao preparar uma palestra espírita, tenho o hábito de colocar a figura de Jesus no encerramento do texto. Assim, levanto--me para pegar mais um cafezinho e, enquanto isso, ficar pensando num final adequado. Em uma dessas ocasiões, quando voltei para o computador, olhei surpresa para uma cena que já estava lá antes, mas que me comoveu de pronto, ao perceber-lhe o significado (Fig. 16.4). Quantas vezes redigi meus textos com a companhia inseparável da Blanquita!

Fig. 16.4 – Blanquita acomodada em cima do computador, pacientemente, fazendo-me companhia enquanto redigia meus textos

Para nós, enquanto humanidade, que histórica e egocentricamente sempre nos colocamos como seres excelsos, a quem tudo o mais na natureza devia se curvar e servir, abre-se a maravilhosa compreensão de que somos parte integrante desse imenso Universo, rede cósmica de interligações que comprometem as menores partículas, inclusive as de que somos formados.

Não estamos mais sozinhos no topo da pirâmide aristotélica, pois entendemos, agora, nossa participação no todo e a do todo em nós. Somos hoje yin e yang, razão e intuição. Cultivamos a ciência e queremos merecer a poesia. Afinal, como ouvi de nosso querido confrade Hermínio C. Miranda, a ciência é para os que estão aprendendo, e a poesia, para os que já sabem.

Um dia chegaremos lá!

Para finalizar, deixo ao prezado leitor esta expressiva obra do poeta Belmiro Braga (8):

"Ao Príncipe"[1]

De Belmiro Braga ao seu cão Terra-Nova

Pela estrada da vida subi morros,
desci ladeiras e, afinal, te digo:
se entre os amigos encontrei cachorros,
entre os cachorros encontrei-te, amigo!

Para insultar alguém, hoje recorro
a novos nomes feios, porque entendi
que elogio a quem chame de cachorro,
desde que este cachorro conheci.

1 A primeira quadra dessa poesia está inscrita sob o busto de Belmiro Braga instalado no Parque Halfeld, em Juiz de Fora-MG, como homenagem à verve do poeta, justa síntese do modo como ele via o seu próprio trabalho poético e do modo como a gente do povo o leu e guardou na memória.

REFERÊNCIAS

1 Nobre M. Pequena história de uma grande vida. Folha Espírita – edição especial comemorativa dos 50 anos de mediunidade de Chico Xavier. 1977.

2 Ranieri RA. Recordações de Chico Xavier. 2a ed. São Paulo: Editora da Fraternidade; 1986.

3 Gama R. Lindos casos de Chico Xavier. São Paulo: Lake; 2009. Capítulo 40, A morte do cão Lorde; p. 49.

4 Schubert SC. Testemunhos de Chico Xavier. Brasília: FEB; 1986. O cão Lorde; p. 283-285.

5 Soler AD. Memórias do padre Germano. Rio de Janeiro: FEB; 1891. Capítulo 8, As pegadas do criminoso; p. 76-89.

6 Tavares C. Trinta anos com Chico Xavier. Araras: Ide; 2008.

7 Seleções do Reader's Digest, set./74.

8 Braga B. Ao Príncipe. In: Góes FF, organizador. Panorama da poesia brasileira: o pré-modernismo. Vol. V, Panorama da Poesia Brasileira. Rio de Janeiro: Civilização Brasileira, 1960.

Fontes das imagens

16.1 – Arquivo pessoal da autora.

16.2 – Arquivo pessoal da autora.

16.3 – Google imagens.

16.4 – Arquivo pessoal da autora.

Fotos

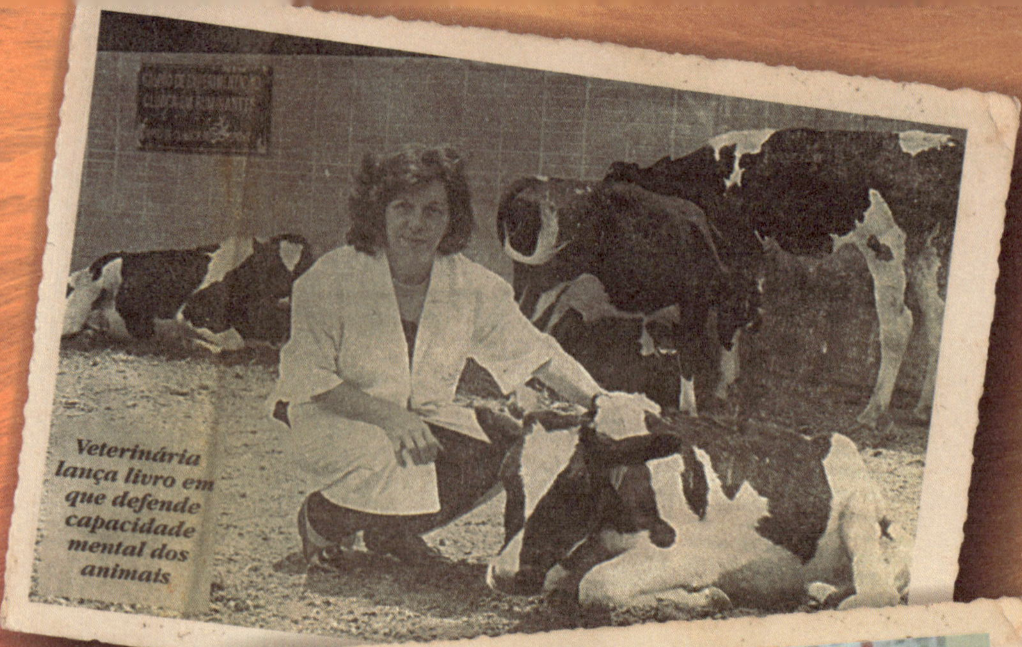
Veterinária lança livro em que defende capacidade mental dos animais

www.feeditora.com.br